〔第3版〕

専門職後見人と身上監護

上山 泰 著

発行 民事法研究会

第3版はしがき

　2015年4月17日付けのドイツに対する国際モニタリングの総括所見（Concluding observations on the initial report of Germany）の中で、国連障害者権利委員会は、ドイツの法定後見制度である法的世話（rechtliche Betreuung）が障害者権利条約に抵触していると指摘し、委員会が2014年4月11日付けで採択した「一般的意見第1号（General Comment No. 1）」の観点に照らして、あらゆる形態の代理・代行決定（substituted decision-making）を廃絶して、これを意思決定支援（supported decision-making）のしくみへと置き換えることを勧告しました。オーストリア、オーストラリア、韓国といった、わが国よりも先進的な法定後見制度をもつ国々がすでに同様に勧告を受けていたことから、この結論は、私を含め、多くの関係者が予測していたものではあります。とはいえ、これまでのわが国の成年後見法制の改善をめぐる議論の中で、常に先進的なモデルの1つとされてきたドイツ世話法に否定的な評価が下されたことは、成年後見の実務に携わる人々にも大きな衝撃を与えるかもしれません。また、今回の結果によって、今後の国際モニタリングにおいて、必要性の原則に立脚した最小限の法定代理権付与という保護のしくみですら、障害者権利条約12条に抵触すると評価される可能性が高いことが、あらためて確認されたといえます。数年後のわが国への総括所見の中でも、補助類型までを含めた現行の法定後見制度全体の廃止を求める勧告が出されることは、残念ながら、ほぼ確実な情勢でしょう。

　成年後見制度の存亡にもかかわる、こうした激しい逆風の中で進めた第3版の改訂作業ですが、国内の状況に限れば、時折、希望の光を感じることもありました。たとえば、公職選挙法の改正によって、最も深刻な成年後見制度の転用問題の1つであった、成年被後見人の選挙権制限は解消されました。老人福祉法32条の2等の規定の新設を通じて、市町村が地域の成年後見の運用に積極的に関与していくための法的な基盤整備の橋頭堡も築かれました。

第 3 版はしがき

　地域福祉の基礎インフラとしての機能を併有する現代型の成年後見の運用には、司法と行政、つまり地域の家庭裁判所と市町村役場との密接な連携が不可欠の要素ですが、ようやくわが国にも、こうした連携に向けた法的な枠組みが育ち始めたといえるでしょう。専門職後見人の活用に向けた家庭裁判所の運用上の工夫や努力についても評価できる点が増えています。少なくとも、本書の初版から指摘してきた問題点のいくつかは、こうした関係者の真摯な努力を通じて、改善されつつあると感じています。

　もちろん、運用改善の最大の立役者は、現在の後見実務の中核を担っている専門職後見人の方々でしょう。第三者後見人の活動を支える法的な環境が非常に脆弱な中で、この15年の間に積み重ねられてきた苦闘の成果は、この先に待ち受ける国際モニタリングの荒波に対する最強の防波堤にもなるはずです。なぜなら、私のみる限り、わが国の専門職後見人たちによる良き実践例は、すでに障害者権利条約が求める自己決定支援型の権利擁護活動の要素を十分に含んでいるからです。仮に将来、障害者権利委員会の求める意思決定支援のしくみがわが国で法制化されたとしても、これを動かすノウハウがきちんと確立していなければ、判断能力不十分者の環境はむしろ悪化するだけでしょう。その意味でも、これまでの良き実践例をさらに推し進めて、まずは現行制度の枠内で、その限界まで自己決定支援の理念の実現を追求してみる姿勢が必要なのではないでしょうか。今回の第3版が、少しでもこうした試みへのヒントになれば幸いです。

　2015年5月

上山　泰

目　次

序章　専門職後見人による成年後見

1　法定後見制度の法的構造……………………………………………1
2　専門職後見人の登場…………………………………………………2
3　専門職後見人の意義と課題…………………………………………3
4　専門職後見人による身上監護………………………………………6
5　成年後見人としての職務の基本スタンス…………………………9

第1章　成年後見の社会化

1　成年後見の社会化とは………………………………………………12
2　「社会化」への道筋……………………………………………………12
　(1)　権利主体としての福祉サービス利用者…………………………12
　(2)　契約支援システムとしての成年後見……………………………14
　　(A)　「契約化」のパラドックス……………………………………14
　　(B)　成年後見法と消費者契約法…………………………………16
　(3)　「契約化」から「社会化」へ………………………………………18
3　社会福祉システムとしての成年後見………………………………20
　(1)　民法を超えて………………………………………………………20
　(2)　社会保障法としての成年後見……………………………………21
　(3)　民法レベルにおける「社会化」への助走………………………24
　　(A)　複数成年後見人制度の導入…………………………………24
　　(B)　法人後見人制度の導入………………………………………25
　　(C)　配偶者法定後見人制度の廃止………………………………26
　　(D)　報酬システムの不在…………………………………………26
4　「社会化」のメルクマール……………………………………………27

3

第2章　成年後見の基本理念

1　旧制度の問題点……………………………………………………………31
2　現行制度の基本理念………………………………………………………37
　(1)　旧来の理念と新しい理念との「調和」……………………………37
　　(A)　本人の保護………………………………………………………37
　　(B)　利用者の自己決定の支援………………………………………38
　　(C)　新旧理念の「調和」をめざして………………………………39
　(2)　ノーマライゼーション………………………………………………41
　　(A)　社会福祉の中のノーマライゼーション………………………41
　　(B)　成年後見法制の中のノーマライゼーション…………………42
　(3)　自己決定の尊重と現有能力の活用…………………………………45
　　(A)　3つの新理念の関係……………………………………………45
　　(B)　自己決定権と自己決定能力……………………………………47
　　(C)　自己決定権行使に対する支援…………………………………48
　　(D)　能力開発に対する支援…………………………………………49
　　(E)　自己決定へのモチベーション確保……………………………50
　　(F)　自己決定プロセスの適正化……………………………………50
　　(G)　適正な自己責任…………………………………………………51
　　(H)　自己決定権の消極的側面………………………………………52

第3章　成年後見人の諸類型

1　法制度上の分類……………………………………………………………54
2　親族後見人と第三者後見人………………………………………………56
3　個人後見と法人後見（組織型後見）……………………………………61

第4章　身上監護の法的根拠
──民法858条の意義──

1　身上監護の不透明さ ··65
2　立法過程での議論 ··66
　(1)　成年後見問題研究会における議論··66
　　(A)　議論の対象··66
　　(B)　身上監護の独自性··67
　　(C)　身上監護に関する条文の位置づけ······································69
　(2)　「成年後見制度の改正に関する要綱試案及び補足説明」············70
　(3)　立法担当官による現行法の解説··71
3　民法858条の一般的な位置づけ ··73
　(1)　立法担当官による整理···73
　(2)　民法858条の独自性 ··74
4　身上配慮義務 ··75
　(1)　成年後見人がめざすべきこと··75
　(2)　資産保全型管理から資産活用（消費）型管理への転換··············76
　　(A)　財産管理の基本方針の転換··76
　　(B)　資産活用型管理の難しさ···78
　　(C)　利用者の家族との対立可能性···78
　(3)　一般的見守り活動の義務付け··79
　　(A)　一般的見守り義務の意義···80
　　(B)　見守り活動の実行方法··81
　　(C)　復任（業務再委託）をめぐる問題点··································83
　(4)　利用者のニーズ変化に対する積極的対応の義務付け·················85
　　(A)　ドイツ世話法の対策··86
　　(B)　後見内容変更義務···87
　　(C)　成年後見の類型変更への対応···87
　　(D)　後見内容変更義務と一般的見守り義務との連携····················88
5　本人意思尊重義務 ··90

(1)　本人意思尊重義務の意義……………………………………………………90
　　(2)　本人意思尊重義務と身上配慮義務の調和………………………………90
　　(3)　利用者の愚行権と本人意思尊重義務……………………………………92
　　　(A)　アルコール依存症の成年被後見人が酒類の購入を希望している場合…94
　　　(B)　アルコール依存症の成年被後見人が酒類を無断で注文した場合………95
　　　(C)　ヘビースモーカーの成年被後見人がタバコの購入を希望した場合……97
　　(4)　尊重されるべき「意思」……………………………………………………99
　6　特約による民法858条の排除……………………………………………100

第5章　身上監護に関連する職務範囲

　1　本章の構成……………………………………………………………………102
　2　立法過程での議論……………………………………………………………102
　　(1)　成年後見問題研究会における議論………………………………………102
　　(2)　「成年後見制度の改正に関する要綱試案及び補足説明」………………104
　3　立法担当官による現行法の解説……………………………………………105
　　(1)　成年後見人の職務範囲の対象……………………………………………105
　　(2)　立法担当官の視点の整理…………………………………………………107
　4　成年後見人の職務となる身上監護事務……………………………………111
　　(1)　職務の具体的な内容………………………………………………………111
　　(2)　実務上の留意点……………………………………………………………118
　　　(A)　身上監護事務と財産管理事務の一体性…………………………………118
　　　(B)　法律行為と事実行為の混在………………………………………………122
　5　議論のある身上監護事務……………………………………………………123
　　(1)　事実行為としての介護義務（事実行為としての介護労働義務）………123
　　　(A)　通説的理解…………………………………………………………………123
　　　(B)　私　見………………………………………………………………………124
　　(2)　医療同意権（医的侵襲行為に関する代行決定権）………………………124
　　　(A)　立法担当官の見解（医療同意権否定説）………………………………125
　　　(B)　実務上の問題点……………………………………………………………127

(C)　実務的な対応策 ··129
　　　(D)　私見（医療同意権に関する限定的肯定説）·····················133
　(3)　居所指定権 ···139
　　　(A)　立法担当官の見解 ··139
　　　(B)　実務上の問題点 ···141
　　　(C)　私見（解釈論による居所指定権の可能性）····················143
　(4)　身体拘束 ···145
　　　(A)　立法担当官の見解 ··145
　　　(B)　私見（解釈論による身体拘束等の代行決定権の可能性）·········146
　(5)　郵便物の管理 ···147
　(6)　選挙権行使の支援 ···149
6　身上監護概念の再構成に向けて ··150

第6章　居住用不動産の処分

1　住居の重要性 ···153
2　家庭裁判所の許可 ··154
　(1)　概　要 ··154
　(2)　許可制度の趣旨 ··156
　(3)　対象となる居住用不動産の範囲 ·······································156
　(4)　対象となる処分の範囲 ··157
　(5)　許可を得ずに行った処分の効果 ·······································159
　(6)　利用者自身による居住用不動産の処分 ······························160
　(7)　任意後見人による居住用不動産の処分 ······························161
　　　(A)　実務上の対応策 ···161
　　　(B)　立法的課題 ··162
　(8)　実務上の留意点 ··162
　　　(A)　転居一般をめぐる留意点 ···162
　　　(B)　許可取得への積極姿勢 ··163
　　　(C)　居住用不動産処分の判断要素 ····································164

(D)　土地工作物責任への配慮……………………………………………165

第7章　「社会化」が産んだ実務のアポリア

1　家族法のみえない檻の中で………………………………………………167
　(1)　家族という聖域………………………………………………………167
　(2)　家族と法の関係の変化………………………………………………167
　(3)　家族の役割と成年後見人の役割……………………………………168
　(4)　新たな法改正へ………………………………………………………169
2　医療に関する行為…………………………………………………………171
　(1)　医療同意権……………………………………………………………171
　(2)　終末期医療……………………………………………………………172
　　(A)　終末期医療に関するガイドライン………………………………173
　　(B)　成年後見人の果たせる役割………………………………………175
　(3)　臨床試験………………………………………………………………176
3　精神保健福祉法上の成年後見人の位置づけ……………………………178
　(1)　保護者制度の廃止と新たな課題……………………………………178
　(2)　医療保護入院に関する問題点………………………………………180
　(3)　心神喪失者等医療観察法……………………………………………182
4　責任無能力者の監督義務者の責任………………………………………184
　(1)　民法714条の監督義務者の責任……………………………………185
　(2)　成年後見人と民法714条……………………………………………186
5　身元保証（身元引受け）…………………………………………………191
　(1)　身元保証（身元引受け）の意味……………………………………191
　(2)　実務上の留意点………………………………………………………193
6　死後の事務…………………………………………………………………196
　(1)　利用者の死亡後の問題点……………………………………………196
　(2)　死後の事務に関する問題の表面化と「社会化」の関係…………198
　(3)　死後の事務を正当化する法的権限・義務…………………………200
　　(A)　成年後見制度内の権限・義務……………………………………200

(B)　成年後見制度外の権限……………………………………………202
　　　(a)　事務管理………………………………………………………202
　　　(b)　死後事務委任契約（生前契約）等…………………………205
(4)　**死後の事務として問題となる行為**…………………………………206
　　(A)　利用者死亡による成年後見の終結…………………………………206
　　(B)　事後処理として当然必要となる事務………………………………207
　　　(a)　管理の計算（清算事務）………………………………………207
　　　(b)　管理財産の一時保管と相続人への返還………………………209
　　　(c)　相続財産管理人、不在者の財産管理人の選任申立て………210
　　　(d)　成年後見終了の登記の申請……………………………………211
　　　(e)　家庭裁判所に対する後見事務終了報告………………………211
(5)　**人の死亡に関連する公的事務の処理**………………………………211
　　(A)　死亡届および埋火葬許可申請手続（遺体処理のための手続）…………212
　　(B)　埋火葬行為………………………………………………………212
　　(C)　税務処理手続……………………………………………………213
　　(D)　公的年金、社会保険等の処理手続………………………………213
(6)　**財産の処理に関する事務**……………………………………………213
　　(A)　生前の未払債務の支払い…………………………………………214
　　(B)　居住空間の処理……………………………………………………214
　　(C)　金融機関による預金口座閉鎖……………………………………215
(7)　**死後の宗教的儀礼に関する事務**……………………………………216
　　(A)　葬儀に関する事務…………………………………………………216
　　(B)　永代供養、年忌法要に関する事務………………………………217

第8章　職務権限行使の際の留意点

1　**成年後見人の職務権限と義務の関係**……………………………………219
2　**法定代理権の行使**…………………………………………………………220
　(1)　利用者の自己決定侵害のリスク……………………………………220
　(2)　本人意思尊重義務との関係…………………………………………221

目　次

　　3　取消権の行使……………………………………………………225
　　（1）　日本法の特色……………………………………………………225
　　（2）　取消権の謙抑的運用……………………………………………227
　4　意思決定支援に向けた運用の重要性…………………………………233

第9章　専門職後見人の活用方法

　1　専門職後見人の活用……………………………………………236
　　（1）　希少資源としての専門職後見人…………………………………236
　　（2）　親族後見人の意義………………………………………………237
　　（3）　親族後見人に対する支援の充実…………………………………237
　　（4）　有効活用のための工夫…………………………………………238
　　（5）　ドイツのタンデム世話方式………………………………………241
　　（6）　組合せモデルの概要……………………………………………242
　2　協働型事務分掌（共時的事務分掌）…………………………245
　　（1）　縦型分掌形態……………………………………………………245
　　（2）　横型分掌形態……………………………………………………251
　3　リレー型事務分掌（通時的事務分掌）………………………255
　　（1）　単純引継型（時間的分業による複数後見）……………………256
　　（2）　後見制度支援信託………………………………………………258
　　（3）　離脱型……………………………………………………………260
　　（4）　補強型……………………………………………………………262

第10章　市民後見人

　1　市民後見人の位置づけ…………………………………………264
　　（1）　新しい第三者後見人類型…………………………………………264
　　（2）　従来の定義………………………………………………………265
　　（3）　報酬請求の位置づけ……………………………………………266

(4)　市民後見人の積極的意義……………………………………………267
 2　活用上の課題………………………………………………………269
　(1)　任意後見における活用可能性……………………………………269
　(2)　市民後見の対象とすべき事案……………………………………270
　(3)　事案の困難化リスクへの対応……………………………………272
　(4)　市民後見人の活動区域……………………………………………273
　(5)　育成をめぐる課題…………………………………………………274
　　(A)　適正な育成研修プログラムの確立……………………………274
　　(B)　実務研修の功罪…………………………………………………275
　　(C)　現実の就任との連動（就任可能性の担保）…………………277
　(6)　支援・監督体制の整備……………………………………………278

第11章　「社会化」の現在と未来

 1　「社会化」の現在…………………………………………………279
　(1)　申立件数の増加……………………………………………………279
　(2)　第三者後見人の選任状況…………………………………………281
　(3)　「社会化」の縮図としての市町村長申立て……………………281
 2　「社会化」の未来像………………………………………………285
　(1)　課題としての補助の活用…………………………………………285
　(2)　自己決定支援型の後見活動とソーシャルワークの意義………286
　(3)　低所得者に対する公的な利用支援………………………………288
　　(A)　低所得者による利用の実態……………………………………288
　　(B)　低所得者の成年後見利用に関する理論的基盤………………290
　　(C)　公的利用支援の方策……………………………………………293
　　(D)　生活保護における「後見扶助」の創設………………………294
　　(E)　公的後見制度と後見支援組織…………………………………295
　　(F)　後見支援団体の経済的基盤整備の重要性……………………298
　(4)　報酬システムの整備………………………………………………300
　　(A)　現行法での報酬付与の問題点…………………………………300

目　次

　　　(B)　報酬付与の実情……………………………………………………302
　　　(C)　残された課題………………………………………………………304
　　　(D)　世話人の報酬システム……………………………………………306
　(5)　司法と行政の連携の必要性……………………………………………308
　(6)　成年後見制度の転用問題………………………………………………310
　　　(A)　転用問題の定義……………………………………………………310
　　　(B)　成年後見人等の権限拡張問題……………………………………311
　　　(C)　成年被後見人の選挙権……………………………………………313
　　　(D)　公務員就任に関する欠格事由……………………………………315
　　　(E)　事実上の転用問題…………………………………………………316
　　　(F)　転用問題が示唆する課題…………………………………………318
　(7)　能力制限の廃止・縮減の可能性………………………………………319
　(8)　結びに代えて──障害者権利条約と「小さな成年後見」…………322

・事項索引………………………………………………………………………326
・執筆者紹介………………………………………………………………………332

凡　例

◆法令

障害者権利条約	障害者の権利に関する条約（2006年12月13日国連総会採択）
旧民法	平成11年法律149号による改正前の民法
任意後見契約法	任意後見契約に関する法律（平成11年法律150号）
整備法	民法の一部を改正する法律の施行に伴う関係法律の整備等に関する法律（平成11年法律149号）
後見登記法	後見登記等に関する法律（平成11年法律152号）
個人情報保護法	個人情報の保護に関する法律（平成15年法律57号）
心神喪失者等医療観察法	心神喪失等の状態で重大な他害行為を行った者の医療及び観察等に関する法律（平成15年法律110号）
高齢者虐待防止法	高齢者虐待の防止、高齢者の養護者に対する支援等に関する法律（平成17年法律124号）
障害差別解消法	障害を理由とする差別の解消の促進に関する法律（平成25年法律65号）
障害者虐待防止法	障害者虐待の防止、障害者の養護者に対する支援等に関する法律（平成23年法律79号）
障害者総合支援法	障害者の日常生活及び社会生活を総合的に支援するための法律（平成17年法律123号）
精神保健福祉法	精神保健及び精神障害者福祉に関する法律（昭和25年法律123号）
DV防止法	配偶者からの暴力の防止及び被害者の保護に関する法律（平成13年法律31号）
特定商取引法	特定商取引に関する法律（昭和51年法律57号）

◆判例集・書籍等

民集	最高裁判所民事判例集
刑集	最高裁判所刑事判例集
民録	大審院民事判決録
家月	家庭裁判月報
「報告書」	成年後見問題研究会報告書
「要綱試案」	法務省民事局「成年後見制度の改正に関する要綱試案」
「補足説明」	法務省民事局参事官室「成年後見制度の改正に関する要綱試案補足説明」

凡　例

　　『解説』　　　　　　　　小林昭彦＝原司『平成一一年民法一部改正法等の解説』（法曹会、2002年）
　　『東京家裁』　　　　　　東京家裁後見問題研究会編『東京家裁後見センターにおける成年後見制度運用の状況と課題』（判例タイムズ1165号）

◆その他
　　研究会　　　　　　　　法務省民事局「成年後見問題研究会」
　　リーガルサポート　　　公益社団法人成年後見センター・リーガルサポート
　　ぱあとなあ　　　　　　公益社団法人日本社会福祉士会権利擁護センターぱあとなあ

序章　専門職後見人による成年後見

1　法定後見制度の法的構造

　現在の日本の**成年後見制度**は、民法上の**法定後見制度**（成年後見、保佐、補助の3類型）と任意後見契約法上の**任意後見制度**の2つの異なるしくみから構成されています。このうち本書では、主に前者の法定後見制度を念頭において話を進めていきます。ちなみに、法定後見制度という名称は、もう一方の任意後見制度が**私人間の任意の契約（任意後見契約）に基づく後見制度**であるのに対して、民法という**法律の規定に基づく後見制度**である点に由来しています。そして、これら2つの後見制度の性格や機能の差も、基本的にはこの存在基盤の違いから生じてくるものといえます。

　法定後見制度に関係する規定は、実は民法上のあちこちに点在しているのですが、制度の中心となる規定は、第1編〔民法総則〕第2章〔人〕第2節〔**行為能力**〕（民法7条～21条）と、第4編〔親族〕第5章〔後見〕・第6章〔保佐及び補助〕（同法838条～876条の10）の2カ所にまとめられています。

　前半の行為能力の箇所には、①法定後見開始の審判のための要件に関する規定（民法7条・11条・15条）、②法定後見を終了させるための開始の審判の取消しに関する規定（同法10条・14条・18条）、③法定後見制度の利用者（成年被後見人、被保佐人、被補助人）の能力制限に関する規定（同法9条・13条・17条）等がおかれています。任意後見制度と対比した場合の法定後見制度の最も重要な特徴の1つが、この利用者の能力制限です（法定後見開始に伴う能力制限を受けた利用者を、民法上、「**制限行為能力者**」と呼びます）。また法定後見制度は行為能力を制限する根拠を、精神上の障がいによる利用者の判断能力（**事理弁識能力**）の低下に求めていますので、能力制限の開始と終了を伴う法定後見の開始と取消しの要件もここで定めているわけです。

これに対して後半の親族編では、①利用者の支援を行う後見機関（**成年後見人、保佐人、補助人**）の選任および辞任・解任に関する規定（民法843条・844条・846条等）、②後見機関の監督を行う後見監督機関（**成年後見監督人、保佐監督人、補助監督人**）の選任や職務内容等に関する規定（同法849条の2・851条等）、③成年後見事務の内容等に関する規定（同法853条・854条等）、④成年後見人の職務権限と義務に関する規定（同法858条・859条等）、⑤後見費用と後見報酬に関する規定（同法861条・862条）、⑥後見終了時の職務等に関する規定（同法870条・871条等）などがおかれています。

2　専門職後見人の登場

　このように、成年後見人の選任や職務内容といった後見活動の実質に関する規定は、主に民法の親族法（家族法）に規定されています。そして、このことが示唆するように、長い間にわたり成年後見という仕事は基本的に家族の役割であり、成年後見人の担い手は主に家族であると考えられていたわけです。もっとも、現行法と同様、1999年改正前の旧法も成年後見人の資格を特に家族に限定していたわけではありませんし、実際に遺産分割等をめぐって激しい紛争が利用者を含む家族間にあるようなケースでは、第三者である弁護士が成年後見人に選任される場合もありました。しかし、こうした家族以外の専門職が成年後見人につくケースは、旧法時代には、ごくまれな出来事にすぎませんでした。たとえば、旧制度である禁治産宣告の時代の1995年度では、家族以外の第三者が選任されたケースは全体のわずか4.4％です。

　これに対し、2000年4月から導入された現在の法定後見制度は旧来の家族頼みの成年後見の構図を脱却し、制度を社会全体で支えていくという方向を打ち出しました。「**成年後見の社会化**」の始まりです（第1章）。この成年後見の社会化の動きは、少なくとも表面的には極めて急速に進んでいます。たとえば、成年後見の「脱家族化」の進展を最も端的に示す第三者後見人の選任率は、2012年には51.5％と過半数を超え、直近の翌2013年には57.8％と6

割近くを占めるに至っています。この数値を見る限り、今や成年後見人のモデル（理念型）は、親族後見人ではなく、むしろ**第三者後見人**だというべき状況となっているわけです。

　ところで、ボランティアによる後見活動の伝統をもっていない日本の場合、この第三者後見人のほとんどは、今のところ専門職が担う形となっています（第3章）。いわゆる**専門職後見人**の登場です。その現在の代表例は、法律専門職である弁護士・司法書士や、福祉専門職である社会福祉士といった人たちです（このほか税理士、行政書士、精神保健福祉士等の選任例があります）。

3　専門職後見人の意義と課題

　こうした後見活動を担っている専門職資格者を「**職業後見人**」と呼ぶ人もいますが、本書では、意識的にこの表現を避けて、「**専門職後見人**」と名付けています。その理由は大きくいって2つあります。まず1つは、専門職後見人の「**専門性**」とは、原則としては、各資格職の職能に関する専門性（たとえば、弁護士や司法書士なら法律、社会福祉士なら福祉）を示しているだけにすぎず、**必ずしも後見職務それ自体についての専門性を直ちに保証しているわけではない**ということです。簡単に職業後見人と呼んでしまうと、あたかも後見人のプロというイメージを呼び起こしてしまいますが、後見人としての専門性は、本来、それぞれの資格とは別に担保されなければならないものです。この意味で、後見職務に対する適性や能力、職業倫理等を涵養して、これらを客観的に担保していくためのしくみ（養成・継続研修等）作りや、後見活動を支援するための体制の整備は、いわゆる市民後見人にとってだけではなく、専門職後見人にとっても重要な政策課題というべきでしょう。現在、こうした専門職後見活動のための環境整備は、主に各資格職の職能団体（代表例として、リーガルサポート（司法書士）、ぱあとなあ（社会福祉士））等によって担われています。近年では、裁判所側もこうした「後見人としての専門性」や職能団体による支援・監督体制の重要性を重視し、専門職後見人は

原則的に各職能団体が提出した後見人候補者名簿の中からのみ選任するという姿勢を示すようになってきています。この名簿に登載されるためには、各団体が実施している後見職務に関する養成研修や継続研修の受講等が必要ですので、今や裁判所も特定の資格の保有だけでは専門職後見人としての適性を認めてはいないわけです。こうした裁判所の動きは、本書の初版からの主張に沿ったものであり、高く評価できます。ただし、将来的には、現在の運用での対応をさらに推し進めて、専門職後見人の質の担保を図るしくみを制度化することが必要ではないかと考えます。具体的には、公的な専門職後見人認証制度の導入（あるいは、より簡易に、一定の要件を満たした各職能団体による養成・継続研修の受講等を後見報酬付与の要件とすること）などについても、議論の俎上にあげていくべきでしょう。さらに、専門職後見人や法人後見人が、事実上、わが国の公的後見の機能を果たしていることからすれば、こうした適格団体の認証を条件として、公的な財政助成を検討するべきではないでしょうか。

　もう1つの理由は、そもそも、法定後見を職業として円滑に実施していくための法的基盤が、現行法には存在していないということです。詳細は後述しますが（第11章）、現行の法定後見制度は民法の親族編に法的基盤をおいていることもあり、無償が原則です。例外的に報酬が付与される場合についても、報酬付与の可否とその額はすべて家庭裁判所の専権事項（民法862条）になっており、現在の実務では、報酬額が主に利用者の資産状況を基準に算定されているため、専門職後見人といえども、無報酬もしくはごく少額の報酬に甘んじることが珍しくありません。先に見たように、成年後見の社会化が表面的な数字の上で著しく進む一方で、社会化の鍵である第三者後見人の活動を支えるための法的・社会的な環境整備は全く立ち遅れてしまっているのです。

　こうした背景もあり、わが国の専門職後見の多くは、純粋な営利活動（職業活動）というよりも、むしろ事実上の公益活動として行われているという

のが実情です。本書では、こうした形態を「**プロボノ型専門職後見**」と呼ぶことにします。たとえば、弁護士・司法書士の場合、成年後見業務のみに特化した事務所はほとんどありません。また、成年後見業務を行っている社会福祉士もその大半は公務員や施設職員等として勤務しており、これを生業としているケースはまだ少数です（もっとも近時、いわゆる**独立型社会福祉士**として、事務所を開業し、成年後見業務を職務の中心に据えようとするケースも徐々に増えてはきています）。つまり、現在の専門職後見人の多くは、成年後見業務以外に生業をもちながら、限られた時間の中で副次的な公益活動として法定後見を担っているということです。

　ところで、特に利用者の個性が尊重されるべき身上監護事務を適切に実行するためには、成年後見人等が本人との面談等を密に行い、その意思や希望をきちんと把握したうえで職務を行う、いわゆる「顔の見える後見」でなければなりません。そのためには専門職後見人といえども、1人あたりの受任件数は適正な範囲に抑える必要があります。また、既述のように、副業的形態で行われるプロボノ型専門職後見の場合、その活動時間上の制約からいっても、受任可能な件数は自然と限定されるはずです。後見案件の類型や特性、後見開始からの経過期間等に応じて、後見活動に必要となる仕事量は千差万別であるため（一般に、後見よりも保佐・補助類型のほうが仕事量は多く、また後見開始直後と終了時には特に仕事量が多くなります。また、利用者の親族間に紛争があるなど、いわゆる困難事案の仕事量は当然に多くなります）、一概に件数で上限を設けることは難しいのですが、強いて一般論としていえば、個人が単独で同時に受任できる件数は最大でも10件程度に抑えるべきではないでしょうか。少なくとも、個人での受任案件が20件を超えると、すべての受任ケースが機能不全に陥ってしまう危険性は跳ね上がっていくのではないかと思います。近時、個人で100件近いケースを受任している専門職後見人がいるとも側聞しますが、もし事実であるとすれば、裁判所側の選任・監督の姿勢も含めて、その運用について厳しく精査し直すべきでしょう。ドイツにお

ける世話制度改革の引き金が、100件を超える膨大な後見事案を抱えた職業世話人の存在によって生じた幾多の弊害を是正することにあった点を今一度思い起こす必要があると思います。

　先のプロボノ型と比べて数は少ないものの、成年後見を業務の中核とする専門職後見人や、専門職を含む後見支援団体（先述のリーガルサポート、ぱあとなあといった職能団体を基盤とした団体のほか、社会福祉協議会をベースとする団体や、法人後見等を主業務とするNPO法人等があります）が、いわば本業として後見活動（団体の場合は法人後見）を行っている場合もあります。これを本書では、「**専業型専門職後見**」と呼んでおきます。この形態の場合、業務時間の大半を後見活動に投下できるため、プロボノ型と比べれば、担当可能な件数は増えることになるでしょう。特に、後者の組織型後見の場合、組織化に伴う職務分掌の合理化等を通じて、1件あたりの時間的コストをより引き下げることが可能になるかもしれません。しかし、それでもやはり、「顔の見える後見」という理念の下で、きめ細やかな支援を行っていくためには、たとえ専業型であっても、専門職後見人1人あたり、あるいは、後見組織内の担当者1人あたりの適正な受任件数は控えめに算出されることが望ましいと考えます。ここでも、強いて一般論としていうならば、比較的多数の案件を処理できる組織型後見の場合であっても、担当者1人あたりの件数を、せいぜい20件程度にとどめることが好ましいというべきでしょう。

4　専門職後見人による身上監護

　こうした専門職後見人の本格的な進出は、後見実務上、数々の難問を産み出しました（第7章）。とりわけ**身上監護**と呼ばれる領域にはこうした難問が集まっています。その理由は大きくいって4つあります（もっとも、この4つはすべて関連しています）。

　1つめは、身上監護という日本語の表現がもつ概念の曖昧さです。この点は、現行法へ改正する過程でも問題となっていましたし（第4章2・第5章2

参照)、法改正後も強く指摘されています(水野紀子「後見人の身上監護義務」判例タイムズ1030号97頁〜109頁)。

　2つめは、身上監護に関する法的権限の不十分さです。現行法が導入された当時、「介護保険と成年後見は車の両輪」というキャッチフレーズがさかんに喧伝されたように、現行制度の目的の1つは利用者の身上監護面に関する支援の充実にあることが強調されました。ところが、後述のように(第4章、第5章、第7章等)、立法担当官の見解によると、現行制度は、利用者の身上監護に対する成年後見人の法的権限を何ら拡張したわけではありません。このために、身上監護面の支援に期待する社会的ニーズと、成年後見人が実際にもつ法的権限との間に非常に大きなギャップが生じ、実務的混乱を産んでしまいました。

　3つめは、身上監護領域の個人的性格です。立法担当官は身上監護領域の事務について、介護、生活維持、住居の確保、施設の入退所、医療、教育、リハビリテーションなど、利用者の身上面の保護を目的とした契約等の法律行為に関する事務としていますが、これらの契約が実現する内容は基本的に利用者のプライバシーに深くかかわる性格をもっています。「こうした他人の個人的な(私的な)領域に関する支援や手配、意思決定等を行うとしたら、いったい誰が適任者なのか?」という疑問が生じたとき、その人の親密圏の中心に(通常なら)いる家族が候補者として真っ先にあがることになるでしょう。もちろん、家族関係や家族形態の多様化が進んでいる現在、この疑問と同時に、「『家族』が常に適任者なのか?」、「そもそも想定されている『家族』とはいったい誰なのか?」といったさまざまなクエスション・マークも浮かんでくるはずです。しかし、「赤の他人には許されないことでも、家族なら許されることがある」という感覚は、その当否はともかくとして、世間の中に根強く共有されているものです。利用者の家族ではない専門職後見人がその活動に際して、こうした社会的な(あるいは文化的な)壁にぶつかることは当然に予想されるものでしょう。

4つめは、社会の実態における家族の役割と成年後見人の役割の未分化あるいは混交です。ここでいう家族の役割とは、家族法等が規定している法的な権利・義務関係に基づく役割だけではなく、たとえばアジール（避難所）としての家族の役割等も含めて、広く現実社会の中で家族が果たしている（あるいは社会が一般に家族の役割だと評価している）ものを含んでいます。もっとも、家族が成年後見人を兼ねている限り（つまり親族後見人の場合）、この問題が致命的な紛争の形で顕在化する可能性はほとんどありません。ことの当否はおくとして、成年後見人である家族はその行動にあたって、家族としての顔と成年後見人としての顔を（たとえ無意識的にであっても）使い分ければよいからです。

しかし、いうまでもなく専門職後見人の場合、原則として成年後見人としての職務権限・義務の範囲内でしか自分の活動を正当化することが許されません（「原則として」といったのは、事務管理や緊急避難などの誰にでも適用される一般的な法規定や法原則によって行動が正当化できる場合があるからです）。他方、立法担当官の見解に従った場合、利用者の身上監護に関して、現状の成年後見人の権限と義務では、実際に社会から求められているニーズにはとても応えきれない状況にあるといえます（第5章・第7章等）。もちろん、現実に成年後見人に寄せられている社会的なニーズ（あるいは社会的な期待）がすべて正しいものかどうかは全く別の話ですから、たとえ立法論としても、こうしたニーズを成年後見人の職務範囲に取り込むべきかどうかについてはあらためて検証していくことが必要です。しかし、他方で現状の専門職後見人たちが法的にみて非常に不安定な状況におかれながら、手探りによってかろうじて後見実務を進めていることもまた事実です。実際、日本弁護士連合会（「成年後見制度に関する改善提言」（2005年5月6日）、「任意後見制度に関する改善提言」（2009年7月16日））、司法書士の職能団体であるリーガルサポート（「成年後見制度改善に向けての提言——法定後見業務に関わる執務現場から——」（2005年10月1日）、「任意後見制度の改善提言と司法書士の任意後見執務に

対する提案」（2007年2月16日））、日本社会福祉士会（「成年後見制度・地域福祉権利擁護事業の見直しに関する意見」（2006年3月3日）、「成年後見制度とその運用の改善に関する意見」（2010年11月16日））といった専門職後見人の主要な供給母体である専門職能団体が揃って成年後見法制の再改正に対する要望を出していることは、これを裏打ちするものでしょう。

　「社会化」を安定した形でさらに進展させていくためには、専門職後見人が安心して職務を遂行できるような環境を整備していくことが絶対条件です。そしてこのためには、早くも施行から15年を迎える現行制度の運用によってあぶり出された新たな課題点を踏まえたうえで、専門職後見人と身上監護の関係を整理し、あらためて身上監護に関する成年後見人の権限・義務の範囲を明確に確立することが重要な課題であるといえます。近年では、市民後見人という新たな第三者後見人類型の登場によって、この職務範囲の明確化という課題はさらに重要性を増したといえます。というのも、専門職後見人の場合、各専門職独自の倫理綱領や専門職団体によるサンクション（専門職資格の停止や剥奪等の制裁）による権限濫用の防止も期待できるわけですが、市民後見人の場合、基本的にはこうした機能は成年後見法制の中にしか求めることができないからです。

5　成年後見人としての職務の基本スタンス

　本書はこうした問題意識を背景として、特に身上監護に関する事務を中心として、現行制度の下で成年後見人が果たすべき役割について具体的に考えていきます。しかし、まずは第1章以下での議論の前提として、財産管理、身上監護の別を問わず、現行法が成年後見人の役割をどのように位置づけているかについて、簡単にみておくことにしましょう。

　立法担当官の見解を踏まえたうえで、現行法の成年後見人の基本的な役割を簡単にまとめると、次のようにいうことができると思います。つまり、成年後見人の基本的な職務とは、利用者の生活全般を、その生活の質（QOL：

〔図表序-1〕 現行法における成年後見人の基本的な役割

```
①　支援の対象
　　→利用者の生活全般（ただし保佐、補助は権限の範囲に応じる）
②　支援の手法
　　→法律行為（契約）による手配とその見守りが中心
　　　法定代理権、同意権、取消権、財産管理権等の権限行使
③　支援の目的
　　→利用者の生活の質の維持と改善
```

クオリティ・オブ・ライフ）の維持と向上をめざして（**③支援の目的**）、法律行為（契約の代理締結等）を主な手段（武器）として（**②支援の手法**）、③トータルに支援すること（**①支援の対象**）であるということです（〔図表序-1〕参照）。

まず、①支援の対象は、民法858条が利用者の生活をあげている以上、基本的には利用者の生活全般ということになります。ただし、包括的な法定代理権や財産管理権が認められている成年後見人と違って、保佐人や補助人の場合は与えられている権限が制限されていますので、支援の対象もこれと原則的には比例する形で当然に狭くなります。

次に、②支援の手法は、契約等の法律行為が中心とされています。ただし、事実行為であっても法律行為に当然付随する範囲であれば含まれます。また、この支援手法の制限との関係で、現実の介護行為、本人の意思に反する強制を伴う事項（医療同意権や施設入所の強制等）、一身専属的な事項（臓器移植への同意等）などは職務範囲の対象外であるとされています（第5章）。

最後に、③支援の目的は、利用者の生活の質の維持と改善に努めることと考えてよいでしょう。具体的事案におけるその内容は、成年後見人の職務方針決定基準として機能する民法858条（身上配慮義務、本人意思尊重義務）の解釈を通じて判断されていくことになります。ただし、成年後見は利用者の資産（利用者への公的扶助も含む）のみを引当てにして行われるものですから、一定の経済的制約を前提とした判断になることはいうまでもありません。

なお、本書では成年被後見人、被保佐人、被補助人を総称して、「**利用者**」と呼んでいます。これは、自己決定の尊重やノーマライゼーションといった新しい理念を取り入れた現在の成年後見制度は、法定後見の対象を単なる保護の客体（要保護者）としてだけではなく、**現有能力**（立法担当官は「残存能力」という表現を用いていますが、本書では、日本弁護士連合会高齢者・障害者の権利に関する委員会編『Ｑ＆Ａ高齢者・障害者の法律問題〔第２版〕』（民事法研究会、2007年）等で用いられている「現有能力」という表現を使うことにします）を活用して成年後見による支援を積極的に利用していく主体としての側面を認めていると考えるからです。また、「社会化」を通じて社会福祉の基本インフラとしての機能をもつに至った現行制度は、介護保険制度や健康保険制度等と同様、社会保障的なニーズを充足させるための公的支援サービスとしての性格（**公的支援サービスとしての成年後見制度**）をもっているといえます（第１章）。簡単にいえば、ケガや病気になった人に健康保険を通じて医療サービスが提供されたり、要介護状態に陥った人に介護保険を通じて介護サービスが提供されているのと同じように、判断能力の低下によって契約締結に支援が必要になった人には、同じく公的な法律上の制度である成年後見を通じて、成年後見人による契約締結支援サービスが提供されることになるのです。

第1章　成年後見の社会化

1　成年後見の社会化とは

　2000年4月、介護保険制度の創設と時を同じくして、新しい成年後見制度がスタートしました。介護保険は「介護の社会化」をめざして導入されたわけですが、新成年後見制度もまた「成年後見の社会化」と呼ぶべき現象を産み出したといえます。「成年後見の社会化」という表現は、人によっていろいろな意味が与えられているようですが、さしあたり本書では、「**社会福祉のインフラ整備の一環として、国や地方自治体が成年後見制度の利用可能性を広く市民一般に保障する責務を負うべきことになったこと**」と定義しておきます。端的にいってしまえば、介護と同様、成年後見による支援もまた、利用者の家族だけではなく、社会全体によって支えていくべき課題となったということです。したがって、「社会化」は同時に親族後見からの脱却につながります。家族以外の第三者が成年後見人等に選任される割合が増えたことは、「社会化」の最もわかりやすい徴表といえるでしょう。本書のメインテーマの1つである専門職後見人というカテゴリーの登場は、まさに「社会化」の産物なのです。そこでまずは、この「社会化」の周辺から話を始めることにしましょう。

2　「社会化」への道筋

(1)　権利主体としての福祉サービス利用者

　介護保険と成年後見は車の両輪といわれます。いわゆる社会福祉基礎構造改革の流れの中で、2つの制度は導入当初からワンセットのものとして位置づけられていました。この改革の目的は、個人の尊厳をできる限り損なわない形で利用者に質の高い福祉サービスを提供することにあったわけですが、

「措置から契約へ」というキャッチフレーズが端的に示しているように、そのために選ばれた手段が福祉サービス供給方法の「契約化」なのです。

契約は両当事者の自由な合意があってはじめて成立するものですし、その内容も当事者が自分たちで決めるのが原則です。措置制度の下では、利用者は行政の決定の対象となる客体にすぎませんが、契約の世界では利用者こそが主体として、つまり主役として登場してくることになるわけです。提供される福祉サービスの要否やその内容を行政が勝手に決めてしまうのではなく、契約の基本ルールに従って、そこに利用者の意思を反映させること。さらにいえば、利用者が自らニーズを判断して、サービスの提供相手や自分に必要なサービスをチョイスしていくこと。契約という道具を社会福祉のしくみに取り込むことによって、こうした利用者本位の社会福祉システムを構築していくことができると考えられたわけです。

もっとも、私たちの普段の生活を振り返ってみると、必要なサービスや商品を契約によって手に入れるというのは、ごく当たり前の出来事にすぎません。たとえば、スーパーやコンビニエンス・ストアで衣料品や食料品を買うこと、大家さんからアパートを借りること、電気やガスを利用すること、すべてが契約の産物です。現代の私たちは、人間らしい生活の基盤である衣食住のほとんどを契約によって賄っているわけです。そういう意味では、社会福祉サービスも私たちの社会で最もノーマルな方法で提供されるようになったというだけのことなのかもしれません。そもそも社会福祉サービスは、いわゆるノーマライゼーションの理念を実現するために提供されるわけですが、「契約化」は社会福祉サービスの提供方法そのものをノーマライズしたということです。

たとえば私たちが外食をする場合、その時の気分や財布の中身と相談しながら、まず食事する店（サービス提供事業者）を決め、さらにその店のメニューの中から食べたい食事（サービス内容）を選ぶことになります。こうしたごく当たり前の自己決定を支えているのは、食堂による食事の提供という

サービスが契約によって実現されているという事実です。「契約化」は、社会福祉サービスの領域に、こうしたスタイルをもちこもうとしたといえます。極論すれば、今や、少なくとも理念的には食堂で定食のメニューを選ぶように、社会福祉サービスのメニューを選べるようになったわけです（ただし、後述(2)(B)参照）。さらにいえば、社会福祉サービスが措置という特殊な手段ではなく、社会における他のサービスと同じ契約という、ごく日常的な手段でやりとりされるようになったことで、社会福祉サービスの受給にまつわるスティグマを薄める効果も、あるいは期待できるかもしれません。

(2) 契約支援システムとしての成年後見

(A) 「契約化」のパラドックス

「契約化」は福祉サービスの提供者と利用者の地位を「対等（平等）化」させます。これによって、理念的には利用者の地位は措置制度の時代よりもはるかに向上し、利用者の自己決定によるサービス選択を保障する利用者本位の社会福祉システムへの道が開かれることになりました。しかし、ここには1つの大きな落とし穴があります。それは、判断能力の不十分な利用者が必要なサービスを獲得できなくなってしまうというリスクです。

利用者のニーズは利用者自身が最もよくわかっている。だから、契約という形で必要なサービスを自分で選ぶのが利用者のメリットを最大化することになる。しかも、この方法は「個人の自立を基本とし、その選択を尊重した制度の確立」（利用者の自己決定の実現と社会福祉サービスを自分で選択できる利用者本位のしくみの整備）という社会福祉基礎構造改革の基本理念にもかなっている。これが「契約化」の基本的な構図です。

しかし、この図式がうまく成立するためにはいくつかの前提条件が必要になります。特に重要なのは、利用者に合理的な損得勘定（当該契約の利害得失評価）ができる判断能力が十分に備わっているということです。自分にとって何が必要なサービスなのかをきちんと判断できなければ、契約によって適正なサービスを受けることはできないからです。

もともと社会福祉サービスとは、社会生活を営むうえで何らかのハンディキャップをもっている人たち（たとえば高齢者、障がい者、児童等）であっても、社会の他の構成員たちと同じように、その人らしい生活を送り、積極的な社会参画ができるようにするために、各自のハンディキャップの解消や緩和をめざして提供されるサービスです。認知症や知的障がい、精神障がい等による判断能力の低下や喪失はいうまでもなく、こうした社会福祉サービスの対象となるハンディキャップの１つです。たとえば、介護保険サービスの対象となる要介護状態は、「<u>身体上又は精神上の障害があるために</u>、入浴、排せつ、食事等の日常生活における基本的な動作の全部又は一部について、厚生労働省令で定める期間にわたり継続して、常時介護を要すると見込まれる状態」（介護保険法７条１項、下線筆者）を指しています。

　このように、判断能力が不十分だからこそ、社会福祉サービスの利用が必要になるわけですが、この人たちにとって、「契約化」は、致命的なパラドックスを生み出すことになってしまいます。一般的にいって、ハンディキャップの原因である判断能力の低下が著しいほど、独力では対応することが難しい事項が増え、その人の生活上の困難も増すことになります。同時に、こうした生活上の困難を解消したり軽減させるための社会福祉サービスに対するニーズも、それだけ高くなるわけです。ところが、判断能力が低ければ低いほど、自分のニーズを客観的に把握することも難しくなりますし、何より独力でサービス提供事業者と社会福祉サービス利用契約を結ぶことが困難になっていきます。このように利用者の判断能力の低下によって生じる社会福祉サービスに対するニーズと、利用者本人の現有能力による社会福祉サービスへのアクセシビリティとは反比例する可能性が高いといえます。この結果、社会福祉サービスによる支援の必要が大きい人ほど、かえって必要なサービスにアクセスできなくなってしまうという「契約化」の根本的な矛盾が生じてしまうことになるわけです。

　このパラドックスを解決するためには、判断能力が不十分な人の契約締結

をサポートするしくみを整備することが必要です。ここに権利擁護システムの一種である契約支援システムとしての成年後見制度の意義があります。法定代理権、取消権・同意権などの法的な権限を活用して、判断能力が不十分な利用者の自己決定をサポートしたり、適切な社会福祉サービスを利用者の代わりに契約することによって手配する。特に後者の代行決定が許されるのは、法律によって正式な法定代理権が与えられている成年後見人だけなのです。「契約化」の副産物として必然的に生じてしまう障壁を、権利擁護システムである成年後見による契約支援によってバリアフリー化すること。つまり「契約化」によって達成されたサービス提供者と利用者の形式的な対等（平等）性を、成年後見制度の活用によって補完し、実質的な対等（平等）性にまで高めること。ここまでして、はじめて介護保険制度は利用者本位の制度になるといえます。こうしてみると、判断能力不十分者のための契約締結支援サービスも一種の社会福祉サービスであって、こうしたサービスを提供する成年後見制度には重要な社会保障の機能が組み込まれていると考えることができそうです。逆にいえば、成年後見制度や日常生活自立支援事業のような契約支援システムが十分に機能し、そのアクセシビリティが保障されない限り、「契約化」は利用者にとってマイナスにしかならないということを忘れてはならないでしょう。

　⒝　**成年後見法と消費者契約法**

　ところで、先ほどサービス提供者と利用者の実質的な対等（平等）性といいましたが、実は厳密にいえば、成年後見制度や日常生活自立支援事業による利用者の契約締結支援だけでは、サービス提供者と利用者の地位が完全に対等化するわけではありません。というのも、通常、サービス提供者は消費者契約法にいう「事業者」であり、利用者は「消費者」であって、両者の情報力（契約内容に関する情報の質と量）や交渉力などには大きな格差があるからです（消費者契約法1条・2条参照）。ところが、社会福祉基礎構造改革における「契約化」の議論は非常に古典的な契約自由の原則に立脚して、利用

者によるサービスの選択の自由という側面を強調するあまり、現代の契約における契約自由の原則の修正に関する問題（先ほどの消費者契約法や、約款のコントロール等を通じた契約の締結過程と契約内容の適正化の問題等）については、ほとんど考慮が払われていなかったようです。たとえば、「契約化」の議論の中で想定されていた社会福祉サービス契約の内容は非常に抽象的であって、「民法学・消費者法学などが発展させてきた現代的な契約観、すなわち物品・権利・サービスを業として販売・提供する事業者とそうした物品等の購入者・利用者との間には、情報の格差、交渉力の違い、あらかじめ事業者が作成した約款等の定型契約の利用、のために、契約交渉や契約締結にあたって対等な関係は形成されないという現代的な契約観がまったく反映されていない」という指摘は、こうした事情を浮き彫りにするものといえます（岩村正彦編『福祉サービス契約の法的研究』6頁～7頁〔岩村正彦執筆〕（信山社、2007年））。親族後見のケースを想定すれば明らかなように、成年後見による契約締結支援はこうした事業者と利用者との間の契約に関する構造的格差までをも当然に補正するものではありません。このため、成年後見を利用しているケースについても消費者契約法や特定商取引法等を適用して、契約の適正化を図るという要請は残るといえます。なお、消費者契約法5条2項は、「消費者契約の締結に係る消費者の代理人」を消費者とみなしているので、事業者である弁護士等の専門職後見人や法人後見人が法定代理権によって結んだ消費者契約についても、消費者契約法4条による取消権の対象となると思われます（内閣府国民生活局消費者企画課編『逐条解説　消費者契約法〔新版〕』146頁（商事法務、2007年）参照。ただし、同書の解説は、弁護士が消費者の任意代理人であるケースを想定しているようです）。

　さらに、後述するように、現行の制限行為能力制度による取消権については、「障害のある人の権利に関する条約」（以下、「障害者権利条約」といいます）との関係も含めて、大きな課題があるといえますが、ここでも成年後見法と消費者契約法の交錯がクローズアップされることになります。なぜなら、

制限行為能力制度の廃止あるいは縮減のための代替手段として、消費者契約法をはじめとする消費者法領域における救済手段の拡張という方向性が有力な選択肢となるからです（第11章２(7)参照）。

(3)　「契約化」から「社会化」へ

　介護保険の導入後、2003年の支援費制度導入や2006年10月の障害者自立支援法（2013年４月１日より「障害者の日常生活及び社会生活を総合的に支援するための法律」に改正・改称）完全施行などによって、「契約化」の流れはさらに加速されました。今や、契約支援システムである成年後見制度はあらゆる社会福祉サービスの基盤になったといっても過言ではないでしょう。というのも、道路や鉄道といった交通手段が社会の最も重要なインフラの１つであるのと同様に、判断能力の不十分な人が社会福祉サービスへアクセスするための手段である成年後見制度は社会福祉の最重要インフラの１つというべきだからです。

　こうして、社会福祉サービスの提供方法の「契約化」は、成年後見制度を社会福祉システム（地域における権利擁護システム）の重要なインフラとして位置づけることになりました（こうした性格は、2006年の高齢者虐待防止法をはじめとする各種の社会福祉関係法の立法によって、ますます強化されてきています（後掲３(2)参照））。国や地方自治体にとって社会福祉のインフラ整備は、障害者基本法や高齢社会対策基本法、社会福祉法といったわが国の社会福祉サービスの基本理念を定めた法律はもちろん、終局的には日本国憲法が要求している重要な責務といえます。とすれば、社会福祉サービスの受給のために成年後見制度を必要とするすべての人が気軽に制度を利用できるようにすることは、今や、国や地方自治体の責任であるというべきでしょう。旧来の家族頼みによる後見の時代から、社会全体で支える後見の時代へと移り変わるべき時がきたわけです。ここに、成年後見の「社会化」への道が開かれたといえます。

　たとえば、障がい者の自立と社会参加の支援等のための施策の基本を定め

た障害者基本法は、「国及び地方公共団体は、障害者の意思決定の支援に配慮しつつ、障害者及びその家族その他の関係者に対する相談業務、成年後見制度その他の障害者の権利利益の保護等のための施策又は制度が、適切に行われ又は広く利用されるようにしなければならない」（同法23条１項）と規定しており、成年後見制度の適正な利用保障が国と地方公共団体の責務となったことを明言しています。たとえば、2013年に施行された障害者総合支援法が、市町村の地域生活支援事業の１つとして、「障害者に係る民法に規定する後見、保佐及び補助の業務を適正に行うことができる人材の育成及び活用を図るための研修を行う事業」（同法77条１項５号）を掲げたのは、この具体化の一例です。さらに、2011年の障害者基本法改正によって、「国及び地方公共団体は、障害者の消費者としての利益の擁護及び増進が図られるようにするため、適切な方法による情報の提供その他必要な施策を講じなければならない」（同法27条１項）とする、消費者としての障がい者の保護を図る規定が新設されました。契約支援システムとしての成年後見制度は、当然、この場面でも重要な役割を果たすことになるはずです。

　さて、このように、何らかの精神上の障がいによって判断能力にハンディキャップのある人たちが必要な社会福祉サービスや消費者契約等に自由にアクセスできるよう、国や地方自治体が成年後見を手軽に利用できる環境を整備していくべきことは、障害者基本法から導かれる当然の要請だといえるでしょう。しかし、これはあくまでも「社会化」の出発点にすぎません。成年後見の役割は単に利用者に不足するニーズを充足させるだけにとどまらず、より能動的な形での権利擁護の視点から再構築されるべきだからです。真の意味で「社会化」された成年後見がめざすべきゴールは、たとえ判断能力に何らかのハンディキャップを抱えていても、その人が今もっている能力（現有能力）を最大限に引き出し、活用することによって、地域社会の中で自分らしい生活を送れるように支援していくこと、端的にいえば、インクルージョン（社会的包摂）の実現です。もちろん、成年後見を活用するだけで利用

者の地域社会へのインクルージョンが実現するわけではありません。しかし、成年後見がその重要な一翼を担っている事実は銘記しておくべきことだと思います。この意味で、障害者基本法が要請する自立と社会参加へ向けた積極的な支援という視点は、成年後見人もぜひとも共有すべきものだといえるでしょう。後で詳しく触れるように、新しい成年後見制度の下では、成年後見人は消極的に利用者の財産の減少を防ぐだけではなく、利用者の生活の質（クオリティ・オブ・ライフ：QOL）を維持・改善するために、より積極的に行動していくことが求められているからです。

3　社会福祉システムとしての成年後見

(1)　民法を超えて

　現行の成年後見制度（正確には法定後見制度）導入に際して、立法技術としては、旧制度である民法上の「禁治産・準禁治産宣告制度」を改正するという方法がとられました。このため、法体系上、成年後見制度は現在もなお、主として民法典の家族法（親族編）の中に規定されています。しかし、この事実は成年後見が家族（だけ）の役割であるということを意味しているわけではありません。これまでみてきたように、「社会化」された成年後見は利用者の家族のみで支えるしくみなのではなく、終局的には国や地方自治体が責任者として、社会全体で担うべき課題なのです。実際、2000年の成年後見制度導入は、1993年の障害者基本法の改正や1995年の障害者プラン（ノーマライゼーション7か年戦略）の策定といった動きの中で、政府の重要な施策である障害者福祉の充実という要請に添って実行されたものであることを、立法担当官も明言しています（『解説』3頁〜4頁）。

　「社会化」された成年後見は、単に民法上の財産管理システムとして機能するだけではありません。ノーマライゼーションという理念の下、関連するさまざまな社会保障法と連携しつつ、判断能力が不十分な人の福祉の増進をめざす社会福祉システム（権利擁護システム）としての性格を併有している

と考えるべきでしょう。介護保険による「介護の社会化」は介護問題を家族負担の枠組みから解き放とうとしましたが、成年後見制度は「成年後見の社会化」によって家族法の枠組みを大きく踏み越えていくことになったわけです。

(2) 社会保障法としての成年後見

　社会保障法の体系的意義や、社会福祉概念と社会保障概念の関係については、社会保障法学上さまざまな議論があるようですが、この問題に深入りする能力は、残念ながら私にはありません。そこで、とりあえず本書では、社会保障を「国が中心となって、生活保障を必要とする人に対して、一定の所得ないしサービス（医療および社会福祉サービス）を公的に提供することで、これらの生活上の困難・危険を回避し、軽減するために準備された制度」であると理解し、他方、社会福祉を「生活を営む上でのハンディキャップを克服ないし軽減・除去することによって、社会参加を可能にし、自らが有する能力を発展させて人間らしい生活を送ることができることを目的とする制度」として位置づけたうえで、これを社会保険や公的扶助等とともに社会保障を構成する主要な一制度としてとらえておくことにします（西村健一郎『社会保障法』3頁・25頁〜30頁・443頁以下（有斐閣、2003年））。

　さて、成年後見の社会保障法としての側面は、主に次の2点に現れます。

　1つは、成年後見制度が本来的にもっている権利擁護機能です。成年後見は判断能力が不十分な人に対する権利侵害を防止するとともに、その権利行使を支援することを目的とした制度ですから、社会保障法の観点からは社会福祉制度の一翼を担う権利擁護システムとして位置づけることができます。実際、社会保障法の分野でも、成年後見制度を「生活障害に対する保障──社会福祉サービス各法」の中に位置づけて紹介していたり（荒木誠之『社会保障読本〔第3版〕』203頁〜204頁（有斐閣、2002年）)、21世紀の社会保障法のキーワードの1つとして「権利擁護制度（Advocacy）」概念をあげ、その筆頭に成年後見法を位置づけているもの（阿部和光＝石橋敏郎『市民社会と社会

保障法〔第2版〕』304頁〜305頁（嵯峨野書院、2004年））、成年後見制度を判断能力不十分者の権利擁護のための提供体制（制度としての権利擁護）として位置づけるもの（河野正輝『社会福祉法の新展開』183頁（有斐閣、2006年））などもみられます。つまり、成年後見にはもともと社会保障法的な性質が含まれているわけです。成年後見人等に与えられる取消権は不当な財産搾取に対する最強の切り札ですし、法定代理権や同意権も利用者の権利行使を支援するための強力な武器だといえます。この意味では、従前の禁治産・準禁治産宣告制度も財産侵害の回避を中心とした狭い範囲ながら、一定の権利擁護機能を果たすしくみであったといえます。しかし、「社会化」された現行制度はこうした消極的な形での権利擁護機能を超え、ノーマライゼーションの理念に従って、利用者が自分らしく生活できることを支援するという、より広く、かつ積極的な形での権利擁護機能が期待されているという点に留意する必要があるでしょう。

　もう1つは、運用プロセスにおける社会保障法との連携です。すでに述べたように成年後見制度の本体は民法上に規定されています。しかし、成年後見制度が実際に社会で運用される際には、社会保障法に分類される法律と有機的に連携して動くケースがあることが、明文上、予定されているのです。たとえば、老人福祉法、知的障害者福祉法、精神保健福祉法によって規定されている市町村長申立ての制度がこの典型です。禁治産・準禁治産宣告制度の時代から、身寄りのない人などを想定して、公益の代表者としての検察官が成年後見開始の審判の請求権者に含められていましたが、現行制度では、この検察官の申立権（民法7条・11条・15条）を残す一方、福祉関係の行政機関にも申立権を与えるべきという方針によって、先にあげた社会福祉法規の中に市町村長の申立権が規定されました（老人福祉法32条、知的障害者福祉法28条、精神保健福祉法51条の11の2）。身寄りのない人や、たとえ家族がいても利用者に協力的ではない場合は、まさに「社会化」の基本理念である社会による支援が成年後見の入口の時点から必要となるわけですから、この市

町村長申立ての運用は「社会化」のアセスメントにおいて最も重要な指標の1つといえるでしょう（第11章1(4)参照）。

また、2006年に施行された高齢者虐待防止法は、高齢者虐待を防止するために、成年後見制度の周知や制度利用の経済的負担の軽減を実施して、成年後見の利用促進を図ることを、国や地方自治体に義務付けました（同法28条）。さらに同法9条2項は、高齢者虐待の通報を受けた市町村または市町村長が、高齢者虐待の防止や高齢者の保護を図るための対応策の1つとして、老人福祉法32条の市町村長申立てを行うことを義務付けていますし、加えて高齢者虐待防止法27条も「市町村長は、財産上の不当取引の被害を受け、又は受けるおそれのある高齢者について、適切に、老人福祉法第32条の規定により審判の請求をするものとする」と規定し、老人福祉法32条に基づく成年後見の市町村長申立てを、市町村がとるべき措置として位置づけています。2012年に施行された障害者虐待防止法にも、全く同様の規定が設けられています（同法44条・9条3項・43条2項）。こうした市町村長申立ての行政への義務付けは、民法上の制度である成年後見と社会福祉システムとの垣根をさらに低くするものといえるでしょう。これによって、高齢者や障がい者の虐待防止という社会福祉政策を実現するためのプログラムの中に、形式上は民法の制度である法定後見が埋め込まれたといえるからです。

こうした動きは、厚生労働省による市民後見に関する一連の施策によって、さらに強化されています。詳細は後述しますが（第10章）、市町村長申立権の円滑化を図るために、現在では、市町村は適正な法定後見人候補者を地域で育成するとともに、育成した候補者の家庭裁判所への推薦や、その選任後の活動支援といった必要な措置を講ずる努力義務を負うことになりました。都道府県もまた、こうした市町村の措置に対する助言等の援助をする努力義務を負っています（老人福祉法32条の2、知的障害者福祉法28条の2、精神保健福祉法51条の11の3）。

このように、成年後見が運用されるプロセスを動態的に観察していくと、

民法上の成年後見制度と他の社会保障法上の制度とが一体化した形で、社会福祉政策の実現のために機能していることがわかります。成年後見をミクロの目で個別的に評価する限りは、たしかに民法上の制度にとどまっているわけですが、マクロ的な視点から、社会における現実の運用実態を捉えていくと、成年後見がすでに社会福祉法制の一部としても機能していることが理解できるのではないでしょうか。

(3) 民法レベルにおける「社会化」への助走

成年後見制度が形式上は民法典の中にありながら、実際は社会福祉システムとしても機能すること。そのために、成年後見の運用を社会全体で支援できるしくみを準備すること。こうした成年後見の「社会化」へと続く道筋は、高齢社会への対応と障がい者福祉の充実を目的に掲げていた、2000年の成年後見制度導入のプログラムにすでに組み込まれていたといえます。「社会化」の鍵は社会保障法との連携といった制度の外部にだけではなく、改正された民法典の内部にも隠されていたのです。こうした「社会化」の内在的要因として、複数成年後見人制度と法人後見人制度という2つの新制度導入と、配偶者法定後見人制度の廃止が注目されます。

(A) 複数成年後見人制度の導入

改正前の旧民法843条は「後見人は、1人でなければならない」と規定していましたが、2000年の改正時に、この規定は「<u>未成年後見人</u>は、1人でなければならない」という表現に改められました（旧民法842条：下線筆者）。この表現の変更によって、成年後見人については1人に限定するという制限が外され、複数成年後見人制度が導入されたわけです（ちなみに、2012年4月以降はこの改正規定も削除され、現在は、未成年後見人も複数の選任が可能になっています）。

現行法が複数成年後見人制度を採用した理由は、成年後見の運用上、①「財産管理と身上監護を各分野の専門家（法律専門家と福祉専門家等）が分担したり、家族と特定分野の専門家が協働したりして、チームを組んで事務を

行うこと（チーム後見）が効果的なケースがあること」、②「入所施設での日常的な財産管理などを担当する成年後見人と、遠方にある利用者の財産管理を担当する成年後見人を、別個に選任する必要があるケースがあること」があげられています（「補足説明」32頁〜33頁）。ここで注目すべきは、第三者後見人、特に専門職後見人の選任事例が複数後見の典型例として想定されているということです。複数後見は、まさに「社会化」を前提とした制度なのです。

　⒝　**法人後見人制度の導入**

　民法843条4項は、「成年後見人を選任するには、成年被後見人の心身の状態並びに生活及び財産の状況、成年後見人となる者の職業及び経歴並びに成年被後見人との利害関係の有無（成年後見人となる者が法人であるときは、その事業の種類及び内容並びにその法人及びその代表者と成年被後見人との利害関係の有無）、成年被後見人の意見その他一切の事情を考慮しなければならない」と規定しています。カッコの中に注目してください。「成年後見人となる者が法人であるとき」と表現されています。これもまた、先ほどの複数後見と同じく立法技術上の問題なのでわかりにくいのですが、実はこのカッコ書の意図は、法人を成年後見人に選任できることを明文化することにあります（『解説』224頁）。1999年の民法改正前は、法人選任の可否について直接触れた条文はありませんでした。逆にいえば、法人の選任が明確に禁止されていたというわけでもないのですが、旧制度下で家庭裁判所が法人を選任した実例はなかったようです（「補足説明」35頁）。

　これに対して、現行法では民法843条4項によって、法人を成年後見人に選任できることが、法律上、はっきりと宣言されたわけです。法人後見を認めた理由として、立法担当官は、①認知症高齢者、知的障がい者、精神障がい者らのニーズが多様化したことによって、福祉関係の事業を行う法人が、その人的・物的な態勢を組織的に活用して、利用者の財産管理や身上監護を行うことが必要かつ適切な場合があり得ること、②本人に身寄りがない場合

には、成年後見人の適任な候補者を見つけるのが難しいことがあり、こうした際の受け皿として法人後見人が必要であること、を指摘しています（『解説』224頁）。これはそのまま「社会化」の背景要因でもありますし、法人後見人の活動状況が「社会化」の重要なバロメーターになることは、あえて付け加えるまでもないでしょう（法人後見のメリット・デメリットについては第3章3も参照）。

⒞ 配偶者法定後見人制度の廃止

　改正前の旧民法840条と847条1項は、夫婦の一方が禁治産宣告や準禁治産宣告を受けた場合には、夫婦の残る一方が当然に後見人や保佐人になることを規定していました。これが配偶者法定後見人制度です。しかし、一般に夫婦は年齢が近いことが多いですから、成年後見の利用者の中でも多数を占める認知症高齢者の場合、大半は利用者の配偶者も相当の高齢になっています。そのため配偶者も心身が弱っていたりして、後見人の職務を全うするのが難しいケースも珍しくありません。介護に関する「老老介護」と同様、「老老後見」と呼ぶべき社会問題が生じるリスクがあったわけです。

　そこで現行法は、配偶者というだけで当然に成年後見人等に選任してしまうのではなく、他の候補者も視野に入れたうえで、家庭裁判所がベストの成年後見人等を選べるようにするために、配偶者法定後見人制度を廃止しました。この制度は成年後見を家族に縛り付ける軛(くびき)でもあったので、その廃止は「社会化」に向けた重要な一歩だったといえるわけです。

⒟ 報酬システムの不在

　こうして、現在の民法の中には「社会化」への布石となる規定がすでにいくつか織り込まれているわけですが、逆に「社会化」にとってはつまずきの石といえる要素もまだ残っています。特に重要なのは、後見の無償性原則に起因する報酬システムの不備でしょう。

　民法上、成年後見は無償が原則です（無償後見の原則）。成年後見人等への報酬付与（有償後見）はあくまで例外的なものにすぎず、成年後見人等によ

る請求と家庭裁判所の判断を待って、はじめて認められることになります（民法862条）。

しかし、「社会化」の重要な鍵である専門職後見の健全な運用という面からは、例外とされる有償後見についても明確なルールを整備しておくことが絶対に必要です（また親族後見のケースでもあまり無償原則を強調しすぎると、介護と同様、アンペイドワークの押し付けの問題が生じるおそれがあります）。むろん、後見事務を単純な営利事業として位置づけてよいか（とりわけ、任意後見はともかく、そもそも法定後見が営利事業になじむのか）という点には議論の余地があるわけですが、少なくとも、専門家がその専門的能力を活用して後見事務を実施した場合に適正な報酬を受け取ることは、むしろ健全なことでしょう。

後に詳しくみるように（第3章）、すでに新規選任の後見人の過半数を超える第三者後見人の大半は専門職後見人ですし、市民後見の動きとも連動して、近年では法人後見人もますます存在感を増してきています。専門職後見人と法人後見人のいずれも、適正な報酬システムが整備されて、はじめて円滑に機能するはずです。このように、報酬の問題は第三者後見人の活動の基礎インフラというべき非常に大切な課題ですから、本書の最後で、あらためてもう少し詳しく考えてみたいと思います（第11章2(4)参照）。

4 「社会化」のメルクマール

本章の最後に、「社会化」の進展状況を図るためのメルクマールについて、簡単に触れておきましょう。

まず1つめは、第三者後見人の活用状況です。成年後見への社会的支援の中でも、最も直接的な形は、成年後見人の担い手それ自体を家族ではなく第三者が行う、第三者後見だといえますから、法人後見を含めた第三者後見の比率の上昇は、直ちに「社会化」の進展に関する最もわかりやすい指標となります。

２つめは、市町村長申立ての運用状況です。「社会化」は、単に親族後見からの脱却を意味するだけではなく、成年後見を社会的なセーフガードとして位置づけ、その整備を、社会福祉面でのセーフティネット構築の一環として、国や地方自治体に要請するものでもあります。したがって、「社会化」の進展状況を評価するためには、成年後見の運用面で行政による利用支援が適切に行われているかをチェックすることも重要です。利用支援の内容としては、成年後見制度の市民への周知や親族後見人等へのアドバイスといった間接的な活動も見逃せませんが、メルクマールとしてならば、客観的な数字で把握できる市町村長申立ての動向がやはり最も明快でしょう。市町村長申立ては、利用者の身近に成年後見人の担い手どころかその入口である申立てにすら積極的にかかわってくれる親族がいない場合に、機能することになります。いってみれば、社会福祉のセーフティネットである成年後見の、そのまたセーフガードとしての役割を果たしているわけですから、「社会化」の進展を測るためには、まさに絶好のメルクマールなのです。

　最後に３つめとして、公的な経済的支援の実情です。「社会化」の理想は、成年後見の支援が必要なすべての人が気軽に成年後見を利用できる社会状況を創り出すことにあります。しかし、ここで問題となるのが成年後見の利用者像です。つまり、「成年後見の支援を必要としているのは、どういう人たちなのか？」ということです。この点について、実は現在の民法学の主流は、「成年後見制度の対象者は財産のある人たちだけである」というスタンスをとっています。というのも、「成年後見制度は、本質的には財産管理制度にすぎないから、管理すべき財産がない人たちには成年後見による支援は必要ない」と考えているからです。

　しかし、本書は別の立場をとりたいと思います。成年後見で必要なのは純粋な財産管理の事務だけではない。むしろ、身上監護に関連する事務にこそ重要な意義がある。だから、成年後見に対するニーズは、財産の多寡にかかわらず生じるものなのだ。さらに、成年後見制度が生活障がいに対する保障

である社会福祉サービス（権利擁護サービス）としての側面をもつことを重視するならば、判断能力に関する社会的ハンディキャップを抱えている人は、その所得階層にかかわらず（たとえ財産がなくても）、成年後見制度を利用できると考えるべきである（西村健一郎『社会保障法』444頁（有斐閣、2003年）参照）。これが本書の基本的な立脚点です（最近では、こうした本書の議論を支持する有力な社会保障法学説も現れています（菊地馨実「虐待防止と成年後見・権利擁護」成年後見法研究6号6頁（2009年）））。

　たとえば、低所得者への社会福祉サービスの提供を考えてみましょう。繰り返し触れてきたように、「措置から契約へ」の流れの中で、現在、社会福祉サービスの提供方法は原則的に、契約に基づいて行われるようになっています。このため、低所得者の判断能力が低下して、自力では契約内容を十分に判断できない状況に陥ってしまった場合、本来ならば成年後見による契約支援サービスを受けることが必要となるはずです（ちなみに立法担当官も「財産をほとんど有しない者であったとしても、社会福祉基礎構造改革が進めば、福祉サービスを受給するためにも契約等の法律行為を行うことが要求されることになろう」としています（『解説』97頁））。これに対して、たとえば「生活保護受給者やそれに準ずるような低所得者層への社会福祉サービスの提供はすべて行政が判断して、措置によって行えばよい」という考え方も、1つの政策的判断としては十分に成り立つものでしょう。しかし、財産の有無によって一律に、成年後見と措置とに切り分けてしまうという発想が、はたしてノーマライゼーションの理念にかなうものなのでしょうか。

　もちろん、この問題は社会福祉サービスの場面だけに限りません。現代社会では、ごく平凡な日常生活を送るためであっても、私たちは無数の契約を必要としています。私たちの生活が契約の網の目によって形作られているということは、低所得者の場合も全く変わりありません。もしも、成年後見による契約支援サービスが財産のある人たちにしか保障されないものなのだとすれば、財産のない人たちは、いったん自力で契約を結ぶ能力を失ってしま

うと、日常生活のすべてを措置に頼るほかないということにもなりかねません。少なくとも、家族等のインフォーマルな支援を受ける機会すらない場合には、本人の意思が尊重される日常生活を送ることは難しくなってしまうでしょう。

　こうしてみると、成年後見による支援は、もっている財産の多寡にかかわらず、すべての市民に対して保障されることが望ましいのではないでしょうか。上述した近時の高齢者・障がい者をめぐる法改正の動向も、こうした本書の主張を裏づける形になっています。ただし、そのためには成年後見の利用に必要な費用（有償後見の場合の報酬を含む）について、経済的に支援するための公的なしくみが必要になるはずです。そして、このしくみ作りもまた、「社会化」の責務を負っている国や地方自治体の重要な役割であると考えるべきでしょう。しかし、残念ながら、この公的な経済的支援の進展は著しく立ち後れているというのが現状です（第11章2(3)参照）。

第2章　成年後見の基本理念

1　旧制度の問題点

　2000年4月にスタートした現在の成年後見制度は、「禁治産宣告」と「準禁治産宣告」という2つの旧制度を改正したものです。

　まずは簡単に旧制度の紹介をしておきましょう。禁治産宣告制度とは、本人や配偶者、4親等内の親族など一定の者の請求に基づいて、家庭裁判所が心神喪失の常況にある者（精神上の障がいのために、法律行為に対する判断能力を通常欠いた状態にある者）を対象として禁治産の宣告を行う制度です（旧民法7条）。禁治産の宣告を受けた禁治産者に対しては後見が開始されます（同法8条・838条）。このとき、禁治産者に配偶者がいれば当然に配偶者が後見人となりますが（同法840条：配偶者法定後見人制度）、配偶者がいない場合には家庭裁判所が後見人を選任します（同法841条）。後見人には禁治産者の法律行為に対する取消権（同法8条・120条）と包括的な法定代理権（同法859条）が与えられます。なお、現行の制度と異なり、後見人の取消権は包括的な権限であり、禁治産者の日常生活に関する行為に対しても当然に及んでいました。

　他方、準禁治産宣告制度とは、心神耗弱者（精神上の障がいのために、法律行為に対する判断能力が著しく不十分な状態にある者）と浪費者（後先を考えずに財産を消費してしまう性癖がある者）を対象とする制度です（旧民法11条）。本人や配偶者、4親等内の親族など一定の者の請求に基づいて、家庭裁判所が準禁治産宣告を行う点は禁治産と同様です（同法13条）。準禁治産の宣告を受けた準禁治産者に対しては保佐が開始されます。保佐人の権限は一定の重要な行為に関する同意権の行使にとどめられており、法定代理権は与えられていませんでした（同法12条）。ただし、準禁治産者が旧民法12条所定の

行為について保佐人の同意を得ずに行った行為についても、明文上は保佐人の取消権が認められていなかったため、同意権の実効性には強い疑問がもたれていました。また、禁治産者の後見人には必要に応じて後見監督人を選任することができましたが（同法848条・849条）、準禁治産者の保佐人についてはそもそも監督人制度がおかれていませんでした。

　さて、いうまでもなく、現行制度は旧制度の問題点を克服するために導入されたわけですから、現行制度の特徴をしっかりと理解するためにも、まずは旧制度の欠点をおさらいしておくことが必要でしょう。旧制度の最大の欠陥を一言でいえば、「利用されない制度」だったということです。いや、むしろ「利用を拒まれた制度」と表現するほうが正確かもしれません。たとえば、1995年（平成7年）度における禁治産宣告の申立件数はわずか2963件です。これに対して、直近の2013年（平成25年）における成年後見類型の申立件数は2万8040件とほぼ10倍近くの数字に達しています。両者を比べると、禁治産宣告時代の数字が、いかに少なかったかがわかると思います。

　問題は、なぜ旧制度がこんなにも嫌われものだったのかということですが、これについて現行制度の立法担当官は、旧制度が「総じて言えば、本人保護の理念をあまりに重視した制度であり、本人の意思の尊重、本人の自己決定の尊重、ノーマライゼーション等の現代的な理念に対する配慮が不十分」だったからだと説明しています（『解説』3頁）。

　この理念の問題は後ほどあらためて触れるとして、もう少し具体的な問題点としては、次のようなことが指摘されていました。

　1つめは、制度の硬直性の問題です。本来、利用者の判断能力や支援の必要性の程度はまさに人それぞれ、千差万別といえます。ところが、旧制度は、禁治産宣告と準禁治産宣告という定型的な類型を、わずかに2つ定めていただけでした。しかも、この2つの制度の法的効果が大きく異なっていたこともあって、利用者の現実の能力やニーズの多様性に応える弾力的な対応はできませんでした。たとえば、一般に高額となる不動産の売買と日々の食料品

の売買とでは行動の難易度には大きな開きがありますし、それぞれに必要な判断能力の程度も全く異なるはずです。ところが、禁治産者が結んだ契約は、日用品の買物のようなごく簡単なものまですべてひっくるめて、一律に取消権の対象にされていました。どれほど些細な契約であっても、理屈のうえでは、後見人の一存で取り消すこともできたわけです。こうしてみると、旧制度は、利用者が実際には「できること」まで「できないこと」として画一的に対処してしまうことによって、利用者の行動の最終的な成否を、利用者自身の判断ではなく、後見人の判断にすべて委ねてしまう結果になっていたということができます。そこでは、保護の必要性を超えた**過干渉のリスク**が非常に大きかったといえるでしょう。

2つめは、軽度の能力低下に対応できるしくみがなかったことです。1つめの問題点とも関連しますが、旧制度の効果が定型的で、しかも本人への干渉の度合いが大きかったこともあって、要件の緩い準禁治産であっても相当の能力の低下がないと利用が認められませんでした。しかし、契約の難易度はさまざまですから、日用品の購入程度なら独力でできても、マンションの売却といったレベルになると支援が必要になるというケースは珍しくないわけです。こうした状況に対応できるしくみが旧制度にはなかったのです。

3つめは、心理的な要因、旧制度にまつわるスティグマの問題です。まず、そもそも用語の問題として、禁治産という表現は「治産を禁ずる」ということですから、用語そのものに強烈なマイナスイメージが刻み込まれていたといえます。さらに、旧制度の利用者には、非常に広範な**資格制限**（いわゆる**欠格条項**）がつきまとっていました。たとえば、医師国家試験や歯科医師国家試験の受験資格制限（医師法旧13条、歯科医師法旧13条）、公証人の欠格事由（公証人法旧14条3号）、国家公安委員会、社会保険審査会委員、教育委員会委員等の行政上の各種審議会および委員会の欠格事由、日本中央競馬会、日本銀行等の特殊法人の役員の欠格事由など多数がありました（村田彰「特別法との関係」須永醇『被保護成年者制度の研究』73頁〜106頁（勁草書房、1996

年)、『解説』537頁～546頁)。ここでもまた、禁治産を利用したために、実際にはできるはずのことまで、一方的に「できないこと」として、利用者の生活から切り離されてしまうという状況が生じていたわけです。こうした資格制限は容易に社会的な偏見に結び付いていきますし、少なくとも、数々の欠格条項の存在が利用者の自尊心にとって歓迎できないものであったことは、想像するに難くないでしょう。

　このスティグマの問題は、戸籍による公示によって、さらに拡張していくことになります。旧制度の禁治産宣告と準禁治産宣告については戸籍が公示手段とされていたため、宣告を受けたという事実が戸籍を通して、広く世間一般に喧伝されてしまうおそれがありました。高齢世代の日本人の多くが、「戸籍が汚れる」という感覚をもっていることは、よく知られていると思います。俗にいうバツイチという表現も、一説には離婚の際に戸籍に書かれた×印に由来したものといわれていますが、戸籍にマイナスイメージのある記載があるということは、それだけで、本人に対する社会的偏見の温床になり得たわけです。

　より深刻なことは、旧制度に伴う強力なスティグマは、単に利用者本人だけではなく、その戸籍をともにする利用者の家族にまでも伝染していたということです。実際、結婚に際して戸籍を調べたところ、結婚相手の身内に禁治産者がいることがわかったので、婚約が破棄されてしまったという話は、旧制度下でよくささやかれていました。旧制度は、利用者にとってだけではなく、利用者の家族にとっても「利用したくない制度」だったわけです。この点は、旧制度の利用を妨げた原因として、とても重要なポイントです。そもそも、利用者の判断能力の低下が激しい場合は、利用者本人がイニシアチブをとって成年後見の利用を要求することは、現実問題として不可能です。仮に、利用者の能力低下が成年後見のニーズを訴えることができる程度にとどまっている場合でも、身近な家族との関係で利用者は弱い立場にあることがほとんどですから、家族の反対を押し切る形で、利用者本人が成年後見開

始の手続をすることは困難です。このため、一般論としていえば、利用者が家族と同居している場合に、家族が制度の利用に強い抵抗を示してしまうと、後見を開始すること自体が現実には難しくなってしまうわけです。仮に、この家族の反対を押し切って、成年後見を開始できたとしても、今度は実際に後見事務を行っていくうえで、制度の利用を快く感じていない家族が大きな障壁になって立ちはだかってくることは、当然に予想できます。このように、成年後見を広く利用してもらうためには、利用者の家族にとっても抵抗感の少ない制度であることが望ましいわけです。

　４つめの要因として、鑑定の高コスト性も指摘されていました。実務上、そもそも適切な鑑定人をみつけることが難しかったことも手伝って、鑑定にかなりの日時が必要となることが多く、結果として、禁治産宣告等を受けるまでの時間も非常に長かったといわれています。たとえば旧制度下の1995年（平成７年）度の場合、宣告手続にかかった審理期間は、６カ月以上が35.3％と圧倒的に多く、逆に１カ月以内で終局したケースは7.6％にとどまっていました（最高裁判所事務総局家庭局「成年後見関係事件の概況──平成12年４月から平成13年３月──」）。しかし、新制度への移行によって審理期間は徐々に短縮していき、直近の2013年（平成25年）では、１カ月以内が約49.4％、１カ月〜２カ月が28.4％と、２カ月以内で審理が終了するケースが８割近くになっている反面、６カ月以上かかったケースは全体のわずか1.6％にまで縮減されています（前記最高裁「概況──平成25年１月〜12月──」）（〔図表２‐１〕参照）。

　また、鑑定費用についても鑑定人によってまちまちだったうえに、おしなべて現在よりもはるかに高額でした。たとえば旧制度下の1995年（平成７年）度の場合、鑑定費用の比率は、10万円〜20万円が33.6％と最も高く、次いで５万円〜10万円未満が32.5％、20万円以上も28.4％となっており、５万円未満の事案は全体のわずか5.5％にすぎませんでした（前記最高裁「概況──平成12年４月から平成13年３月──」）。これに対して、直近の2013年（平

〔図表2-1〕 審理期間に関する新旧成年後見制度の比較

	1月以内	1月超え2月以内	2月超え3月以内	3月超え4月以内	4月超え5月以内	5月超え6月以内	6月超え
平成7年度（旧制度）	7.6%	8.8%	12.7%	11.6%	12.4%	11.6%	35.3%
平成25年（現行制度）	49.4%	28.4%	11.9%	5.2%	2.5%	1.1%	1.6%

成25年）の場合、5万円以下が67％と7割に迫っており、5万円超えから10万円以下の30.8％とあわせて、ほとんどのケース（全体の97.8％）で鑑定費用は10万円以下に収まっています。しかも、旧制度時代に3割近くあった20万円を超えたケースはほとんどありません（前記最高裁「概況──平成25年1月〜12月──」）。結局、旧制度下での鑑定は、時間的にも経済的にもあまりにも高コストだったわけです。これに対して、現在では、家庭裁判所や鑑定を担当する医師等の関係者の大きな努力によって、鑑定コストは大幅に削減されたことは高く評価してよいと思います。ただし、近時では、こうした審理期間の短縮化や鑑定コストの削減志向がややいきすぎてしまい、不当な鑑定省略問題という新たな課題が浮かび上がっています。成年後見制度は、利用者の行為能力を制限して、自由な自己決定に干渉するという側面をもつわけですから、こうした制約を正当化するだけの必要性があるか否かを、鑑定を含めて慎重に調査することが、デュー・プロセス（法に基づく適正な手続）の観点からも、本来は欠かせないのです。

　現行制度の立法担当者は、ほかにも旧制度の問題点をたくさんあげていましたが、ここで触れた4つの問題点をみるだけでも、旧制度が「利用を拒まれた制度」であったわけは十分に伝わるでしょう（ちなみに、立法担当官は、禁治産・準禁治産制度の問題点として8項目、（旧）後見・保佐制度の問題点として4項目をそれぞれあげています（「補足説明」1頁〜2頁））。多くのごく普通の日本人にとっては、まだまだ敷居の高い裁判所に幾度となく足を運び、時間的にも経済的にも高いコストを支払って、手続を進めなければならないう

え、せっかく制度が開始されても、その利用に数多くのスティグマや社会の偏見がつきまとうというのでは、利用に対するインセンティブが働かなかったとしても仕方ありません。旧制度が利用されなかったのは、むしろ当然の結果だったというべきでしょう。

2　現行制度の基本理念

(1)　旧来の理念と新しい理念との「調和」

　こうした旧制度がもっていた数多くの欠陥を直して、利用しやすい制度へ作り替えるという目的で生み出されたのが、現在の成年後見制度です。すでに触れたように、立法担当官は、旧制度の欠点は単に技術的な側面だけにあるわけではなく、制度の技術面を支える基本理念の次元にも潜んでいると考えていました。そこで、旧制度の欠陥を払拭するためには、制度の基本理念レベルからの見直しが必要とされたわけです。

　具体的には、従来からの基本理念である**本人の保護**という視点に加えて、**自己決定（自律）の尊重**、**本人の現有能力（残存能力）の活用**、**ノーマライゼーション**という3つの新しい理念を掲げたうえで、前者と後者の調和を図ることをめざしました（「補足説明」1頁）。

(A)　本人の保護

　ここでは、旧来の理念を完全に捨ててしまったわけではなく、旧来の理念と新しい現代的な理念との「調和」が目標とされている点に、特に留意しておく必要があります。つまり、旧制度の理念上の問題点は、本人の保護という理念を「あまりに重視しすぎた」ことにあっただけで、本人の保護という理念それ自体が不適切だったというわけではなかったということです。

　というのも、本来、成年後見制度とは必然的にパターナリスティックな要素を伴うシステム（いわゆるソフトパターナリズムに基づくシステム）だといえるからです。後見機関である成年後見人の権限を、法技術的にどのように構成してみたところで、結局は、何らかの形で利用者に対する後見機関の法

的な干渉（介入）の可能性を認めることになってしまいます。この意味で、成年後見は常に利用者の権利侵害と紙一重の制度であることを忘れてはならないでしょう。

　たとえば、乳児や植物人間状態（遷延性意識障害）のように、判断能力がほとんどない人のケースを考えてみましょう。この場合には、親権者や成年後見人等のような後見機関に対して法定代理権や代行決定権を与えて、第三者による他者決定の可能性を法的に承認しない限り、現実問題としては、その人たちの生存すら危機に瀕することになってしまいます。ここには明確に、代理権あるいは代行決定権型の保護制度を構築しておく必要性があるわけです。また、判断能力不十分者が他人から不当な搾取を受けることを防ぐために、第三者が利用者の行為に干渉することも、やはり必要最小限の範囲では必要だというべきでしょう。これは取消権や同意権型の保護に対する要請につながります。このように、第三者の判断に基づくパターナリスティックな本人保護という要素を、成年後見制度から完全に払拭することはできないのです。

(B)　利用者の自己決定の支援

　もちろん、この一方で、近年の自己決定（権）重視という社会的潮流にも十分に配慮していく必要があります。総じてパターナリズムに傾きがちであった社会福祉の世界でも、支援者と要支援者との関係を、一面的なパターナリズムに基づく保護的な支配関係から脱却させて、本人の意思を尊重した自立支援をめざすという姿勢に変化してきていることは周知のとおりです。現行制度が新しい理念として打ち出した自己決定（自律）の尊重、本人の現有能力（残存能力）の活用、ノーマライゼーションは、こうした社会福祉における理念の変革を、法制度である成年後見の中で表現するためのものでもあったわけです。たとえ利用者の判断能力が不十分であったとしても、その一事をもって直ちに保護の客体として処遇してしまうのではなく、利用者がもっている能力をできる限り発揮できるような環境を整備していくこと。それ

によって、利用者が自分の生活の主役としての地位を維持できるように努めること。新しい理念が成年後見人等に求めている役割は、このようにイメージできると思います。たとえば、取消権については、これを成年後見制度固有の内在的制度として維持するのではなく、より一般的な消費者保護法制等の外在的制度の中に解消していくことも、今後は議論されるべきだと思います（第11章2(7)参照）。障害者権利条約の国内的実施にあたっても、この論点は非常に重要になります。

(C) 新旧理念の「調和」をめざして

さて、旧理念と新理念との「調和」が現代の成年後見にとって最も重要なテーマであることは間違いないわけですが、これを実践のレベルで実現していくのが容易でないことはすぐに想像できるだろうと思います。たしかに、これまでみてきたように、本人の保護というパターナリズム的な要素と、自己決定の尊重や現有能力の活用といった自己決定主義的な要素は、成年後見を考えるうえで、どちらも捨てることのできない必需品といえます。しかし、両者は基本的に向かっているベクトルが逆であるため、常に本質的な緊張関係にあります。たとえば、利用者の希望と成年後見人等が考えている利用者の客観的福祉（その社会の一般的な（あるいは支配的な）価値観からみた利用者の幸福や福祉）とが食い違うような場合、もっとわかりやすくいってしまえば、成年後見人等からみると利用者の希望が「愚かな」ことに思えるような場合に、優先すべきは、それでも利用者の意思なのか、それとも成年後見人等が考える客観的福祉であるのかは、そう簡単に結論が出る問題とはいえないでしょう。しかも、成年後見の利用者は、本人の孤立した自己決定だけでは尊厳ある生活を送ることが難しいと判断されたからこそ、成年後見人等の支援を受けているのです。したがって、利用者の判断と成年後見人等の判断とが食い違うケースは珍しい話ではありません。成年後見人等が職務を適切に遂行していくためには、パターナリズムと自己決定尊重とのバランス調整という困難な作業に、日常的に取り組まなければならないわけです。このバ

ランス調整は、最近よく使われている表現を使えば、「利用者の**ベスト・インタレスト（最善の利益）の探求**」と置き換えることができるかもしれません。もっとも、ベスト・インタレストという概念は、それだけでは一種のブラック・ボックスになりかねず、本人の（客観的にみた）ベスト・インタレストの実現という美名のもとに、支援者である成年後見人等や家族などの周囲の人々の思惑が優先されてしまうリスクが残ります。そこで今後は、ベスト・インタレストを判断するための具体的な考慮要素やその判断手順などについて、さらに精密な議論を積み重ねていく必要があるように思います（この点で、菅富美枝『イギリス成年後見制度における自律支援の法理』（ミネルヴァ書房、2010年）による、イギリスの成年後見制度におけるベスト・インタレスト概念の精確な紹介と分析が、わが国の実務家にとっても非常に参考になるでしょう）。特に、本書の大きなテーマでもある身上監護の領域では、利用者の趣味や個性や価値観などがストレートに反映してくるわけですから、成年後見人等の判断が、単なる**成年後見人等自身の価値観の押し付け**になってしまっていないかという反省を常に心にとどめながら、後見事務を実施する必要があるといえるでしょう。

　リハビリテーションを例にとって考えてみましょう（後に触れるように、利用者の意に反するリハビリの強制はそもそも許されないというのが立法担当官や通説の考えなのですが、今はとりあえず、この問題は横においておきます）。あるリハビリの実施が医学的にみて一定の有効性があったとしても、それだけでは、成年後見人等がその手配を行う十分な理由にはなりません。もちろん、利用者の能力開発の意義を否定しようということではありません。利用者の意思やその具体的な状況に対して十分な配慮をしないまま、たとえば「リハビリ＝善」といった単純な図式だけに基づいて行動してしまうことの危険性を指摘しておきたいのです。リハビリを実際に実施すべきかどうかを決定するためには、それが利用者に与える精神的・肉体的な苦痛や、実際に得られる効果、さらには利用者の年齢や生活環境などのさまざまな要素を考え合わ

せたうえで、そのリハビリの実施が利用者のベスト・インタレストであるのかを慎重に判断していかなければなりません。たとえば、利用者の年齢が若く、リハビリの実施が利用者の就労可能性を大きく引き上げるような状況であれば、リハビリを実行すべき方向に天秤の針は傾くでしょう。時には、リハビリを受けるように利用者を説得していくことも必要となるかもしれません。逆に、利用者がかなりの高齢で、リハビリによって身体機能が多少は回復したとしても、それが利用者の**生活の質（クオリティ・オブ・ライフ：QOL）** を大きく改善するとはいいがたい場合には、生活の質の改善にとって、より効果的な他の道を模索するほうが望ましいかもしれません。

このように制度の基本理念をめぐる問題は、単に成年後見に関する法律の条文解釈の場面だけではなく、成年後見の実務の場面でも、常に念頭においておかなければならない話なのです。そこで、新しい3つの理念の具体的な内容について、もう少し深く掘り下げて考えていくことにしましょう。

(2) ノーマライゼーション

まずは、**ノーマライゼーション**から始めましょう。後ほど触れる自己決定（自律）の尊重などは、民法の世界でも「私的自治の原則」、「意思自治の原則」、「契約自由の原則」といった表現で、古くから基本理念の1つとして親しまれてきたものですが、ノーマライゼーションは、従来の民法学には、あまりなじみのない概念です。逆にいえば、ノーマライゼーション理念が導入されたインパクトはとても大きく、成年後見制度を古典的な民法の枠組みから飛び越えさせる踏み切り板の役割を果たすものだといえるでしょう。

(A) **社会福祉の中のノーマライゼーション**

社会福祉の世界では、ノーマライゼーションについてさまざまな議論がされているようですが、とりあえず本書では、「障害をノーマルにするということではなく、障害者の住居・教育・労働・余暇などの生活の条件を可能な限り障害のない人の生活条件と同じようにすること」という定義を借りておきます（河東田博「解題：ノーマライゼーションの原理の生成発展とスウェーデ

ンにおける原理の法的具体化」ベンクト・ニィリエ（河東田博＝橋本由紀子＝杉田穏子訳編）『ノーマライゼーションの原理——普遍化と社会変革を求めて——』164頁（現代書館、1998年））。ちなみに、立法担当官は、ノーマライゼーションを「障がいのある人も家庭や地域で通常の生活ができるような社会をつくるという理念」（「補足説明」1頁）であると説明していますが、基本的には同質の理解に立っているといってよいでしょう。

　ノーマライゼーションの理念は、たとえ何らかのハンディキャップがあったとしても、自分が属している社会の他の人たちとできる限り同レベルで、①1日のノーマルなリズム、②1週間のノーマルなリズム、③1年間のノーマルなリズム、④ライフサイクルにおけるノーマルな発達的経験、⑤ノーマルな個人の尊厳と自己決定権、⑥その文化におけるノーマルな性的関係、⑦ノーマルな経済水準とそれを得る権利、⑧その地域におけるノーマルな環境形態と水準、といったことを享受できるように保障することをめざすものです（ニィリエ・前掲書130頁以下）。したがって、ノーマライゼーションは単にある法制度の指針にとどまる性格のものではなく、医療、教育、政治などさまざまな領域における社会政策の指針となる、極めて広く豊かな内容をもつ概念だといえます。逆にいえば、成年後見実務の運用の指針として有効活用していくためには、成年後見法の領域におけるノーマライゼーションの意義（成年後見法におけるノーマライゼーション理念の特質）をより具体化していく作業が必要だといえるでしょう。

(B)　成年後見法制の中のノーマライゼーション

　その詳細な検討は将来の課題にするとして、とりあえず本書では、この検討作業の中で留意すべき問題点を2つだけ指摘しておきます。

　まず1つめは、日本語の中で「ノーマル」という言葉がもっているイメージの危険性です。ノーマライゼーションは、一定の知的あるいは身体的な能力を備えた標準的人間像を想定したうえで、高齢者や障がい者をこうした「ノーマルな人間」へと矯正していくことをめざす思想では決してありませ

ん（バンク・ミッケルセン（中園康夫訳）「ノーマリゼーション（normalization）の原理」四国学院大学論集42号146頁（1978年））。ノーマライゼーションが変えていこうとする対象は、もっぱら社会環境のほうであって、「人」を外圧によって改造しようとしているわけではありません。その焦点は、支援体制の整備・充実によるハンディキャップの社会的解消にあるわけです。

最近の自立生活概念に基づくソーシャルワークでは、たとえば、衣服の着脱に1時間かかる人がいた場合に、1時間がかりの自力での着脱を指導するのではなく、着脱自体は介護人を利用して10分で終わらせ、残った50分を活用して、本人がより人間的に有意義に過ごせるように指導することがあるようです（花村春樹＝大坂譲治＝北川清一監修『障害福祉』19頁（中央法規、1990年））。こうした視点は、成年後見人等の職務遂行の場面でも共有する価値が十分あるように感じられます。たしかに、成年後見は利用者の自立支援のための制度です。しかし、障害者自立支援法導入をめぐる議論とも関連しますが、ここでいう「自立」という言葉の意味を、あまり表面的に受け止めるべきではないでしょう。少なくとも、「他人から全く支援を受けずに、1人きりで生活できる状態」といったニュアンスで理解するべきではありません。こうした状態は、自立というより、むしろ「孤立」と呼ぶほうがふさわしいでしょう。ロビンソン・クルーソーならぬ現代人の私たちは、障がいやハンディキャップの有無にかかわらず、多くの人々が織りなす関係の網の目の中で生きています。他人の支援を全く受けずに完全に孤立した生活を送ることは、誰だってできないわけですから、ハンディキャップのある人たちの自立が**必要な支援を受けることによって成立する自立**であるのは、むしろ当然のことというべきでしょう。

2つめとして、ノーマル化の内容についても検討してみる必要があるでしょう。ノーマライゼーションの理念は、「個人のいかなる行為がノーマルであるのか？」という規範的な問いかけに対して、具体的な解答や判断を直接的に提供するものでは決してありません。ノーマルの具体的な中身は、ノー

マライゼーションの理念から演繹的に導き出せるわけではなく、それぞれの社会の政治的・法的・文化的な文脈に応じて、個別具体的に判断されるべきものなのです。

　また、ノーマライゼーションの理念は、それ自体、ある特定の行動を強要するものでもありません。つまり、その社会における「ノーマルな立ち居振る舞い（と想定されるもの）」や「多数派の立ち居振る舞い」に従うことを、成年後見制度の利用者に対して強要するものではないのです。

　結局、ノーマライゼーションの目的は、成年後見を利用する高齢者や障がい者が、同じ社会で暮らしている、他の人々のライフスタイルに限りなく近いライフスタイルを送れるような支援を提供していくことに尽きるといえます。今の社会を前提とするならば、特定の価値観や行動を利用者に強制するのではなく、むしろ逆に、利用者それぞれの多様な個性の発揮や、自由な行動選択の機会を保障することこそが求められているというべきでしょう。もっとも、同調圧力の非常に強い日本の社会では、ただでさえ「人並み」あるいは「一人前」といった意味での「ノーマルさ」に対する心理的プレッシャーが強いわけですから、成年後見人等がノーマライゼーションの要請するノーマルの意義を取り違えてしまうと、利用者にとって成年後見が心理的な監獄になってしまいかねません。かつての禁治産宣告制度と同じように、利用者にとってはむしろ弊害のほうが大きくなってしまう危険性に、常に留意しておく必要があるでしょう。

　この意味で誤解してはいけないことは、ノーマライゼーションが求めるものは、同じ社会の他の構成員たちが「できること」について、成年後見の利用者にもできるチャンスを与えることなのであって、他の構成員が「できないこと」についてまで、利用者にそのチャンスを認めるというわけではないことです。当たり前のことではあるのですが、その社会の他の人たちに許されていないことは、成年後見の利用者にも当然許されないというのが、「ノーマル」な対応だといえるからです。たとえば、現在のところ、成年者がタ

バコを吸うのは日本の法律で認められた行為ですから、成年後見の利用者の喫煙も他の日本の成年者と同様に基本的には自由だというべきです。これに対して、法律が使用を禁じているマリファナの吸引は、他の人々と同様に、成年後見の利用者にも当然許される行為ではありません。ただし、万が一、将来法律が変わって、マリファナの使用が許されるようになったとしたら、そのときはたとえ成年後見の利用者であっても原則的にはマリファナ吸引の自由を享受してよいといえます。同様に、今は認められている成年者の喫煙が仮に将来禁止されることになったら、そのときは成年後見の利用者の喫煙も当然許されなくなるということです。つまり、ノーマライゼーションの理念の下では、成年後見の利用者の行動に関する是非は、その行動の実体的な価値によってではなく、あくまでも、その社会における他の構成員一般との関係によって規定されることになるにすぎないのです。

　なお、近年では、ノーマライゼーション理念のある種の発展形態として理解できるインクルージョン、もしくは、**ソーシャル・インクルージョン（社会的包摂）**という理念が、わが国の社会政策上でも、より一般的に用いられるようになってきています。後者は、障がいや貧困などの何らかの事情のために社会的に排除されやすい人々に対して、その特性を尊重しつつ、同じ社会の一員として包み込んで、地域で共に支え合いながら生活をしていくという考え方です。たとえば、障害者権利条約19条（自立した生活及び地域社会への包容）は、この理念を端的に具体化したものといえます。厳密にいえば、インクルージョンとノーマライゼーションには異なる理念ですが、少なくとも成年後見制度の文脈に限れば、利用者の地域社会における自立や共生のための支援といった同質の政策の方向性を指し示すものといってよいでしょう。

(3)　自己決定の尊重と現有能力の活用

(A)　3つの新理念の関係

　現在の民法は、「民法を含む私法の領域では各人がその自由意思に基づいて自律的な法律関係を形成すること」を基本原理の1つとして承認していま

す。一般に**意思自治の原則**あるいは**私的自治の原則**と呼ばれるこの考え方によると、各人の自己決定に基づく自由な合意である「契約」という手段を利用することによって、自分自身のプライベートな領域での生活を自律的に構築できるという状態こそが、私たちの社会におけるノーマルなスタイルだということになるわけです。だとすれば、先ほどのノーマライゼーションの理念は、成年後見の利用者である高齢者や障がい者に対しても、契約という名の自己決定の機会をできる限り保障することを要請することになるはずです。これは、まさしく**自己決定の尊重**という、現行制度のもう１つの基本理念へとつながっていくことになります。さらに、利用者自身による契約締結の可能性をできる限り保障しようとするためには、利用者の行為能力（私法上、契約などの法律行為を単独で有効に行うことができる能力）をオール・オア・ナッシングの形式でデジタル的に切り分けてしまうのではなく、利用者それぞれが実際にもっている能力、すなわち現有能力を具体的に確認していきながら、本人の能力を最大限に発揮させていくという、アナログ的な視線の導入が必要になってくるはずです。こうして、**現有能力（残存能力）の活用**という考え方もまた、現行制度の基本理念として帰結してくるわけです。

　ちなみに立法担当官は、現行制度の３つの新しい理念の関係について、ノーマライゼーションと現有能力（残存能力）の活用が、広義の自己決定の尊重に含まれるという形で整理していました（「補足説明」４頁）。しかし、先ほどのように考えてくると、この３つの理念の関係は、次のように整理して、体系的に再構築できるように思われます。すなわち、広い射程をもつ社会政策上の基本原理であるノーマライゼーション（さらには、近時、強調されているソーシャル・インクルージョン）を、成年後見の領域において具体的に表現した法的な基本原理が自己決定の尊重であり、さらに、この自己決定の尊重の派生的原理（コロラリー）として現有能力（残存能力）の活用が生じてくるという関係にあるとみることができるでしょう。そして、こう考えることによって、近代市民法の基本原理である意思自治原理（あるいは私的自治原則）

〔図表2-2〕 成年後見制度における3つの新理念の関係

ノーマライゼーション（＝社会政策上の基本原理）
↓　　成年後見法の基本原理への変換
自己決定の尊重
↓　　派生的原理として発生
現有能力（残存能力）の活用

をより徹底した形で実質化し、ノーマライゼーションのための手段的（政策的）原理として再生させていくという戦略が浮上してくることになります（〔図表2-2〕参照）。

(B) 自己決定権と自己決定能力

ところで、自己決定の尊重という理念を考えていくうえでは、いくつか留意しておくべき問題があります。まず1つめは、自己決定権と自己決定能力との関係をどのように理解すべきかという点です。そもそも自己決定権をどのように定義するかは難しい問題なのですが、とりあえず、ここでは単純に、他者の介入を排除して自己決定をすることができる法律上の権利としておきます（この点については、竹中勲『憲法上の自己決定権』（成文堂、2010年）が、憲法学の視点から、自己決定権の意義や基礎づけについて、極めて詳細な考察を行っています）。両者の関係を整理する場合、最もシンプルなのは、自己決定能力の存在を自己決定権を与える条件とするという考え方でしょう。たとえば、「意思決定能力の不十分な人については自己決定権の主体に含めるべきであるが、意思決定能力のまったくない人までその主体に含めることは、"自分のことを自分で決める権利"という自己決定権の定義にてらして無理があろう」（内野正幸「自己決定権と平等」岩村正彦ほか『現代の法14　自己決定権と法』13頁（岩波書店、1998年））とか、「自己決定権は、あらゆる個人に認められるわけではなく、『成熟した判断能力』をもつ者についてのものである」（山田卓生『私事と自己決定』344頁（日本評論社、1987年））というわけ

です。この立場では、自己決定権が与えられるのは自己決定できる能力がある人たちだけとなり、自己決定能力がないとされた人たちの生活については、すべて法定代理人などの第三者による他者決定を通じて規律されていくことになるわけです。

　しかし、ノーマライゼーションの視点からは、この関係をむしろ反転させて理解していくべきではないでしょうか。つまり、あくまでも理念上は、自己決定権は自己決定能力の有無にかかわらず、すべての人間に対して承認されているとの前提をとるべきです（ちなみに、芹沢斉「子どもの自己決定権と保護」岩村ほか・前掲書168頁は、「いわば、民法上の『権利能力』と『行為能力』の類推で、すべての人間──子どもはもちろん、無脳症児や『植物状態』人間も含む──に自己決定権の享有主体性を認める学説が多数説であると思われる」としています。また、竹中・前掲書8頁も、「憲法上の自己決定権の享有主体の範囲は、『自己決定能力』、いわゆる『成熟した判断能力』をもつ個人に限定されると解すべきかという論点につき、これまで、憲法上の自己決定権具体的権利性肯定説は、すべての人間を同自己決定権の享有主体とする立場に立っているといってよい」と指摘しています）。もちろん、成年後見制度の中には、成年後見人の取消権のように、利用者の自己決定能力の不足を理由とする自己決定権に対する制約が存在しているわけですが、こうした制約は、利用者の自己決定権を実質的な形で保障することを目的とした、いわば表見的な制約にすぎないと理解するべきでしょう。

　たとえば第8章で詳しくみるように、取消権を利用者の試行錯誤権という観点から見直せば、取消権の行使は単なる利用者の自己決定に対する否定ではなく、利用者の能力開発や保護の視点から、よりよい自己決定のための再チャレンジの機会を特に保障したものと位置づけることもできるわけです。

(C)　自己決定権行使に対する支援

　2つめの留意点としては、利用者の自己決定権の行使を本当の意味で保障していくためには、一定の前提条件を確保しておかなければならないという

ことです。自己決定権の行使には、その裏面として常に自己責任が伴うことになります。したがって、自己決定権を形式的あるいは抽象的に把握して、これを安易に称揚することは、かえって利用者の利益を闇雲に危険にさらしてしまうことになりかねません。「本人の（客観的な）保護」が現行制度でもなお基本理念の1つであることを、あらためて思い起こしてください。もちろん、パターナリズム一辺倒であった、かつての保護の観念からは明確に一線を画す必要があります。しかし、成年後見の利用者がノーマルに自己決定権を行使するためには、特別の支援や配慮を必要とすることが少なくないということも、また事実なのです。むしろノーマライゼーションの理念は、利用者が社会の他の人たちと同じように自己決定権を行使できる条件を整備するために、自己決定権行使のための特別な支援手段の導入を、積極的に要求するものだといえるでしょう。こうした理解は、障害者権利条約（特に12条4項がいう「法的能力の行使に関連する措置」）や、これを受けて制定された障害差別解消法が要求する合理的配慮の考え方とも整合するはずです。

　こうしてみると、利用者が少しでも自己決定権を行使しやすくなるような環境の整備に配慮していくことが、成年後見人等の職務遂行における1つの重要な指針になるということができます。こうした本人自身による自己決定のための環境整備という役割は、障害者権利条約との関係で大きな注目を集めている「**意思決定支援**（supported decision-making）」の具体例として捉えることができるでしょう。たとえば具体的には、次のような点への配慮が求められるでしょう。

　(D)　**能力開発に対する支援**

　まず、自己決定の基盤である利用者の能力開発に対する支援という視点があげられます。この観点からは、①「判断の基礎となる社会的経験（経験的知識）の獲得を保障するために、成年被後見人等の一般社会との現実的な接触可能性を確保すること」が重要です。有益な自己決定を行うためには、単に知能指数だけで判断されるような抽象的な能力が利用者に備わっているだ

けでは不十分だといえます。実社会にうまく適応して暮らしていくためには、実践的な意思決定の基礎になる知識が必要です。そして、一般にこうした知識は、主として自らの社会的経験を通じて獲得される知識（経験知ないし暗黙知）によって構成されています。たとえば、利用者が長年にわたって施設に囲い込まれて生活してきたために、自分で買物をした現実の体験が全くないとすれば、金額の違いによる商品価値の違いを評価することは難しいでしょう。いや、それ以前の問題として、そもそも金銭の価値それ自体を実感することさえ困難であるかもしれません。

(E) 自己決定へのモチベーション確保

自己決定に対する利用者のモチベーションの確保という視点も重要です。つまり、自己決定を阻害する心理的な要因を利用者から取り除き、利用者が自発的に意思表示しようというモチベーションが湧くような環境を整備することが必要となります。具体的には、②「自己決定権行使の結果としての現実の環境変化による自己承認プロセスを確保する必要性（本人の自尊心の涵養）」や、③「利用者教育の充実」といったポイントを指摘できます。ここでの出発点は、利用者を意思表示の主体、つまり主役として承認することにあります。そしてそのうえで、利用者が実際に自分で自発的に行った意思表示に対して、支援者である成年後見人等の側ができる限り具体的なレスポンスを提供していくことによって、自己決定による環境変化の可能性を利用者に実感してもらうことが必要だといえます。自分の意思や希望の表明によって世界が変わっていくという、こうした経験の積み重ねこそが、次の自発的な意思表示に向けた最大のインセンティブ（誘因）となるからです。ここまでの要素（①②③）は、いわば利用者の自己決定のインフラを確立するための条件だといえます。

(F) 自己決定プロセスの適正化

これに加えて、利用者による具体的な自己決定（意思表示）のプロセスを適正化するための条件整備も必要です。具体的には、④「判断の基礎となる

情報に対するアクセスの確保（本人に理解可能な形式での情報提供の必要性）」、⑤「具体的状況下での最大限の選択肢の提示」、⑥「試行錯誤権の容認」といったことが考慮されなければなりません。④と⑤については、適正な自己決定プロセス一般にかかわる問題といえますから、特に説明するまでもないでしょう。

　問題は⑥です。これは簡単にいえば、利用者の**間違える権利**を承認するということです。人は失敗を繰り返しながら、成長していく生き物です。自己決定能力も、人間のもつさまざまな他の能力と同様に、試行錯誤の過程を通じてはじめて獲得できるものだといえるでしょう。まして知的能力面でのハンディキャップを抱えていたり、あるいは施設や家庭内に隔離され、試行錯誤する機会それ自体を事実上奪われ続けてきた人たちにとっては、通常よりも手厚く試行錯誤の機会（ひいては、これに基づく能力開発の機会）を保障する必要があるのではないでしょうか。こうした観点からは、制限行為能力を理由とする取消権（民法9条・13条・17条・120条等）を、成年後見制度の利用者の**試行錯誤権**に関する制度的保障として理解し直すことによって、取消権をパターナリスティックな保護手段としてではなく、真の意味での本人の自己決定実現に対する支援手段として位置づけるという発想が必要だと思います（もっとも、この点は、民法解釈の技術的な話にも入り込むことになりますから、第8章であらためて詳論することにしましょう）。

(G)　適正な自己責任

　もう1つ、今度は逆に、自己決定に対する社会の側からのノーマルな要求として、⑦「合理的範囲内での自己責任を負担すること」が求められることにも注意が必要です。アメリカのソーシャルワーカー、ガーベン・デジョングの表現を借りるならば、「リスクを冒すことの尊厳」を成年後見の利用者にも認めていくということです（金子郁容『ボランティア——もう一つの情報社会——』175頁（岩波書店、1992年））。ただし、この最後の要素については、これまでに論じてきた6つの前提要素をすべてクリアして、はじめて要求で

きることです。なぜなら、こうした前提を欠いた利用者の意思表示は、外観上こそ利用者の自己決定に見えるとしても、実質的には自己決定の名を借りた、成年後見人等をはじめとする周囲の人々による**他者決定**であるにすぎないおそれが強いからです。こうした、いわば**みせかけの自己決定**には、そもそも利用者の自己責任を社会的に追及できる基盤が欠けているのです。

ところで、これまであげてきた利用者の自己決定権の行使を支援するための考慮ファクター（①〜⑦）は、おそらく、ソーシャルワークの中でよく議論されている**エンパワメント**という概念と密接に結び付くものだと思われます。というのも、利用者の自己決定権行使の支援の中には、利用者が潜在的にもっているにもかかわらず、さまざまな事情によって十分に発揮されていない能力を引き出していくという視点が含まれているからです。もっとも、社会福祉におけるエンパワメント概念を、成年後見制度の中で理論的あるいは体系的にどのように位置づけていくか、たとえば立法担当官があげた4つの基本理念との関係をどのように捉えていくかについては、今後まだまだ考察を深めていかなければならない課題だといえるでしょう（第8章2(2)参照）。

(H)　**自己決定権の消極的側面**

最後に、留意点の3つめとして、利用者の自己決定権の消極的側面に対する評価をあげることができます。成年後見の文脈における自己決定権とは、自分の生活を自律的に形成する権利、ごく大雑把にいってしまえば、自分のことは自分で決めるという権利です。これを**自己決定権の積極的側面**だとしましょう。一方、これを裏面から観察すると、自分の生活形成に対する他人や国家、社会などからの干渉を排除しているとみることができます。これが**自己決定権の消極的側面**です。そして、実は成年後見の観点から自己決定権を考えていく場合、この消極的側面が果たしている役割を軽視すべきではありません。主として、国家からの干渉排除が中心課題であった一般の人々と比べて、成年後見の利用者の場合、成年後見人等、家族、隣人、知人といった「私人」からの干渉の排除も非常に現実的で切実な問題となっているから

です。成年後見の利用者は、外部からの干渉に対する二重のリスク（国家による干渉と私人による干渉）を負っているわけです。

　ところで、こうした自己決定権の消極的側面は、すでに触れた自己決定能力と自己決定権との関係についても重要な意味をもっています。というのも、自己決定権の積極的側面だけに注目するならば、たしかに自己決定能力のない人にまで自己決定権を承認することに実益的な意味を見出すことはできません。本人が自発的に意思を表示できない以上、自己決定権の積極的側面は機能しないからです。しかし、自己決定権の消極的側面については少し事情が違うように思われます。ここで、仮に自己決定能力がなくとも自己決定権はあるのだという立場をとるならば、他人が恣意的に生活に干渉することは原理的に許されないということになるはずだからです。つまり、少なくとも自己決定権の存在は他者の恣意的介入に対する理念的防波堤としての役割を果たせるわけです。このように、たとえ本人に自己決定能力がなかったとしても、なお自己決定権の消極的側面は機能することができるわけですから、自己決定能力の有無にかかわらず、自己決定権はすべての人に認められるべきだといえるのではないでしょうか。

第3章　成年後見人の諸類型

1　法制度上の分類

　わが国の成年後見制度には、大きく分けて2種類のしくみがあります。民法上に位置する法定後見制度と、任意後見契約法によって創設された任意後見制度です。前者における直接的な支援者（後見機関）を**法定後見人**、後者のそれを**任意後見人**と呼びます。法定後見制度は、利用者の現有能力の程度に応じて、成年後見、保佐、補助の3類型に区分されています。各制度における後見機関は、それぞれ**成年後見人**、**保佐人**、**補助人**と呼ばれています。任意後見制度における任意後見人とあわせて、法律上、全部で4種類の後見機関があるわけです（ただし、「成年後見人」という表現は、3種類の法定後見人すべての総称として、時には任意後見人をも含む4種類の後見機関全体の総称として用いられるなど、広義で使用されることがあるので注意してください）。

　これらの後見機関には、たとえば**法定代理権**のような強力な法的権限が与えられることになります。しかし、強力な権限は常に濫用のリスクが伴う諸刃の剣でもあります。しかも、成年後見制度の利用者は多かれ少なかれ判断能力が低下しているわけですから、後見機関の行動を自分自身では十分に監視できません。そこで、後見機関による権限行使を適切にコントロールする監督機関が必要となります。これが後見監督人です。この後見監督人もまた、先の法律上の4種の後見機関に対応して、**成年後見監督人**、**保佐監督人**、**補助監督人**、**任意後見監督人**の4種に分かれています（〔図表3－1〕参照）。前3種の**法定後見監督人**の選任は任意ですが、任意後見制度上の任意後見監督人は必置機関となっています。これは、制度設計上、法定後見人のコントロールは原則的に家庭裁判所が直接行うべきことになっているのに対して、より利用者の自己決定を重視するしくみである任意後見の場合、国家機関であ

〔図表 3 - 1〕 法制度上の分類

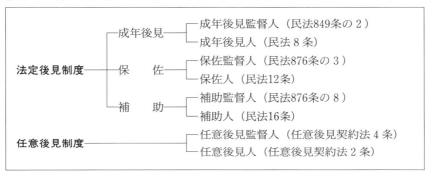

る裁判所の役割は私人である任意後見監督人を通じた間接的なコントロールにとどめられているからです。

　もともと任意後見制度は、任意代理の委任契約に対して本人保護のために必要最小限の公的関与（権限濫用等を防止するための監督システム）を法制化するという趣旨で創設されたしくみなので、利用者が自己決定で選んだ任意後見人を国家機関である裁判所が直接監督するのは制度理念に反するというわけです。また、より政策的な観点からも、①「法定後見とは異なり、家庭裁判所に選任権のない任意後見人に対して、家庭裁判所が直接的な監督を行うことは実際には困難であり、その監督を実効性あるものとするためには、家庭裁判所の選任する任意後見監督人の監督の下に任意後見人をおくことが有効と考えられること」、②「家庭裁判所の監督権については、任意後見監督人の報告義務を前提とする任意後見人の解任権の行使により、監督の実効性を十分に確保することが可能であること」、③「家事事件全般の著しい増加・複雑化に加えて、社会の高齢化の進行及び成年後見制度の整備に伴い、法定後見制度自体について相当の事件数の増加が予想される中で、法定後見の審判及び監督の事務以外に、家庭裁判所に任意後見人に対する直接的な監督義務を課すことは、監督の実効性及び裁判所の人的・物的資源の観点から適当ではないこと」等が指摘されています（『解説』448頁〜449頁）。

第3章　成年後見人の諸類型

2　親族後見人と第三者後見人

　先ほどみた各種の成年後見人を、今度は利用者との社会的関係という観点から分類すると、**親族後見人**と**第三者後見人**の２種類に区分することができます。そして、後者には、専門職後見人、法人後見人、市民後見人が含まれます。この分類は、本書のテーマの１つである成年後見の社会化という視点にとって非常に重要な意味をもっています。成年後見に対する社会的な支援方法の中でも、最も直接的な形は利用者の家族以外の第三者が成年後見人等を引き受けることですから、第三者後見人の比率はそのまま「社会化」の指標となるわけです。

　この点、法定後見のケースをみてみると、かつての禁治産宣告の時代と比べて、現在の制度では第三者後見人の新規選任比率が飛躍的に高まってきていることが確認できます（〔図表３−２〕参照）。旧制度下の1995年（平成７年）度に選任された第三者後見人は全体のわずか4.4％にすぎませんでした。ところが、新制度が施行された2000年（平成12年）度には早くもこの比率が9.1％にまで上昇し、その後も順調に右肩上がりで数字を伸ばし、2005年（平成

〔図表３−２〕　親族後見人と第三者後見人の選任比率

平成	７年度	12年度	13年度	14年度	15年度	16年度
親族後見人	95.6％	90.9％	85.9％	84.1％	82.5％	79.5％
第三者後見人	4.4％	9.1％	14.1％	15.9％	17.5％	20.5％
平成	17年度	18年度	19年度	20年＊	21年＊	22年＊
親族後見人	77.4％	82.9％	72.2％	68.5％	63.5％	58.6％
第三者後見人	22.6％	17.2％	27.7％	31.5％	36.5％	41.4％
平成	23年＊	24年＊	25年＊			
親族後見人	55.6％	48.5％	42.2％			
第三者後見人	44.4％	51.5％	57.8％			

（データ出典：最高裁判所事務総局家庭局「成年後見関係事件の概況」。なお平成20年以降の統計（＊）は暦年で発表されている）

17年）度には22.6％に達しています。2006年（平成18年）度は17.2％と、現行制度となって初めて数字を下げていますが、その後、再び増加傾向へと転じ、2008年（平成20年）には約31.5％と初めて３割を突破しました。翌2009年（平成21年）以降は、さらに伸び率が加速し、ついに2012年（平成24年）には51.5％と過半数を超え、直近の2013年（平成25年）では57.6％に至っています。今や第三者後見人のほうが多数派であり、今後の法定後見の運用政策は、むしろ第三者後見人のほうをモデルとして構想されるべきでしょう。

　さて、こうした第三者後見人の供給母体となっているのは、いったいどういう人たちなのでしょうか。〔図表３‐３〕と〔図表３‐４〕を見てください（2010年（平成22年）までのデータと2011年（平成23年）以降のデータとで表を分けて作成した理由はあとで説明します）。これは先ほどの〔図表３‐２〕と同様、最高裁判所が毎年公表しているデータをまとめたものですが、これによると、わが国の第三者後見人の大半を占めているのが専門職後見人であることがわかります。特に、弁護士、司法書士、社会福祉士の３職種の選任率は高く、成年後見の社会化は、これらの３職種が支えてきたといっても過言ではありません（ここから、弁護士会、司法書士会、社会福祉士会を総称して、成年後見関連の「三士会」と呼ぶことがあります）。直近の2013年（平成25年）を例にとると、第三者後見人の約85％が三士会の専門職後見人ですし、新規選任全体でみても、三士会だけで49.4％とほぼ半数を占めています。このように、現在の後見実務を考えるうえで、三士会を中核とする専門職後見人の役割は極めて大きなものがあるわけです。本書が、成年後見の社会化と並べて、専門職後見人を中心テーマとして掲げた理由もここにあります。

　このように現実問題としては、第三者後見人が専門職後見人とほぼ同義であるような状況が続いているわけですが、最近になって第三者後見人の新たな類型が大きな脚光を浴び始めています。これが**市民後見人**です（第10章）。この市民後見人については、必ずしもまだ明確な定義づけがあるわけではないのですが、さしあたり本書では、「利用者の家族以外の第三者が、地域に

〔図表3-3〕 成年後見人（法定後見人）の供給母体の割合（～平成22年）

＊（ ）内は選任件数

平成	7年度	12年度	13年度	14年度	15年度	16年度
親	13.6%	9.6%	8.5%	10.7%	12.5%	11.3%
子	20.6%	34.5%	32.6%	30.8%	29.2%	29.5%
配偶者	16.5%	18.6%	14.2%	12.7%	10.8%	9.4%
兄弟姉妹	26.7%	16.1%	17.6%	17.2%	16.9%	16.8%
その他親族	18.2%	12.1%	13.0%	12.7%	13.1%	12.5%
弁護士	2.4%	4.6% (166)	7.7% (626)	7.0% (760)	6.6% (952)	7.2% (1,060)
司法書士	―	―	―	5.7% (610)	7.0% (999)	8.1% (1,179)
社会福祉士	―	―	―	1.3% (142)	2.2% (313)	2.8% (405)
法人	―	0.4% (13)	0.6% (47)	0.6% (62)	0.5% (71)	0.7% (98)
その他親族外	0.9%	3.2%	4.9%	0.6%	0.5%	1.0%
知人	1.1%	0.9%	0.9%	0.7%	0.7%	0.7%

平成	17年度	18年度	19年度	20年＊	21年＊	22年＊
親	10.7%	28.2%	7.9%	6.2% (1,547)	5.1% (1,308)	4.4% (1,267)
子	30.4%	21.3%	31.7%	32.5% (8,115)	30.9% (7,969)	28.8% (8,225)
配偶者	8.5%	6.0%	8.6%	7.6% (1,894)	6.8% (1,765)	5.7% (1,632)
兄弟姉妹	15.6%	18.2%	12.0%	11.0% (2,741)	9.8% (2,523)	8.8% (2,507)
その他親族	12.2%	9.2%	12.0%	11.2% (2,803)	10.9% (2,824)	10.9% (3,127)
弁護士	7.7% (1,345)	5.2% (1,617)	7.7% (1,809)	9.1% (2,265)	9.1% (2,358)	10.2% (2,918)
司法書士	8.2% (1,428)	6.3% (1,964)	10.5% (2,477)	11.4% (2,837)	13.6% (3,517)	15.6% (4,460)
社会福祉士	3.3% (580)	2.9% (902)	5.3% (1,257)	6.6% (1,639)	8.1% (2,078)	8.9% (2,553)
法人	1.0% (179)	1.2% (377)	1.8% (417)	1.9% (487)	2.7% (682)	3.4% (961)
その他親族外	1.9%	1.2%	1.9%	2.0% (504)	2.5% (648)	3.3% (956)

（データ出典：最高裁判所事務総局家庭局「成年後見関係事件の概況」。なお、平成20年以降の統計（＊）は暦年で発表されている。また、平成20年以降の統計では、類型別の選任件数しか公表されていないため、割合は筆者が算出したものである）

〔図表3-4〕 成年後見人（法定後見人）の供給母体の割合（平成23年～平成25年）

＊( )内は選任件数

平成	23年	24年	25年	平成	23年	24年	25年
親	4.6% (1,197)	3.7% (1,198)	2.9% (957)	行政書士	2.4% (704)	2.6% (829)	2.6% (864)
子	28.7% (8,462)	25.3% (8,158)	22.8% (7,594)	税理士	0.2% (74)	0.2% (71)	0.2% (81)
配偶者	5.5% (1,634)	4.3% (1,401)	3.5% (1,181)	精神保健福祉士	0.1% (15)	0.1% (21)	0.1% (22)
兄弟姉妹	8.0% (2,352)	7.2% (2,315)	6.1% (2,031)	社会福祉協議会	1.2% (340)	1.2% (402)	1.7% (560)
その他親族	9.4% (2,775)	8.0% (2,589)	6.9% (2,301)	その他法人	3.0% (782)	2.7% (877)	2.9% (959)
弁護士	11.1% (3,278)	14.3% (4,613)	17.6% (5,870)	市民後見人	0.3% (92)	0.4% (131)	0.5% (167)
司法書士	16.5% (4,872)	19.8% (6,382)	21.9% (7,295)	その他個人	0.7% (205)	0.5% (157)	0.4% (129)
社会福祉士	9.3% (2,740)	9.7% (3,119)	9.9% (3,332)				

（データ出典：最高裁判所事務総局家庭局「成年後見関係事件の概況」。統計はすべて暦年で発表されている。また、平成20年以降の統計では、類型別の選任件数しか公表されていないため、割合は筆者が算出したものである）

おける公益活動として、無報酬もしくはごく低額の報酬によって成年後見人等に就任するケース」としておきます。少なくとも当面は、第三者後見人のうち専門職後見人以外で個人として選任されている者は、基本的に市民後見人に当たると考えておいてよいでしょう（〔図表3-5〕参照）。近年、市民後見人の「育成」は全国各地で進み始めていますが、実際の選任件数は、東京、大阪等の先進地域でこそ2桁を超えているものの、全国的にみれば、まだまだわずかな数字であるにすぎません（ただし、〔図表3-4〕の数値は、市民後見人が個人として選任されたものに限られており、社会福祉協議会やNPO法人による法人後見の支援員として活動している市民は含まれていないことに留意する必要があります）。それにもかかわらず、市民後見人という概念が非常に注目されている理由は、いわゆる**後見爆発**（わが国の成年後見に対するニーズが施

〔図表 3 - 5〕 利用者との社会的関係に基づく分類

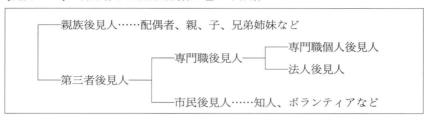

設入所者の集団申立てなどを通じて一気に顕在化し、成年後見の利用件数が爆発的な勢いで急増する現象。2006年（平成18年）度の成年後見類型の急進にはその徴候がみられる）が生じた場合の圧倒的なマンパワー不足が懸念されているからです。

　現在の第三者後見人の主要な担い手である専門職後見人の養成状況をみてみると、弁護士が約3000人（成年後見人等の候補者として全国の各弁護士会に登録されている人数。大貫正男「市民後見人を考える」実践成年後見18号（2006年）62頁参照）、司法書士が6891人（2014年（平成26年）8月1日時点のリーガルサポートの正会員数（81の法人会員を含む）。月報司法書士511号（2014年）105頁参照）、社会福祉士が5996人（2014年（平成26年）1月末時点で、権利擁護センターぱあとなあの後見人等名簿に登録されている人数。日本社会福祉士会ウェブサイト〈http://jacsw.or.jp/12_seinenkoken/juninjokyo/1402.html〉参照）と、総計でも1万6000人程度にすぎず、しかも実働数は、さらにこの7～8割といわれています（大貫・前掲62頁。ちなみに、社会福祉士の場合、前掲データによると活動中の受任者は4166人なので、約7割です）。これに対して、直近の2013年（平成25年）の場合、三士会の新規選任件数だけでも1万6497件（〔図表3－4〕参照）に達しています。このため、家庭裁判所からの候補者推薦依頼に三士会が応じきれずに、やむを得ず推薦を断るといった事態が、すでに各地で出始めてきているのです。さらに、本来の需要とされる総人口の1％程度の成年後見ニーズが顕在化した場合、仮に専門職後見人の選任比率を今の5分の

１程度である１割に抑えたとしても、延べ12万件超の後見に対処しなければならなくなります。他方で、**顔の見える**後見を維持していくためには、専門職後見人１人あたりの受任件数を適正な範囲に抑制することも必要です（序章３参照）。こうした状況を直視するならば、専門職後見人の数を増強していくことはもちろんですが、より根本的な対策として、第三者後見人＝専門職後見人という等式にある現状を脱却する道を模索していくことも必要となってきます。この有力な選択肢の１つが、市民後見人の育成と、これをバックアップする地域の組織的な支援体制の構築（社会福祉協議会等の後見支援団体の活用）の活用というわけです。しかし、現状では、市民後見人をめぐる課題はまだまだ山積みです。この問題は、第10章であらためて詳述します。

　ところで、「社会化」の目的は成年後見の担い手を社会的に支援することであって、その担い手をすべて外部化、つまり第三者後見人化させることではありません。もしもこの意味で完全な外部化を語るとしたら、それはそもそも非現実的な構想だといえるでしょう。親族後見人との関係でいえば、「社会化」の狙いは親族後見人という類型を消滅させることではなく、親族後見人をさまざまな形で支援し、その負担を軽減させることにあるのです。したがって、今後さらに「社会化」が進展していっても、親族後見人の重要性が全く失われてしまうわけではありません。むしろ、単純に人数や選任の比率だけでいえば親族後見人は成年後見の重要な地位を占め続けていくでしょう。この意味で、第三者後見人の活用を含めた親族後見人のサポートも「社会化」の大きな課題になるのです（第９章）。

3　個人後見と法人後見（組織型後見）

　成年後見人を分類する視点として、もう１つ、**個人後見**と**法人後見（組織型後見）**とに区分することが考えられます。ここでのポイントは、後見職務を個人としての責任で引き受けるか、それとも、法人のような組織として対応するかという点にあります。

一般に、法人を成年後見人等とするメリットとしては、①利用者がまだ若年であるなど、長期継続可能性のある事案に対応しやすいこと（知的障がいのケースでは特に重要）、②利用者の資産が各地に点在している場合のように、事務の対象地が広範囲に及ぶ事案に対応しやすいこと、③後見事務担当者の交替が可能であること、④利用者、後見事務担当者の双方にとっての心理的効果（法人に対する信頼性や事務担当者側の心理的負担感の軽減等）、⑤障がい者施設等の入所者を対象とした集団的な後見等開始審判申立てへの対応が可能であることなどが指摘されています。また、個人的には決して好ましい形とは思わないのですが、いわゆる公的後見制度の不在を背景として、⑥個人後見人では対応の難しい、極めて難易度の高い事案（利用者が触法精神障がい者の事案や親族などからの干渉が激しい事案等）や、⑦離島のような専門職の人数がゼロかそれに近い地域での事案についても、法人後見による対応が行われているようです（公的後見の安価な代用品としての法人後見）。

一方で、法人後見が陥りやすいデメリットについても、冷静に検討しておくことが必要でしょう。ここで最も忘れてはいけない点が、後見は本来、顔の見える後見でなければならないということです。特に利用者の身上監護の場面では、利用者の真意を十分にくみ取り、適切なアドヴォカシー（代弁）を行っていくために、利用者と支援者との間の信頼関係の存在が欠かすことのできない出発点となります。介護保険でも同じような問題が生じていますが、いくら法人後見とはいっても、実際の事務担当者がコロコロと代わってしまっては、利用者との信頼関係を築き上げるのは困難でしょう。また、明確な責任体制の確立という点も重要です。日本型組織の一般的な悪弊として、個人が組織に埋没してしまうことにより、責任の所在も不明確になってしまうということがよく指摘されています。法人のメリットである支援者側の心理的負担の軽減が、組織全体としての無責任態勢に陥ってしまわないように留意することが必要でしょう。

なお、福祉関係の事業を行う法人が成年後見人等として活動できることは

立法担当官の指摘するとおりですが（第1章3(3)(B)参照）、この場合、利用者に対して直接に社会福祉サービス等の提供を行っている法人が法人後見を行うこと（たとえば、利用者が入所している福祉施設を経営する法人や、利用者が入院している病院を経営する法人が、利用者の法人後見を行う等）は**利益相反**となり、原則的には許されないというべきです（民法843条4項参照）。近年、市民後見の運用の流れの中で、地域の市民後見人養成研修の修了者等を後見支援員として活用して、市町村社会福祉協議会が市民後見型の法人後見を実施する例が増えてきています。しかし、福祉サービスのインフラが脆弱な地域では、サービスの唯一の提供主体が事業型社会福祉協議会であるということも少なくありません。こうした地域では、やむを得ず、サービス提供者である事業型社会福祉協議会をサービス利用者の法人後見人に選任するといった事例もありますが、こうした構造的な利益相反関係にある法人を選任する場合には、適正な後見監督人を付けるなどの厳格な監督体制の保障を絶対条件とするべきでしょう。

　さて、本章の最後に、法定後見人の供給母体に関する図表を2010年（平成22年）以前と2011年（平成23年）以後の2つに分割した理由について説明しましょう。その理由は、端的にいえば、2011年（平成23年）以降の概況では、この点に関する最高裁判所のデータの公表の仕方がより詳細になったことにあります。具体的には、2011年（平成23年）度から開始された厚生労働省の市民後見推進事業と呼応するように、この年のデータから、新たに「市民後見人」、「社会福祉協議会」、「その他法人」、「行政書士」、「税理士」、「精神保健福祉士」等が個別の集計対象となり、その具体的な数が公表されるようになったのです。私は、この集計方法の変更には、新たな第三者後見人候補の開拓に向けた最高裁判所の暗黙のメッセージが込められていると考えています。というのも、そもそも数値だけでいえば、たとえば市民後見人は全体のわずか0.5％ですし、税理士や精神保健福祉士に至っては、それぞれ0.2％と0.1％にすぎず、市民後見人よりも少ないわけで、個別に集計する統計処理

上のニーズはそれほど高くないはずだからです。むしろ、個別の数値公表の意味は、先述した三士会の供給限界が現実化しつつある実情を踏まえて、厚生労働省の施策と連動した市民後見人や法人後見人、さらには新たな専門職後見人の供給源となりえる専門職の選任実績を明示することで、第三者後見人の供給源の拡張を後押ししようという点にあるのではないでしょうか。

　こうした新たな供給源の開拓に向けた試みは確かに大切ですが、その成果が目に見える形で現れるには少し時間がかかるでしょう。特に市民後見人については、高齢化率が高く後見ニーズの大きい過疎地域では、そもそも支え手側に回れる市民が非常に少ないという構造的な問題もあります。その意味で、少なくとも短期的には、現在の主たる供給源である三士会の専門職後見人のさらなる有効活用についても検討すべきでしょう。その一例が、後述する種々の形態の事務分掌を活用することです（第9章）。ほかにも、たとえば各専門職団体の枠組みを超えた地域的な受任調整のしくみの構築等にも取り組む価値がありそうです。市町村長申立事案では、申立て時の後見人候補者を地域の専門職らが参加する受任調整会議で選定するという方式をとっている市町村が少なくありませんが、こうした枠組みを地域の第三者後見人の選任全体に広げようというアイデアです。この方式をとれば、当該事案への最適任者の選定に関する家庭裁判所の負担は大きく削減できますし、専門職後見人の枯渇が目立つ地域で現実化しつつある、団体間のたらい回し（最初に家庭裁判所が候補者選出の打診をした専門職団体に引き受け手が見つからず、別の専門職団体にあらためて打診をし直すこと（場合によっては、これが複数回繰り返される））による時間的ロスもなくせるでしょう。また、入口段階での受任調整会議が軌道に乗ったのちは、この枠組みを活用して、リレー型等の事務分掌をより効果的に実現できる可能性もあります。地域の親族後見人や市民後見人の支援といった、これからの専門職後見人が果たすべき重要な社会的役割の点からも、今後は団体の枠を超えた地域的連携の充実化が切に望まれるところです。

第4章　身上監護の法的根拠
——民法858条の意義——

1　身上監護の不透明さ

　現在の成年後見制度の特徴の1つとして、利用者の身上監護面の充実に対する配慮や、身上面の保護を重要視する、といったことがよく指摘されています。ところが、身上監護という言葉が成年後見法制の中でいったい何を意味しているのかについては、現行法の立法に関与した人たちの間ですら、必ずしも共通の理解が得られてはいなかったといわれています（「報告書」47頁）。そして、現在の成年後見制度がスタートしてすでに15年目に入った今なお、その状況はあまり大きく変わっていないように見受けられます。特に成年後見実務の中では、法律上の身上監護概念が曖昧な一方で、社会からは時に過重と思える期待を浴びせられ、「成年後見人が利用者の支援のためにどこまでできるのか？」（法的な権限の問題）、あるいは逆に、「どこまでしなければいけないのか？」（法的な義務の問題）という疑問に、絶えず直面させられているようです。しかし、成年後見人による権利擁護の裏面には常に利用者に対する権利侵害（過渡の干渉）のリスクがつきまとうことを思えば、専門職後見人による後見事務はしっかりとした法的根拠に基づいて行われることが絶対条件だといえます。そこで、本章および第5章では、成年後見法制における身上監護の意味についてじっくりと考えていきたいと思います。

　ところで、法的な根拠に基づく身上監護を考えていくためには、まずは、その具体的な根拠となる条文に注目する必要があります。ところが、現行法は身上監護を重視しているといわれているにもかかわらず、成年後見人による身上監護について直接関連する規定は民法全体を見渡してみても、実はわずか2つしかありません。身上監護に関する一般規定である民法858条と、

利用者の居住用不動産の処分に関する民法859条の3です。しかも、後者は利用者の居住用不動産の処分という極めて限定的な場面でのみ機能する個別規定ですから、身上監護の法的な意味を探るうえでは、一般規定である民法858条の解釈が最大の鍵を握ることになります。

2　立法過程での議論

(1)　成年後見問題研究会における議論

民法858条の意義を考えるうえで出発点となるのは、立法者がこの条文に込めた意味（立法者意思）です。そこで、まずは現在の民法858条の立法経緯を簡単に振り返っておくことにしましょう。

(A)　議論の対象

2000年に導入された現行制度の大枠は、法務省民事局内に設置された「成年後見問題研究会」（座長：星野英一東京大学名誉教授）での議論によって形づくられました（以下については、「報告書」46頁〜52頁）。この研究会で身上監護について検討された課題は、大きくいって3つあります。

まず1つめは、成年後見人の法的な権限と義務として、財産管理に対する権限と義務とは別に、身上監護に対する固有の権限と義務を認めるべきかという問題（①固有の身上監護権限・義務の有無）です。これは成年後見人による身上監護をめぐる体系的位置づけの問題であり、理論的な次元での要となるものです。

2つめは、成年後見人が行うべき身上監護とは具体的にどのような行為なのかという問題（②身上監護に関する成年後見人の職務範囲）です。①をめぐる議論の中で、肝心の身上監護の意義自体について共通理解が得られていなかったこともあり、まずは従来、身上監護に関して論じられてきていた個々の事項について、「財産管理との関係」と「利用者の身体に対する強制の有無」という2つの指標から整理が行われました。これにより、身上監護に関する職務範囲を確認したうえで、その職務を行うためには財産管理に対する

権限だけで十分なのか、それとも身上監護に対する固有の権限が必要になるのかを、個別具体的に検証しようとしたわけです。

3つめは、①と②の議論を通じて確認された成年後見人の身上監護に関する権限と義務を、法律の条文として具体的にどう表現するかという問題（③身上監護に関する条文の規定ぶり）です。これは旧制度下での身上監護に関する旧民法858条を具体的にどのように改正するかという問題であり、主として立法技術的な課題といえます（〔図表4-1〕参照）。

後見実務にとっての直接的な指針という意味では、議論の具体性が強い②が重要でしょうが、この点は第5章であらためて詳しく触れることにして、本章では理論的側面の強い①を中心に、ごく簡単に立法経緯を確認しておくことにします。

　(B)　身上監護の独自性

研究会では、②に対する議論の結果として、身上監護に関係する成年後見人の職務として適当なものは、ⓐ「健康診断等の受診、治療・入院等に関する契約の締結、費用の支払等」、ⓑ「本人の住居の確保に関する契約の締結、費用の支払等」、ⓒ「老人ホーム等の入退所に関する契約の締結、費用の支払等及びそこでの処遇の監視・異議申立て等」、ⓓ「介護を依頼する行為及び介護・生活維持に関連して必要な契約の締結、費用の支払等」、ⓔ「教育・リハビリに関する契約の締結・費用の支払等」であることを確認しまし

〔図表4-1〕　旧民法858条と現行民法858条

〔旧民法858条〕　禁治産者の後見人は、禁治産者の資力に応じて、その療養看護に努めなければならない。
2　禁治産者を精神病院その他これに準ずる施設に入れるには、家庭裁判所の許可を得なければならない。

〔現行民法858条〕　成年後見人は、成年被後見人の生活、療養看護及び財産の管理に関する事務を行うに当たっては、成年被後見人の意思を尊重し、かつ、その心身の状態及び生活の状況に配慮しなければならない。

た。そしてこのうえで、ここにあげた職務を遂行するために固有の身上監護権限・義務が必要かが検討されたわけですが、この点については意見が大きく2つに分かれたとされています。

1つは、「これらの事項の多くは財産管理そのものか、あるいは財産管理的色彩を有する行為であり、その意味でこれを財産管理行為に含ましめ、<u>身上監護については、成年後見人は本人の財産の管理に当たっては、善管注意義務の一環として、本人の福祉に配慮しなければならないと解することとすれば足りる</u>」という考え方です（下線筆者）。研究会では少数説であったとされます。この立場では、成年後見人の職務対象とされるべき身上監護事項はすべて財産管理行為に還元できる（財産管理行為の態様として説明できる）ことになりますので、法定代理権や財産管理権と性質の異なる固有の身上監護権限・義務を考える意味は全くないということになります（**固有の身上監護権限・義務否定説**）。

これに対して、「我が国社会の高齢化及び少子化・核家族化の進展に伴い、老夫婦二人や独居老人の世帯が増加し、身上面での援助に対する社会の需要が増加することが予測される現在の状況の下で、仮に療養看護義務に関する現行民法858条の規定を削除するとすれば、財産管理の指針に関する規定を新設したとしても、現行法より身上監護について後退した立法になっているという批判を招くので妥当でなく、また、本人の財産は財産管理のみならず身上監護のためにも利用されるべきものであることを明確にする意味からも、<u>何らかの形で、本人の身上監護についての権限および義務を成年後見人に認める旨の規定を置くことが適当である</u>」という見解が主張されました（下線筆者）。これが研究会の多数説であったとされる、**固有の身上監護権限・義務肯定説**です。そして、この説をとる論者の多くは、「成年後見人は、<u>本人の身上について配慮し、かつ、必要な決定および監視を行う</u>こととする」旨を規定すべきであると考えていたようです（下線筆者）。

このように研究会では2つの対立する見解が主張されていたわけですが、

後の議論との関連で1つ押さえておかねばならないポイントがあります。それは、両説は身上監護権限・義務の独自性という形式的な視点からは文字どおり真っ向から対立しているようにみえるわけですが、すでに触れたように具体的な職務範囲のレベルでは、両説はほぼ共通の理解に立っていたという点です。つまり、上述した@〜@がすべて成年後見人の職務範囲となること、逆に「現実の介護行為」と「本人の意思に反する医的侵襲（いわゆる医療同意権の問題）」や「施設への入所等の強制（いわゆる居所指定権の問題）」が職務範囲外であることについては、身上監護権限・義務否定説はもちろん、（研究会での）身上監護権限・義務肯定説も当然の前提としていたわけです。しかし、このように身上監護に関する職務範囲を限定的に理解するのであれば、（この理解自体の当否はさておき）身上監護権限・義務の独自性を肯定する意味があらためて問われるように思われます。要するに、財産管理行為に還元できない、身上監護に対する配慮や決定・監視とはいったい何を指しているのかが、今ひとつよくわからない気がするのです。そして、実はこの点がその後の立法経過や解釈論における混線の背景になったと思うのですが、このことについては、あらためて第5章で論じることにします。

(C) 身上監護に関する条文の位置づけ

研究会では、身上監護に関する新規定の位置づけについて、旧民法858条1項を改正すべきという意見と、同項を維持したうえで別個に新規定を創設すべきという意見が出されました。そして、さらにこの新規定の性質については、①旧民法858条1項の療養看護義務を拡張したものと捉える説（**療養看護義務拡張説**）、②財産管理に関する法律行為における身上監護に関連する事項についての善管注意義務（民法869条・644条）の内容を具体化・明確化したものと捉える説（**善管注意義務具体化説**）、③財産管理権を前提として、財産管理と関連のある範囲で身上監護に配慮すべき新たな性質の権限・義務と捉える説（**固有の身上配慮義務説**）などに意見が分かれたとされています。

(2) 「成年後見制度の改正に関する要綱試案及び補足説明」

　研究会の研究成果は、1997年に「成年後見問題研究会報告書」としてまとめられました。翌1998年、これを受けた法務省は「成年後見制度の改正に関する要綱試案」とその補足説明を公表します（以下については、法務省民事局参事官室「成年後見制度の改正に関する要綱試案及補足説明」参照）。要綱試案の内容は、大筋としては報告書が作り上げた枠組みを踏襲していましたが、身上監護権限・義務の独自性の問題については、やや不透明な部分が残っていたといえます。

　要綱試案は、「成年後見人の権限（代理権・財産管理権等）の行使に当たって本人の身上に配慮すべき旨の身上監護に関する一般的な規定を創設する」とともに、療養看護義務に関する旧民法858条を後見類型に特有の規定として維持することを提唱しました。そして、ここで存置されるべきとされた旧民法858条について、要綱試案は次の2つの点を指摘しています。1つは、この条文が「未成年者の身上面に関する事項として第857条の規定する教育監護と並んで、禁治産者の身上面に関する事項としてその療養看護に努めるべきことを後見の目的」とした規定であり、「本人に対する身上監護（本人の身上監護面の保護）の権限及び義務を定めているもの」として理解できることです。もう1つは、この条文にいう「『療養看護』の内容には新設の一般規定の対象（医療契約の締結等）には包摂しきれない内容（具体的な看護等）が含まれ得る」と捉えていたことです。つまり、事実行為としての看護義務（事実行為としての看護労働義務）を解釈論として容認できることを正面から認めていたということです。この2点に注目する限り、少なくとも旧民法858条の維持を通じて、要綱試案は、財産管理に関する権限・義務とは異なる、固有の身上監護権限・義務が成年後見人にあると考えていたといえそうです。

　ところが、この一方で要綱試案は、旧民法858条とは別に新設されるべき身上監護に関する一般規定の法的性質を「成年後見事務の遂行における身上

監護の充実の観点から、成年後見人の権限（代理権・取消権等及び財産管理権）の行使に当たって、『本人の身上に配慮すべき義務』を明文化することにより、成年後見人が本人の身上面について負うべき善管注意義務（民法第869条、第644条）の内容を明確にし、かつ、敷衍したものとして位置づけるのが相当である」と説明しています。この説明を素直に受け取る限り、身上監護は財産管理の目的にすぎないようにみえます。つまり本条は、成年後見人に固有の身上監護権限を認めたというよりも、むしろ財産管理権限の行使方法に対する一種の制約のための規定として位置づけられていることになります。この面からみると新規定は、むしろ身上監護権限・義務否定説のほうと親和性が高いということになるわけです。

(3) 立法担当官による現行法の解説

　要綱試案に対する意見照会を踏まえて、先の旧民法858条を維持するという要綱試案の方針は最終的には変更され、同条は2項も含めて完全に廃止されることになりました。そして旧民法858条に代わって、身上配慮義務および本人意思尊重義務に関する新たな一般規定、つまり現在の民法858条が創設されたわけです。

　立法担当官は、現行民法858条の性質について、「身上監護の充実の観点から、成年後見人が成年被後見人の身上面について負うべき善管注意義務（民法第869条において準用する第644条）の内容を敷衍し、かつ、明確にしたものとして位置づけるのが相当」であると説明しています。そして、現行民法858条が成年後見人に要求する義務は、「成年後見人が成年被後見人の生活、療養看護及び財産の管理の事務を行うに『当たって』尽くすべき義務として規定されたものであり、それ自体独立の権限・義務として位置づけられるものではない」し、「成年後見人は、未成年後見人とは異なり、後見の事務として身上監護一般についての事実行為を行うものでない以上、これに対応する独立の身上監護義務も負わないこと」になると明言しています（下線筆者）。つまり、立法担当官は身上監護権限・義務否定説をとったわけです。

すでにみたように、要綱試案の段階では、身上監護権限・義務肯定説に親和的な旧民法858条を一方で存置しつつ、他方で身上監護権限・義務否定説に親和的な新規定を創設することが検討されていたため、全体としては成年後見人の身上監護権限・義務に関するスタンスが不透明になってしまっていたといえます。

しかし、これに対して、旧民法858条を廃止して、同条1項が規定していた療養看護義務に基づく事実行為としての看護義務（事実行為としての看護労働義務）を排除してしまえば、成年後見人の職務対象（正確には現行民法858条の身上配慮義務の適用対象）は、原則的には契約等の法律行為に限定されることになります。そして、この結果として、現行民法858条の法的性質もまた、成年後見人の法律行為に関する権限の行使にあたっての注意義務として純化されることになります。これが、立法担当官が考えた現行法の身上監護に対する基本スキームだといえるでしょう。そして、こうした立法担当官の説明に従う限り、要綱試案がもっていた理論的な不透明さは、研究会ではむしろ少数説であった身上監護権限・義務否定説の視点に立った体系的整理を通じて解消されたと考えることができるわけです。

ここで注意しなければならないのは、この見解を前提とする限り、現行制度は、理念の上でこそ、利用者の身上監護面の重視を謳っていたわけですが、肝心の実体法的な権限は旧制度と何ら変わらず、身上監護面の支援に関する新たな法的権限（身上監護権限）を導入したわけではなかったということです。いわば、古い革袋（禁治産時代の法構造）に新しい酒（身上監護の重視という新しい理念）を入れてしまったわけです。結局のところ、現在の後見実務における身上監護面の混乱はすべてここに起因しているように思われます。

確かに、立法担当官の描いたスキームは、理論的・体系的には非常に明快なものとして評価できます。しかし、この反面、このスキームを維持する限り、現在の後見実務上の難題である医療同意権や居所指定権を現行法体系にスムーズに接合して説明することは難しくなります。逆にいえば、解釈論あ

るいは立法論として、成年後見人の医療同意権や居所指定権を正面から主張していくためには、立法担当官の採用したスキームとは異なる形で、成年後見法制の体系の中に身上監護を位置づけていくこと、つまり体系の根本的な再構築が必要になるといえます。この点については、第5章の最後にもう一度触れてみることにしましょう。

3　民法858条の一般的な位置づけ

(1)　立法担当官による整理

さて、これまでみてきたような経緯の末に、現在の民法858条は、「成年後見人は、成年被後見人の生活、療養看護及び財産の管理に関する事務を行うに当たっては、成年被後見人の意思を尊重し、かつ、その心身の状態及び生活の状況に配慮しなければならない」という表現をとることになりました。この規定は成年後見法における身上監護についての包括的な一般規定といえますが、すでに触れたように立法担当官は、この規定の法的性質を「身上監護の充実の観点から、成年後見人が成年被後見人の身上面について負うべき**善管注意義務**（民法869条において準用する644条）の内容を敷衍し、かつ、明確にしたもの」であると位置づけています。この善管注意義務というのは、ある特定の状況における行動（作為・不作為の両方）について、一般通常人を基準として要求される注意義務を意味します。成年後見の場面でいえば、その後見事務遂行にあたって、（その成年後見人の具体的な能力の程度とは無関係に）成年後見人一般に要求される程度の注意を払って行動しなければならない義務ということになります。成年後見人がこの注意義務に反して（こうした注意を怠って）利用者に損害を与えた場合には、成年後見人は利用者に対して損害賠償責任を負うことになります。

ところで、先ほどみたように、要綱試案から現行法への移行の過程で、立法担当官は身上監護の問題を身上監護権限・義務否定説の視点から体系的に整理したわけですが、これに伴って、新設した現行民法858条の性質につい

ても、研究会で主張された3説のうち最も身上監護権限・義務否定説と親和性の高い善管注意義務具体化説によって説明されることになったわけです。この視点からは、たとえば身上配慮義務は「成年後見人の後見事務である<u>生活、療養看護または財産の管理に関する法律行為の遂行にあたっての善管注意義務を敷衍し、明確にしたもの</u>」ということになります（小林昭彦＝大鷹一郎『わかりやすい新成年後見制度〔新版〕』39頁（有斐閣、2000年））（下線筆者）。

（2） 民法858条の独自性

このように立法担当官によれば、民法858条の本質は、委任に関する民法644条の善管注意義務（受任者の注意義務）と同じだということになります。しかし、もしも民法858条と644条の機能が全く同じであるならば、858条の新設は屋上屋を重ねただけの、文字どおりの蛇足となってしまいます。というのも、そもそも644条は法定後見の全類型に準用されているので、成年後見人・保佐人・補助人はすべて善管注意義務を当然に負っているからです（民法869条・876条の5第2項・876条の8第2項）。逆にいえば、こうした644条の準用規定とは別に、あえて858条を独自の文言をもった独立の規定として新設した以上、644条だけでは説明できない独自の意義が858条の中に何かしら含まれていなければ、わざわざ新設した意味がないのではないかという疑問が出てくることになるでしょう。

この疑問について、立法担当官は次のように説明しています。すなわち、民法858条の内容は「単に善管注意義務の解釈を具体化したものにとどまらず、理念的に成年被後見人の身上への配慮及びその意思の尊重が事務処理の指導原理であることを明示することによって、身上面の保護に関する成年後見人の職務・機能の実効性を高めていくことに資する」ことになる（『解説』259頁）というのです。つまり、民法858条の独自の意義は、成年後見人が負っている善管注意義務の方向性を明確にして、成年後見人が職務を行っていくうえでの具体的な指針を示すことにあるというわけです。要は、成年後見人による財産管理は、利用者の身上監護を目的として、利用者の意思を尊重

しながら行わなければならないことが、民法858条によって明らかにされたのだということでしょう。

4　身上配慮義務

(1)　成年後見人がめざすべきこと

　このように、立法担当官によれば、民法858条が定める2つの義務、つまり身上配慮義務と本人意思尊重義務は、成年後見人の職務である利用者の財産管理に対する具体的な指針としての役割を果たすべきことになります。実は、私は、民法858条はこうした財産管理の指針としての機能をもっているだけでなく、たとえば医療同意権のような、財産管理権限とは異なる固有の身上監護権限の根拠にもなる規定だと思っています（第5章）。しかし、今はこの点はとりあえず横におき、立法担当官が指摘している成年後見人の職務の指針としての機能について、もう少し踏み込んで考えてみることにしましょう。

　まず身上配慮義務については、あとで触れる本人意思尊重義務との対比からいって、主に利用者の客観的福祉という視点に関連しているといえます。つまり、身上配慮義務が要請する身上監護とは、**客観的な視点からみた利用者の生活の質（クオリティ・オブ・ライフ：QOL）の維持・向上を目的とした活動である**と位置づけられるのではないでしょうか。そして、成年後見人にはこの活動を法的に保障するための手段として、利用者の財産管理に対するさまざまな権限（法定代理権、同意権、取消権など）が与えられているわけですから、成年後見人には利用者の生活の質の維持・向上のために積極的に利用者の資産を活用するという発想が求められることになるはずです（①資産保全型管理から資産活用（消費）型管理への転換）。さらに、資産を利用者のために適切に使うためには、常に利用者の心身の状態と生活の状況を把握しておかなければなりません（②一般的見守り活動の義務付け）。そして、もしも成年後見人が今もっている権限が、こうした利用者の生活支援の手段として

不足していたり、あるいは、逆に過度であったりするならば、これの範囲を適正なものに変更することが望ましいといえるでしょう（③利用者のニーズ変化に対する積極的対応の義務付け）。立法担当官の指摘する職務の指針の内容を、後見実務に即してさらに具体的に考えていくと、こうした点があげられるのではないかと思います。

(2) 資産保全型管理から資産活用（消費）型管理への転換

---《ケース4－1》---
　成年被後見人Ｘの足腰が弱り、現在の自宅の設備のままでは、従来の生活を続けていくことが難しい状況となった。特に、Ｘは風呂好きなのだが、現状の古い湯船では、ヘルパーの手を借りても、入浴には少なからぬ支障がある。

(A) 財産管理の基本方針の転換

まず重要なのは、身上配慮義務が利用者の財産に対する管理方針とその支出基準を明確化したことだといえます。わかりやすく標語的にいえば、**資産保全型管理から資産活用（消費）型管理への転換**が図られたのだといってよいでしょう（〔図表4－2〕参照）。

かつての禁治産後見では、後見人の財産管理の主眼は、判断能力の不十分な本人を不当な搾取から守り、その財産の散逸を防止することにあったといえます。つまり、利用者の資産が少しでも目減りしないように番犬の役割を努めることです。旧制度下の資産管理はいわば、専守防衛的なスタンスを基本にしていたわけです。しかし逆にいえば、こうした姿勢は、利用者の生活の質を改善するために積極的に財産を活用するという発想を抑制する方向に作用してしまった可能性があるといえます。

これに対して、現行制度が身上配慮義務を通じて成

〔図表4－2〕　財産管理の基本方針

| 〔旧　制　度〕 | 財産管理中心＝資産保全型管理 |
| 〔現行制度〕 | 身上監護中心＝資産活用型管理 |

年後見人に求めているのは、こうした「財産管理のための財産管理」ではなく、あくまでも「利用者のための財産管理」であるはずです。一般論としていえば、お金は貯めることに価値があるのではなく、使うことによって価値を産み出すものですから、利用者のための財産管理を心がけるのであれば、利用者の財産は単に保全されるのではなく、利用者の幸福追求をめざして積極的に消費されなければならないはずです。しかも、成年後見の利用者は何らかのハンディキャップを抱えて生活をしているわけですから、こうしたハンディキャップの解消につながるようなお金の使い道が、最優先項目の１つだといえるでしょう。この意味で、利用者の生命・健康の安全と安心、より快適な生活環境の確保といった要素は、特に重視されるべきものといえます。たとえば、成年被後見人の身体的能力が衰え、自宅での生活に支障が生じるようになったときには、成年後見人としては、本人の資力を十分に考慮したうえで、自宅のバリアフリー住宅への改装（建築業者との請負契約締結）や老人ホームへの入所（施設との入所契約締結）等の具体的な対策を積極的に検討すべきことになります（《ケース４-１》）。もちろん、この財産の支出にあたっては、後に触れる本人意思尊重義務の要請も十分に考慮しなければなりません。

　このように、民法858条が規定する身上配慮義務の実践的な意義の１つは、利用者の財産を利用者の生活の質の維持・向上のために積極的に支出することへのインセンティブを、成年後見人に提供することに求められるのです。ちなみに、旧民法858条１項は「禁治産者の後見人は、禁治産者の資力に応じて、その<u>療養看護</u>に努めなければならない」としており、利用者の財産の使い道が療養看護目的だけに限定されるような表現となっていましたが、現行民法858条は成年後見人の職務対象について「成年被後見人の<u>生活</u>、<u>療養看護及び財産の管理</u>に関する事務」という表現へと変わっています（下線筆者）。この条文上の文言の変化をみるだけでも、利用者の財産の活用目的が利用者の**生活全般へと広げられた**ことが確認できるといえるでしょう。

(B) 資産活用型管理の難しさ

―《ケース4-2》――――――――――――――――――

《ケース4-1》において、成年被後見人Xが十分な預金をもっていることから、成年後見人Aは自宅をバリアフリー住宅に改造し、できる限り自宅での生活を継続させることが望ましいと判断した。ところが、これを聞きつけた成年被後見人の子Bが「Xの年齢を考えると、仮にバリアフリー住宅への改造を実行しても、自宅で生活できる期間がそれほど延びるとは思えない。だから、バリアフリー住宅への改造のためにお金を使うのは完全な無駄遣いである」と主張して、Aの方針に対して強行に異議を唱えてきた。

――――――――――――――――――――――――

ところで、身上配慮義務が要求する資産活用（消費）型管理という職務方針は、成年後見人に対して、2つの実務上の難問を突き付けることになります。実際のところ、成年後見人にしてみると、旧来型の資産保全のほうが仕事はずっと楽なのです。

まず1つは単純に、お金を使わずにただ預かっているよりも、積極的に使うほうが難しいということです。極端なことをいえば、旧来の資産保全型の管理であれば、利用者が無駄遣いをしないように、預金通帳やキャッシュカードを後見人が預かり、後生大事にしまっておけば十分だということになります。これに対して、資産活用型の管理を行おうとすると、利用者の財産をどのように使うことが利用者にとって最も望ましいのかを、具体的に判断していかなければなりません。いうまでもなく利用者の財産は無限ではありませんし、利用者の余命（いわゆる長命リスクの問題）なども考え合わせる必要がありますから、成年後見人はお金の使い方について、いろいろと頭を悩ませることになるでしょう。

(C) 利用者の家族との対立可能性

もう1つ厄介な問題として、利用者の家族との対立のリスクがあります。

資産保全を優先して、できる限りお金を使わないという選択をした場合、最も得をするのは、実は利用者本人ではなく、利用者の法定相続人、つまり家族です。利用者の家族にしてみれば、成年後見人が利用者のために財産を使えば使うほど、自分たちが将来もらえるはずの「遺産」が目減りしていくわけですから、成年後見人の行動を不愉快に思う可能性は決して小さくないでしょう（《ケース4-2》）。しかも、専門職後見の事例では、そもそも利用者の法定相続人に当たる家族が利用者の支援に対して協力的でなかったり、成年後見人としての適性に欠けているために、第三者である専門職後見人が選任されているケースが大半です（ただし、近年では、親族後見人による横領等を予防する観点から、利用者に一定の資産（特に使い込みの対象となりやすい預貯金等の金融資産）がある場合には、親族の後見人としての適性の有無にかかわらず、裁判所が専門職後見人を優先的に選任する傾向にあります）。こうした場合、もともと専門職後見人と利用者の家族との間には対立の火種があることも多く、成年後見人の積極的な財産支出が、文字どおり火に油を注ぐ結果となってしまうおそれがあるといえます。利用者の福祉の観点からは、成年後見人と家族との関係が良好であるに越したことはないわけですから、資産活用型管理を実行する場合、成年後見人は利用者の家族との関係についても十分に気を配らなければならないということになります。

(3) 一般的見守り活動の義務付け

―《ケース4-3》―

これまで居宅生活を続けていた成年被後見人Xが体調を崩し、完全介護を要する状況に陥ってしまった。成年後見人Aは、遠方の親族との同居やホームヘルパーの増員といった種々の対応策を検討したが、結局、本人の福祉のためには施設入所が最適であると判断するに至った。そこで、成年後見人Aは、XとXの家族らを説得して、施設入所への同意を取り付けたうえで、B老人ホームと入所契約を締結した。

ところが、Bホームによる入所者への処遇は、Bホームの説明とは異

なり、入所者の人権を無視した劣悪なものであった。そこで、Aは施設に対して数度にわたり待遇改善要求を出したが、Bホームの対応は満足できるものではなかったため、Bホームとの入所契約を解除することにした。

(A) 一般的見守り義務の意義

　成年後見人が資産活用型の財産管理を実行しようとする場合、成年後見人は自分の今後の職務遂行のいわば青写真を描くために、少なくとも自分がもっている権限を行使するのに必要な範囲で、利用者の心身の状況と生活の現況を正確に把握しておくことが、まず必要になります。簡単にいえば、利用者にとってベストのお金の使い道を判断するための前提として、成年後見人は利用者の生活を常に見守っていなければならないということです。このことから、私は、身上配慮義務の具体的な内容の1つとして、「**一般的見守り義務（状況対応義務）**」と呼べる義務があると考えています。もちろん、利用者の見守りに関する義務は、たとえば施設入所契約を結んだ場合のように、成年後見人の個別具体的な職務の遂行に伴う形でも生じることになります。しかし、こうした特定の職務に附随した形で生じる「**付随的見守り義務**」と呼べる義務とは別に、成年後見人の地位それ自体から当然に派生する見守り義務があると考えられます。これが一般的見守り義務（状況対応義務）なのです。この義務は、「**利用者の心身の健康状況の変化や経済状態を含めた生活環境の変化に即応できるように、利用者の現況を適時に正確に把握したうえで、自分に与えられている法的権限を最大限に活用して、こうした変化に適切に対処しなさい**」という一般的な後見職務の遂行指針を、成年後見人に命じるものだといえるでしょう。

　《ケース4-3》では、成年被後見人Xの健康状態の悪化について、成年後見人Aが見守り活動を通じて的確に把握していたため、施設入所という対応策をとることができたといえます。もしも、このケースとは逆に、Aが適切

な見守りを怠り、利用者Ｘの健康状態の悪化を見過ごしてしまっていたら、ＡはＸにとって有益な対応策をとることができず、結果として、Ｘを劣悪な環境のままに長期間放置してしまうことになったかもしれません。そしてこの場合、成年後見人Ａには、先ほどの一般的見守り義務違反（条文解釈上は、民法858条の身上配慮義務違反）を理由として、Ｘに対する損害賠償責任や成年後見人の解任といったサンクションが与えられることになるでしょう。

　他方、Ｂホーム入所後における、ＢホームによるＸへの処遇に対する監督や監視、さらには不当な処遇に対する異議申立て、入所契約の解除などは、Ｂホームとの入所契約の締結とその履行に付随して発生する付随的見守り義務からの要請と考えることができるでしょう。もっとも、こちらについても、こうした義務の不履行は一般的見守り義務違反の場合と同様、民法858条の身上配慮義務違反として処理されることになりますので、少なくとも実務的には一般的見守り義務と付随的見守り義務を区分する実益はないかもしれません（さらにいえば、損害賠償責任の発生等の効果面だけに着目するならば、こうした活動の不履行をすべて民法644条の善管注意義務違反としてダイレクトに処理してしまうことも、理論上はできないわけではありません）。ただ、ここで留意してほしいのは、見守りは、利用者の入所や入院といった特に見守りが重要となるような事態がない場合であっても、常に成年後見人に要請されている、いわば成年後見人の本質的な職務なのだということです。

　つまり、あらゆる成年後見人は、その後見職務の一環として、利用者の見守りを行うべきことになります。このことを法解釈論として説明すれば、見守り義務は任意後見人も含めたすべての類型の成年後見人が負う身上配慮義務から派生するものであるため、すべての成年後見人が負う義務だということになります（任意後見人については任意後見契約法6条参照）。

(B)　**見守り活動の実行方法**

―《ケース4−4》――――――――――
　Ａは、交通事故によって植物人間状態になってしまったＸの成年後

見人である。損害保険に関する保険金請求事務も一段落し、Xの容態もここ数カ月は安定した状況にある。

―《ケース4-5》―
　Xには軽度の認知症があるが、現在のところ日常生活上の不都合はさほど生じていない。しかし、つい最近、父の遺産として受け継いだ故郷の土地をあやうくだまし取られそうになったこともあり、遠方に住む長男Aが補助人に選任され、「Xの所有不動産の売却」に対する同意権を付与された。

　このように、あらゆる成年後見人は、その基本的な職務として、利用者の現況を確認するために、定期的に利用者本人と何らかの形で個別的な接触を試みることが求められているといえるでしょう。もちろん、この接触方法（たとえば直接面会か電話かなど）や、接触の頻度、接触時間などの具体的な内容については、利用者側の具体的な事情（利用者のコミュニケーション能力の程度など）や、成年後見人側の具体的事情（たとえば専門職後見か親族後見か、利用者と成年後見人の居所の遠近など）、さらには成年後見人の職務範囲の広狭やその権限内容などといったさまざまな状況によって異なってくるでしょう。たとえば、利用者が遷延性意識障害（いわゆる植物人間状態）にある成年後見事案などでは、利用者の容態が安定している限り、接触の頻度が小さくとも、あまり問題は生じないでしょう（《ケース4-4》）。また、遠方に居住する近親者が補助人になり、特定の遊休不動産処分に関する同意権や代理権のみを与えられているにすぎないようなケースであれば、月に1度の簡単な電話連絡程度でも十分とされる可能性もあるでしょう（《ケース4-5》）。ただし、あえて一般論としていえば、報酬を前提とする専門職後見人のケースでは、原則としては、最低でも月1～2回程度は利用者と直接に面接する機会をもつことが必要だと考えるべきでしょう。こうした直接の面接を通じ

て、利用者の心身の健康状態や生活状況の変化を、成年後見人が直接に肌で感じとることは、適切な後見職務計画を作成していくうえで、欠かせない要素だと思います。また、施設入所の利用者の場合、専門職後見人が面会のために足繁く施設に通うことは、応対する施設職員等によい意味での緊張感を与えるでしょうから、特に具体的な苦情申立てなどを行わずとも、結果的に施設全体の環境の向上にもつながるかもしれません。

　なお、成年後見人の役割はあくまでも法律行為による手配を中心とするべきという点を強調する立場からは、こうした見守りについても成年後見人自身が事実行為としての見守りを行うのではなく、「成年被後見人の状況把握を行う専門家の訪問をアレンジし、当該専門家と契約を結ぶことによって、間接的に状況把握に努めることがむしろ原則だというべき」だと主張されています（道垣内弘人「成年後見人の権限──身上監護について」判例タイムズ1100号239頁（2002年））。たしかに、法定代理人の復代理に関する規定（民法106条）などからいって、見守り活動を成年後見人自らが行わなければならないとする自己執行（義務）性を解釈論上引き出すことは、なかなか難しいといえます。しかし、すでに触れたように、適切な見守りがあってはじめて、成年後見人は職務の執行方針や具体的内容を決めることができるわけですから、見守りはあらゆる後見活動の出発点であり、基盤であるといえます。こうした見守りの後見職務としての本質性（中核性）を考えると、やはり原則としては、成年後見人自らが見守り活動を引き受けるほうが望ましいのではないかと思われます（もちろん、だからといって、契約によって第三者に見守りを委託することが直ちに義務違反になるとも考えるべきではありません。義務違反性は、基本的に利用者の福祉の観点から判断されるからです）。

　(C)　**復任（業務再委託）をめぐる問題点**

　実は、この見守りの問題に限らず、法律行為に関する復代理の問題を含めて（つまり、事務内容の法律行為性・事実行為性の問題にかかわらず）、成年後見人の職務の自己執行性については、まだ検討すべき理論的課題があると思

われます。特に、親権者や親族後見人のケースとは違って、専門職後見人の場合は、家庭裁判所がその資質や職務適性を慎重に考慮したうえで、当該事案に対する成年後見人としての適性（専門性）を高く評価して選任しているわけですから、法定代理人の自由な復任権を求める民法106条前段の規定（「法定代理人は、自己の責任で復代理人を選任することができる」）をそのままストレートに適用すべきかについては議論の余地が残されているように感じられます（他方、親族後見人の場合は、職務負担の合理的な軽減の必要性が認められることや、専門家等への業務再委託がむしろ利用者の福祉に資する可能性があることなどからいって、条文の原則どおり、広範な復任権を認めてよいように思います）。たとえば、保佐や補助で特定の法律行為に関する代理権が与えられている場合、特に専門職後見人による安易な復任には疑問が残る気がします。また、少なくとも、復任権を根拠に、後見職務のすべて、あるいは、その主要な部分を丸投げしてしまうような運用は、裁判所による当該専門職後見人本人への個別的信認を無視することになるわけですから、権利の濫用として許されるべきではないように思います。

　復任（事実行為に関する業務再委託を含む。以下同じ）に関するもう1つの課題として、復任に伴う経済的負担（専門家への委託料等）を、後見費用（民法861条2項）として、利用者の資産から支出できるかという問題があります。後見費用が本人負担とされる理由は、後見職務が利用者の利益保護のために行われる性格の事務であることにあります。したがって、当該復任に一定の合理性があり、かつ、その職務の内容が直接に利用者の利益保護を目的とする場合（「利用者の事務」である場合）には、原則どおり、当該復任に伴う諸費用を後見費用として利用者の資産から支出してよいと思われます。たとえば、成年後見人である社会福祉士が、利用者の法定代理人として訴訟を提起する場合（民事訴訟法31条参照）に、弁護士に訴訟委任を行うことは、明らかに本人の利益にとって合理的な復任行為ですので、この場合の弁護士報酬等は後見費用として当然に本人の資産から支出してよいでしょう。

これに対して、成年後見人の公的性格（家庭裁判所からの公的信認を受けて選任されたという一種の公職性）に基づく家庭裁判所を名宛人とした職務については、利用者を直接に支援する行為とはやや性質を異にするといえ、後見費用としての支出にはなじまないように思われます。たとえば、家庭裁判所に提出する財産目録や後見事務報告書の作成等を行政書士に委託した場合の手数料等は、少なくとも専門職後見人の場合、原則的には成年後見人自身の資産から支出するべきではないでしょうか。これらの報告書作成等に要した労力は、むしろ、後見報酬額算定の要素として評価すべきであると考えます（後見報酬と後見費用の線引きはこれまであまり議論されていませんが、理論的にも検討すべき課題は多いと思います。この点に関する判決例として、東京地裁平成19年1月30日判決（判例集未登載、公益社団法人成年後見センター・リーガルサポート編『後見六法〔2014年版〕』607頁参照））。なお、後見費用として支出可能な事務の対象範囲と、復任権の対象範囲の限界問題は、相互に関連した論点であるといえますが、後者の範囲は前者よりも広いように思われます。つまり、復任自体は認められても、そのために必要な経済的負担は成年後見人の資産から支出しなければならない場面（先述の後見事務報告書作成の委託事例等）があるのではないかと考えます。

(4) 利用者のニーズ変化に対する積極的対応の義務付け

利用者の現有能力を尊重すべきという現行制度の基本理念からすれば、法定後見の開始に伴う利用者の権利に対する干渉が必要最小限の範囲にとどめられるべきことは、いうまでもないでしょう。この要請は、まずは後見等を開始する時点で、成年後見人等の権限を必要最小限度に抑制するという形で表現されています。たとえば、補助制度での限定的な代理権や同意権（取消権）の付与というスタイルはこの典型です。

しかし、利用者のニーズは、その心身の状態や生活環境の変化などによって、時々刻々と変動していきます。たとえば、当初は保佐が相当であったケースが、数年のリハビリの成果によって、補助による支援で十分となる場合

もあり得るでしょう。もちろん、逆に判断能力の著しい低下によって、後見が必要となるようなケースは頻繁に生じる可能性があるといえます。

(A) ドイツ世話法の対策

そこで、たとえばドイツ世話法は、こうした能力やニーズの変動に関する時間的リスクに対処するために、法定後見である「**世話**」それ自体と利用者の行為能力制限である「**同意権留保（Einwilligungsvorbehalt）**」に最長7年間という存続期間の制限を設けています（ドイツ家庭事件及び非訟事件の手続に関する法律295条・297条。なお、存続期間は当初5年とされていましたが、利用者と裁判所の双方にとって手続コストが重すぎるとして、第2次世話法改正の際、現在の7年に延長されました）。世話法は、成年後見制度が利用者の権利（人権）に対する干渉にもなるという性質を重視し、「世話による支援の内容と範囲は個別具体的な利用者にとって必要最小限度にとどめる」という**必要性の原則**を基本理念に据えています。このため法定後見である世話が開始されても、原則的には利用者の能力制限は行わず、能力制限の必要がある場合には、たとえば「不動産の管理」、「居所指定」、「被世話人が500ユーロ以上の債務を負担することになる意思表示」というように具体的な範囲を特定して同意権留保の命令を行うにとどめています（被世話人はこの範囲内の行為についてのみ世話人の同意を必要とすることになります）。しかし、これだけでは世話の開始当初における必要最小限の介入が保障されるにすぎません。そこでドイツ法は世話と同意権留保の決定の際に存続期間を設けて、開始から一定期間が経過するまでに、世話と同意権留保の必要性を後見裁判所が再度審査し直し、期間延長か終了かを判断させることにしたわけです。さらに、世話や同意権留保の存続期間内であっても、世話人が世話を終了させるべき事情や同意権留保の範囲の縮小または拡張の必要性に気づいた場合には、直ちに後見裁判所に報告しなければならないことになっています（ドイツ民法1901条5項）。このようにドイツ世話法は、必要性の原則を非常に重視し、世話開始後の利用者の能力やニーズの変動に関する時間的リスクについても

きめ細やかな対応を行っているわけです。

　(B)　**後見内容変更義務**

　しかし、日本法にはこうしたしくみはありませんので、解釈によって対応していくことになります。

　私は、利用者のニーズの変化を制度面に反映させる義務、つまり**後見内容変更義務**を、身上配慮義務の内容の１つとして導くことを考えています。具体的には、それぞれの場面に応じて、①成年後見の類型変更（新類型開始の審判）に関する申立て、②権限変更（同意権・代理権の廃止・縮小・拡張）に関する申立て、③成年後見人の交代に関する申立て（ただし、民法845条が後見人辞任ケースにおける、（旧）後見人の（新）後見人選任請求義務を明文で規定している点にも注意してください）、④成年後見人の追加的選任に関する申立てなどが対象となるでしょう。

　(C)　**成年後見の類型変更への対応**

《ケース４−６》
　軽度の認知症があったＸに対して、配偶者Ａが補助人として選任されており、Ａには「Ｘの所有不動産の処分」に関する同意権が与えられていた。最近、Ｘの認知症が急激に増悪し、預貯金の管理をはじめとした日常生活にも支障を生じる状態となってきている。ところが、現在の補助人Ａも高齢であるため、ＡがＸの成年後見人に就任しても十分な支援が行える可能性は低い。

　たとえば、《ケース４−６》では、後見内容変更義務の要請として、Ｘのニーズ変化に対応し、成年後見の利用形態を現状の補助から後見へと移行させる義務が補助人Ａにあると考えられます。具体的には、Ａは、Ｘを成年被後見人とする後見開始審判の申立てを行うべきでしょう。また、Ａ単独では成年後見人の職務を全うすることが困難だとすれば、単独で職務を遂行できる別の成年後見人を選任するか、あるいは、複数後見人制度を活用して、

Aが担当できる職務（たとえばXの日常生活の支援）についてはAに権限を残し、Aでは困難な職務を分掌する別の成年後見人を追加的に選任することが望ましいといえるでしょう（民法859条の2第1項・843条3項参照）。後者の成年後見人の追加的選任申立てについては、Aが補助人ではなくすでに成年後見人であるケースでも問題となり得ます。

(D) 後見内容変更義務と一般的見守り義務との連携

《ケース4-7》

被補助人Xの健康状態が急激に低下し、介護保険サービスの利用が必要な状況となった。Xが適切なサービスを受けるには支援が必要といえ、補助人Aもこの事実を認識してはいたが、補助人であるAは、Xの所有不動産の管理に関する代理権しか付与されていなかったため、介護保険の申請手続等について特に何の手だても講じなかった。

ところで、この後見内容変更義務は、先ほどの一般的見守り義務と連携して機能することになります。まず、一般的見守り義務が適切に果たされていれば、成年後見人等（《ケース4-7》では補助人A）は後見類型への変更を必要とするような利用者の大きなニーズの変動について、適時に気づくはずです。そして、成年後見人等がこうしたニーズの変化を認識した場合には、身上配慮義務の要請として、利用者の資力と自分がもっている法的権限が許す最大限の範囲で、このニーズの変化に対処しなければならないことになります。ところが、包括的な法定代理権をもつ成年後見人はともかく、保佐人や補助人の場合、有効な対応をとるために必要な法定代理権がないという可能性があります。そして、この場合には、仮に不作為の状態が続き、利用者が事実上、ある期間、放置されてしまっていたとしても、単にこうした不作為を理由として、新しいニーズに直接対応するための権限をもっていなかった成年後見人等の法的責任を問うのは難しい場合もあります。

しかし、成年後見人等には他の後見類型開始に対する申立権（民法7条・

11条・15条）や、自分のもつ権限の変更に対する申立権（同法876条の4第1項・3項・876条の9など）が与えられていますから、後見内容変更義務を通じて、こうした申立てに一定範囲で義務性を与えることができれば、後見内容の変更というワンクッションを経由はするものの、最終的には利用者本人のニーズ変化への法的対応が実現できることになります。

　そして、これはまた、利用者の新しいニーズに直接対応する法定代理権をもたない保佐人や補助人に対しても、その不作為に対する法的責任を問う道を広げることにもつながります。たとえば、《ケース4－7》をみてください。この場合、補助人Aは介護保険の要介護認定・要支援認定の申請や介護サービス契約締結に関する代理権をもっていませんので、Aがこうした手続を行わず、結果的に、Xが必要な介護保険サービスを受けられていなかったとしても、このことから直ちにAの補助人としての法的責任を問うことは難しい場合があります。しかし、もしも身上配慮義務の一種として後見内容変更義務を認めるならば、AがXの健康状態の変化とこれに伴う法定代理権の範囲拡張のニーズを現実に認識している以上、介護保険の利用を対象とする代理権の拡張に対する申立て（手続的には、追加的な代理権付与の申立て）などの対応を適時に行わず、状況を放置することは義務違反となり、Aの法的責任を発生させることになります（被補助人Xの意思能力に問題がなければ、法定代理権の拡張ではなく、介護保険に関する任意代理権の授与を受けて、ニーズに対応することも可能でしょう）。

　なお、こうした後見内容変更義務を承認することは、保佐人や補助人に対して、その後見人としての地位それ自体から派生する一般的見守り義務を課すことにもつながることになるでしょう。保佐人や補助人は、単に現在自分がもっている法的権限（代理権、同意権など）を行使するために最低限必要な範囲でのみ見守りを行えばよいというわけではなく、一定の合理的な範囲で、利用者の権利擁護機関にふさわしい見守りを行うことが要求されることになるからです。ただし、具体的な見守りの頻度や方法などが成年後見人等

の具体的な権限の内容や範囲に比例して増減されるべきことはすでに触れたとおりです。

5　本人意思尊重義務

(1)　本人意思尊重義務の意義

　民法858条が身上配慮義務と並んで規定するもう１つの義務が**本人意思尊重義務**です。２つの義務の関係については後ほどあらためて触れますが、本人意思尊重義務は文字どおり、成年後見職務の実施にあたって、本人の主観的価値を重視することを要請するものです。

　この本人意思尊重義務は、成年後見人の一般的な職務指針ですから、その適用領域はいわゆる身上監護事務だけではなく、純粋な財産管理事務（たとえば、株式の保有にあたって、客観的な資産価値に加えて、その会社に対する利用者の個人的な思い入れの強さを考慮する等）を含めて、広く成年後見事務全般に及ぶことになります。しかし身上監護事務は、まさに利用者にとって、最もパーソナルな事項を対象とするものであり、対象となる事務の遂行「結果」だけではなく、その遂行「過程」まで含めて、利用者の幸福感や満足感に直結する性質をもっているといえます。このため、一般論としては、純粋な財産管理事務以上に、利用者の意思実現が強く要請される領域であるといえるでしょう。というのも、そもそも自己決定権は、自己実現を法制度的に担保するためのしくみであるといえますが、財産管理事務が、主として、この自己実現を支える経済的・物質的な基盤の構築や維持にかかわる領域であるのに対して、身上監護事務は、まさにこの自己実現の具体的な内容そのものとして現れる領域だと考えられるからです。

(2)　本人意思尊重義務と身上配慮義務の調和

　現在の成年後見制度が、利用者の自己決定の尊重と現有能力の活用を基本理念としている以上、後見事務の実施にあたって、利用者の意向をできる限り尊重していくべきことは当然の要請だといえます。本人意思尊重義務は、

まさにこうした要請を具体的な法的義務として、成年後見人に課したものです。

　しかし、反面、本人意思の尊重という要請を過剰に絶対視したり神聖視し、これがあたかも成年後見事務の唯一絶対的な基準であると考えたとすれば、それは明らかな誤解といえます。そもそも成年後見の利用が開始された理由は、利用者の判断能力に問題があるために、本人の判断だけに任せていては、その権利を十分に保障できないことにあったわけです。とすれば、成年後見人がまるで「子どものお遣い」のように、ただ利用者のいうとおりに動いているというのでは、成年後見人等が選任された意味は全くないということになりかねません。成年後見制度の意義は、利用者のあるがままの恣意をすべてそのまま実現させることにあるわけではなく、制度の活用を通して、自分自身の人生に対する利用者の主体的な関与を積極的に引き出していき、**「利用者にとっての最善の生き方」**に向けたアプローチを支援していくことにあります（「成年後見人等の価値感から見た最善の生き方」ではないことに、くれぐれも留意してください）。そして、そこでは第２章で詳しく触れたように、従来からの理念である本人の客観的保護という視点も、今なお重要な役割を果たしているのです。

　成年後見制度の理念のレベルにおいて、新旧の理念が時に鋭く対立するのと同様に、後見職務の方針決定という具体的な実践のレベルにおいても、対立する価値の調整が問題となります。理念のレベルで問題となった、古くからの理念である本人の客観的保護と新しい理念である自己決定の尊重などとの調和という観点（さらにこの背後には、パターナリズムと自己決定（尊重主義）という、より一般的な次元での社会的価値観の調整問題があります）は、後見職務の方針決定のレベルでも、利用者の客観的な福祉（利用者のQOLの客観的側面の維持・向上）と利用者の意思の尊重の調和という、より具体的な形で問われることになるわけです。これを民法858条の解釈論という視点から見直すならば、そこで行われている作業は、**利用者の客観的福祉をめざす**

第4章 身上監護の法的根拠——民法858条の意義——

身上配慮義務と利用者の主観的福祉の実現をめざす本人意思尊重義務という、2つの相反するベクトルをもっている行動指針のバランスを図りつつ、具体的な職務方針を決定していくということになるでしょう（〔図表4-3〕参照）。

(3) 利用者の愚行権と本人意思尊重義務

さて、抽象論としていう限り、利用者の意思と客観的福祉の調和を図るというのは簡単ですが、これを現実の後見実務の中で実行していくのは、いうまでもなく容易なことではありません。特に、価値観が非常に多様化しているといわれる現代の日本社会においては、たとえば「何をもって利用者の福祉が客観的に向上したといえるのか」という問いに対して一義的な解答を示すことは難しいからです（立場によっては、こうした問題はそもそも解答不能ということにすらなるかもしれません）。おそらく最終的には、成年後見人各自の実存的な決断が求められるということになってしまうのでしょうが、多

〔図表4-3〕 職務指針としての民法858条の機能

```
┌─────────────────────────────────────────────┐
│        判断能力不十分者に対する社会的スタンス        │
│ ┌─────────────────────────────────────────┐ │
│ │ 自己決定（尊重主義） ←――――――→ パターナリズム │ │
│ └─────────────────────────────────────────┘ │
└─────────────────────────────────────────────┘
              ↓                    ↓
                  成年後見の基本理念
   ┌─────────────────────────────────────────┐
   │ 本人の意思の尊重 ←――――――→ 本人の福祉の保護 │
   └─────────────────────────────────────────┘
              ↓                    ↓
                  民法858条の解釈論
   ┌─────────────────────────────────────────┐
   │ 本人意思尊重義務                 身上配慮義務    │
   │ （利用者の主観的価値） ←バランス調整→ （社会の客観的価値） │
   └─────────────────────────────────────────┘
                        ↓
                  職務方針の決定
```

少なりとも実務の手がかりになるように、難題を承知のうえで、もう少しだけこの問題に踏み込んでみることにします。

　まず留意すべきは、2014年2月に、ついにわが国でも障害者権利条約が発効したことです。この条約は現在の法定後見制度の基本的な骨格そのものの見直しを迫る重大な内容を多数含んでいますが、さしあたり、ここでは理念の水準に絞って、現行制度に与えるインパクトを概観しておきましょう。

　条約の柱の1つである12条（法律の前にひとしく認められる権利）は、判断能力不十分者に対する支援の原則を大きく転換させました。いわゆる「**代理・代行決定（substituted decision-making）から意思決定支援（支援付き意思決定：supported decision-making）へのパラダイム転換**」という標語が、この事情を端的に表しています。簡単に言えば、従来型の法定代理権や取消権などの**他者決定型**（支援者である後見人が本人に代わって最終的な意思決定を行う方式）のしくみに代えて、支援者は本人が自己決定するための環境整備等の側面的な支援に徹するという**自己決定支援型**（最終的な意思決定を本人自身の自己決定の形式で行う方式）のしくみへと、支援の原則的な手法を置き換えることが求められているわけです。後にみるように（第8章・第11章参照）、こうしたパラダイム転換が現行の法定代理権制度の全廃までを要求するものであるのかについては異論も強く、国際的にも激しく議論されています。しかし、少なくとも、判断能力不十分者の支援にあたって、意思決定支援が、法定代理権の行使のような支援者による代理・代行決定に優先されるべきことは、国際的にみて、すでに共通理解になっているといえるでしょう。

　こうした条約の基本理念との整合的な解釈という視点からは、身上配慮義務と本人意思尊重義務の調整についても、今後は後者に重みを置いた運用がめざされることになります。つまり、原則としては、本人意思尊重義務が身上配慮義務に優位するということです。まずは利用者の意思・意向の実現を追求する姿勢から出発したうえで、事案の性格や具体的な行為の内容等からみて、こうした利用者の意思・意向が、その生命や健康、最低限の生活の維

持等といった客観的福祉の観点から、どうしても容認できないという場合に、はじめて本人の主観に反するパターナリスティックな介入に踏み込むというのが、成年後見人等の職務の基本指針になっていくでしょう。たとえば、次の《ケース4-8》を見てください。

　(A)　**アルコール依存症の成年被後見人が酒類の購入を希望している場合**

> **《ケース4-8》**
> 　アルコール依存症患者である成年被後見人Ｘが、ビール１ダースの購入を希望している。成年後見人Ａは、この本人の希望を尊重して、酒屋との売買契約を結ぶべきか。

　このケースの場合、アルコール依存症の患者にアルコール飲料を与えることは、本人の健康にとって明らかにマイナスになります。したがって、この場合の「酒が飲みたい」という本人の意思は、成年後見人Ａにとって重視すべき希望ではないと考えてよいでしょう。Ａが酒屋と売買契約を結ばなかったとしても、その不作為が本人意思尊重義務に反することはないとみるべきです。それどころか、本人の客観的保護という視点からすれば、この場面では本人の健康状態の維持・改善が優先されると思われますので、むしろ本人の希望に反して、Ｘからアルコール飲料を遠ざけるような対応をとるほうが望ましいといえるでしょう。たとえば、Ｘが自分で酒を買ってしまう可能性のある近所の酒屋などに対して、あらかじめＸの注文は受け付けないように依頼しておくといった措置をとることが、身上配慮義務からの要請であるといえます。

　このように、本人意思尊重義務の原則的な優位性を認めたとしても、なお、客観的な身上配慮義務を優先させるべき場合が残ることに留意する必要があります。法定後見制度の性質上、パターナリスティックな介入という要素を完全に排除することは、もともと無理な相談なのです。解釈論の次元でいえば、少なくとも本人意思尊重義務と身上配慮義務の要請が表面的に対立する

可能性がある場合には、義務違反の判断を個別に行うのではなく、両者を含む民法858条全体としてみて、同条の違反の有無を総合的に評価すべきことになります。

⑻　**アルコール依存症の成年被後見人が酒類を無断で注文した場合**

―《ケース4-9》――――――――――――――――――――――

《ケース4-8》の状況で、成年被後見人Xがビール1ダースを自分で勝手に注文してしまった場合、成年後見人Aは、どう対処すべきか。

――――――――――――――――――――――――――――――

《ケース4-9》はどうでしょうか。この場合、アルコール依存症の患者からはアルコールを遠ざけるべきだという身上配慮義務の視点からすると、成年後見人Aは自分に与えられている取消権（民法120条）を行使することによって、Xの行動に対して積極的に（パターナリスティックに）介入していくことが求められることになるでしょう。この場面でAに期待されている行為は、自分がもっている法的権限を活用して、Xの客観的な生活の質を向上させていくこと、具体的にはXの健康回復のために、アルコール依存症の改善や悪化の防止に向けた行動をとることだといえるからです。

ただし、《ケース4-9》については、法解釈の問題として、もう1つ厄介なことがあります。それは、民法9条ただし書にある**日用品の購入その他日常生活に関する行為**の解釈です。ノーマライゼーションや本人意思の尊重を新しい基本理念として取り入れた現行制度は、本人の活動に対する干渉を必要最小限の範囲に抑えるために、日常生活に関する行為を利用者の行為能力の制限対象から外して、取消権の対象外としました。つまり、利用者の日常生活に関する行為は利用者自身の自己責任に委ねることにしたわけです。この結果、《ケース4-9》におけるビール1ダースの購入が、民法9条ただし書にいう「日常生活に関する行為」に当たると判断された場合は、そもそも取消権が発生しないため、たとえビールが酒屋から届けられる前であっても、成年後見人Aが注文を取り消すことはできないということになります。

おそらく一般的な事案であれば、いくら嗜好品とはいっても、ビール1ダース程度の購入は日常生活に関する行為だと判断されるでしょう。実際、立法担当官も日常生活に関する行為の具体例である日用品の購入の内容として、「食料品・衣料品等の購入」をあげて説明しています（『解説』82頁）。しかし、《ケース4‐9》の場面で注文の取消しを認めないというのも、実務的にみて問題が残るように思われます。立法担当官は、日常生活に関する行為であるかどうかは、「基本的には、各人の職業、資産、収入、生活の状況や当該行為の個別的な目的等の事情のほか、当該法律行為の種類、性質等の客観的な事情を総合的に考慮して判断するのが相当である」と説明していますが、一般的には利用者の財産的保護の視点から、主に対価の経済的価値を基準に評価されているようにも見受けられます。わかりやすくいえば、利用者自身が買物をした場合は、その商品が高額なら日常生活に関する行為には当たらないとして取消しを認め、安いものなら民法9条ただし書の適用を認めて取消権を排除するという方向です。しかし、やや極端な設例になりますが、たとえば、利用者が世間で流行中のゲームソフトを何個も買って、わずか1日で手持ちの現金を使い切ってしまったとしましょう。このとき、同じ店舗で同一のソフトを10本買ったときには、一種の過量販売として、日常生活に関する行為の枠を超えるといいやすいでしょうが、利用者が10件の店舗を回って、1本ずつソフトを購入していた場合には、それぞれの売買を個別にみる限り、日常生活に関する行為として取消権は及ばないと評価することもできそうです（さらに、厳密にいえば、前者の場合についても、利用者がもともと熱狂的なゲームマニアで、成年後見開始の審判を受ける以前から、好きなソフトについては、保存用を含めて、常に複数購入していたような場合には、愚行権との関係上、取消権について慎重な配慮が必要になることもあるでしょう）。こうしてみると、立法担当官のあげる総合的判断という視点を活かす意味でも、日常生活に関する行為については、もっと民法858条の身上配慮義務や本人意思尊重義務との関連を踏まえた解釈が模索されてもよいのではないでしょうか。たとえ

ば、後者のように、異なる店舗で同じゲームソフトの購入が繰り返されたような場合についても、訪問販売事案での過量販売に対する撤回・解除権（特定商取引法9条の2）のしくみを参照して、日常生活に関する行為への該当性の解釈の中に「取引の反復性に対する相手方の認識または認識可能性」という要素を持ち込むことが考えられます。つまり、「本人がすでに同質の取引を過剰に行っているために、今回の取引が、その本人に限っては、もはや日常生活に関する行為を超えるものになっているという事情」について、相手方に認識可能性があった場合には、民法9条ただし書の適用を排除して、取消権の行使を認めるわけです。もっとも、これはあくまでも試論にすぎませんから、今後、この問題について、さらに議論を深めていく必要があるでしょう。

(C) **ヘビースモーカーの成年被後見人がタバコの購入を希望した場合**

―《ケース4-10》―

成年被後見人Xは極度のヘビースモーカーである。Xがタバコ1カートンの購入を希望した場合、成年後見人Aは、Xの希望を尊重して購入を手配するべきか。

過度の喫煙が健康に悪影響を与える危険性は、一般に認知されています。特に近年では、健康増進法の施行などもあって分煙化や禁煙エリアの増加なども進み、禁煙に向けた社会的な圧力がどんどん大きくなってきています。こうした社会の流れを踏まえると、Xの健康に与えるタバコの害を重視して、Xの健康状態の維持・向上を図るために、成年後見人Aはタバコの購入を拒否すべきであるという考え方も成り立ちそうです。

しかし、いくら愛煙家の肩身が狭くなってきているとはいっても、今のところ、わが国では成年者の喫煙自体は一般的には合法的な行為です。したがって、成年後見人個人の判断のみによって利用者の喫煙の自由が制限されることは、決して好ましいことではありません。たとえば、成年後見人自身が

最近禁煙を始めたからといって、それを利用者にも押し付けるというのは、自分に与えられた法的権限の濫用であるといって差し支えないでしょう。治療上の必要性に基づいて、医師から禁煙に対する具体的な強い指導が行われたような場合（この場合は、《ケース4‐8》と類似した状況になります）等を除けば、タバコのような合法的な嗜好品の利用に関するリスク管理は、利用者個人の自己決定の範囲にあるというべきだからです。

　一般の成年者と同様、成年後見制度の利用者にも、たとえ社会的にはマイナスの評価を受けがちな行為（愚行）であったとしても、それが合法行為として評価されるものである限りは、自らの自己決定に基づいて、あえてその愚行を選択する自由が保障されるべきです。人には、よいところや美しいところもあれば、醜いところや愚かなところもあります。ノーマライゼーションの視点を貫徹しようというのであれば、利用者に対する特別視はできる限り排除していき、高齢者や障がい者の心の中にも「愚」や「悪」という要素が当然に存在しているのだという事実を直視する必要があるのではないでしょうか。たとえば高齢者や障がい者が、「高齢者だから、障がい者だから」という理由だけで、公営ギャンブルや風俗産業（ことに性風俗産業）を楽しむことが許されないというのは、ノーマライゼーションの理念にはそぐわない発想だといえます。いわゆる「愚行権」や「愚行の自由」は、原則的には成年後見の利用者にも認められていくべきでしょう。

　成年後見人と利用者とのモラルや価値観といった面での対立が顕在化するケースは、たとえば特定の宗教団体や政治団体への寄附のように、より財産行為性の強い場面を含め、《ケース4‐10》のほかにもいろいろと考えられます。しかし、こうしたケースで忘れてならないことは、こうした場面での職務方針の決定が、成年後見人の個人的なモラルや価値観の押し付けとなってはならないということです。「本人の客観的福祉の保護」というフレーズを隠れ蓑として、実際には成年後見人の価値観が押し通される危険は決して小さくありませんから、成年後見人と利用者の価値観の対立が危惧されるよう

な場面では、特に、まずは本人意思尊重義務の角度から職務の方向性を検討してみるという姿勢が重要でしょう。成年後見人は決して風紀委員ではないのです。

(4) 尊重されるべき「意思」

　本人意思尊重義務の解釈にあたって、もう1つ留意すべきことがあります。それは、ここでの「意思」を狭く捉えてはいけないということです。たとえば、ここでの「意思」は、民法上のいわゆる意思能力の有無とは無関係に判断する必要があります。というのも、民法の要件上、成年被後見人は基本的には常時、意思能力を欠いている人（事理を弁識する能力を欠く常況にある者。民法7条）ということになりますので、ここでの「意思」を「意思能力がある人の意思」として考えてしまうと、成年被後見人の意思が尊重される可能性は非常に小さくなってしまいます。したがって、ここでの「意思」は、漠然とした希望や、ある対象に向けられた利用者の好悪の感情なども含めた、できる限り幅の広いものとして捉えておくことが重要でしょう。さらにいえば、本来、成年後見人には利用者のこうした広義の意思（＝意向）を了解したり、これを引き出したりするようなコミュニケーション・スキルをもつことが望ましいといえるでしょう。もちろん、すべての成年後見人にこうしたスキルを求めることは現実には困難ですから、こうしたスキルをもつ専門家や利用者の考え方や感情に精通している家族や知人、施設職員等を積極的に活用して、少しでも利用者の真意を把握しやすい体制を手配し、整えておくことが必要です。たとえば、法律家系の専門職後見人がこれまで面識のない自閉症の利用者といきなりスムーズなコミュニケーションをとるのは難しいことも多いと考えられます。こうした場合は、利用者をよく知る人を活用して本人意思の確認を行うことも必要でしょう。

　また、本人意思尊重義務の性格を考えれば、ここでの意思は必ずしも明示的な意思である必要はないと思われます。たとえば、《ケース4-4》のように利用者がたとえ植物状態であったとしても、直ちに本人の意思の探求をあ

きらめてしまってはいけません。この場合は、利用者の家族や友人たちなどから、利用者の人となりや、ものの考え方を聞き取るなどして、利用者の**推定的意思**（利用者に現時点でまだ十分な判断能力があれば、もっていたであろう意思）を判断していくことが求められるからです。本人意思尊重義務の原点は、たとえ判断能力が衰えたり、失われてしまっても、できる限り自分らしい生活（これまでどおりの自分流のライフスタイル）を続けられるようにするということにあるのです。

6 特約による民法858条の排除

　通説的な理解によれば、民法644条の善管注意義務は任意規定であり、特約によって、その免除や軽減ができると考えられています。また、同じく最近の学説の一般的な傾向として、委任が無償契約である場合や報酬が非常に低額である場合には、善管注意義務の軽減（「自己のためにするのと同一の注意義務」への軽減）や義務違反時の責任の軽減（損害賠償額の軽減）を認めるべきだとされています。

　しかし、成年後見人が負う身上配慮義務や本人意思尊重義務については、こうした通常の善管注意義務とは異なり、いずれを理由とする義務の免除や軽減も認めるべきではないでしょう。つまり、民法858条の適用を、特約や後見の無償性を理由として排除したり、同条の義務の程度を軽減することは許されないと考えるべきです。成年後見人は、家庭裁判所による公的な信認を受けて、その職務に就任しているわけですし、しかもその職務は、利用者の財産はもちろん、その生命や身体にまで影響を及ぼす重大な内容をもっています。したがって、たとえ後見報酬が無償や低額であっても、これを理由として成年後見人の義務を減免することは適切とはいえないからです。

　この点は、任意後見についても同様です。たとえ、任意後見契約の中で身上配慮義務や本人意思尊重義務の減免に関する特約をしたとしても、立法担当官も指摘しているように、この特約の効力は無効であると考えるべきでし

ょう（『解説』443頁）。つまり、身上配慮義務等を定める任意後見契約法6条は強行法規と理解するべきです。

なお、これと関連しますが、親族後見人の身上配慮義務や本人意思尊重義務、さらには善管注意義務が、利用者との家族関係を理由として当然に軽減されることはないと考えるべきでしょう。同じ家族による支援であっても、親権者が子どもの財産を管理する場合は注意義務の程度が「自己のためにするのと同一の注意」にまで明文によって軽減されていますが（民法827条）、こうした配慮は家庭裁判所の公式の手続を通じて選任された成年後見人には基本的には不要と考えるべきです（ただし、善管注意義務違反の判断基準を、「（合理的な）親族後見人」と「（合理的な）専門職後見人」等に区分することは差し支えないでしょう）。

この点と関連して、最高裁判所が、成年後見人による横領事件の刑事責任について、親族後見人と第三者後見人を区分しない姿勢を示していることも重要です（最高裁平成24年10月9日判決・刑集66巻10号981頁）。具体的には、「家庭裁判所から選任された成年後見人の後見の事務は公的性格を有するもの」であるとして、①**親族相盗例**（たとえば、窃盗が配偶者や同居の親族の間で行われた場合などには刑を免除するというように、親族間の犯罪に関する特例を定めた刑法上の規定。刑法244条）の適用による刑の免除の可能性を否定しただけでなく、②成年被後見人との親族関係の存在を量刑判断上の酌量事由として考慮すること（いわゆる情状酌量）も相当ではないと否定しているのです。

第5章　身上監護に関連する職務範囲

1　本章の構成

　前章に引き続いて、本章では身上監護の問題を取り上げていきます。考察の対象は前章と同じく民法858条です。前章ではこの条文の法的性質や条文が示す基本理念といった、やや抽象的な議論が中心でしたが、本章ではより実践的に、民法858条に基づいて成年後見人が行うべき具体的な職務範囲について考えていきます。

　もちろんこの範囲についても、学説上、いろいろな争いがあるわけですが、後見実務という点からは、いわば法律に対する公式見解ともいえる立法担当官の見解が最も重視されることになると思いますので、まずはこれを紹介します(2・3)。次に、この立法担当官の見解をベースとして、成年後見人の職務範囲とすることにあまり異論のない身上監護事務についてまとめていきます(4)。その後、今度は、立法担当官の見解からは職務範囲外となるものの実務上のニーズなどから、その職務範囲性が争われている事項について、私見も交えながら検討します(5)。そして最後に、今後の立法論を見据えて、身上監護概念の再構成の方向性について簡単に触れておきたいと思います(6)。

2　立法過程での議論

(1)　成年後見問題研究会における議論

　第4章でも触れたように、現行成年後見制度導入に向けた改正の端緒となる成年後見問題研究会（以下、「研究会」といいます）では、身上監護の検討に対して、まずは従来身上監護に関連して論じられてきた事項について、個別的に検討していくという各論的アプローチがとられました。これは、改正

の方向性の1つとして利用者の身上監護面の重視が打ち出されていた一方で、肝心の身上監護の内容については明確なイメージが確立できていなかったためです。

研究会の報告書によれば、議論の対象として取り上げられた身上監護に関する項目は、7つの大項目にくくられた60項目あまりに上っていました。研究会では、この60あまりの各項目について、ⓐ**財産管理との関係**（「財産管理を伴う事項」、「財産管理と関連するがそれが本質的要素ではない事項」、「財産管理と関連しない事項」の3種）」と、ⓑ「**被保護者の身体に対する強制を伴うか否か**」という2つの指標に基づいて整理を行ったうえで、成年後見人の職務としての適否が個別的に検討されました。成年後見人が行うべき身上監護事務の範囲を具体的に確定しようとしたわけです。

こうした検討の末に、成年後見人の職務にふさわしい身上監護事務は、①**健康診断等の受診、治療・入院等に関する契約の締結、費用の支払い**等、②**本人の住居の確保に関する契約の締結、費用の支払い**等、③**老人ホーム等の入退所に関する契約の締結、費用の支払い等およびそこでの処遇の監視・異議申立て**等、④**介護を依頼する行為および介護・生活維持に関連して必要な契約の締結、費用の支払い**等、⑤**教育・リハビリに関する契約の締結・費用の支払い**等であると結論づけています。

他方において、**事実行為としての介護義務、医療同意権、居所指定権**、その他**成年被後見人の身体に対する強制**（健康診断の受診強制、入院強制、介護の強制、教育・リハビリの強制等）を伴う事項に対する決定権限については、成年後見人の職務対象外とすることが研究会のほぼ一致した意見であったとされています。また、**延命治療およびその中止、臓器移植、不妊手術の実施**についても、一般的な医療同意権と同様に、成年後見の場面についてのみ決定権・同意権についての規定をおくことは困難であると結論されています。

ここで重要なことは、研究会が設定した具体的な身上監護職務の枠組み、特に職務の限界点（成年後見人の職務範囲外とされた事務）については、その

後の立法過程を通じ、現行法に至るまで終始一貫して守られていったという点です。第4章でみたように、身上監護に関する一般規定である現行民法858条の法的性質やその規定ぶりといった、いわば身上監護の総論部分については、その後の立法過程の中で多少のブレ（あるいは混乱）がみてとれるのですが、身上監護の各論というべき、この具体的職務範囲についてはこうしたブレはありません。政策立案の中で総論賛成、各論反対というのはありふれた話ですが、こと成年後見人の身上監護職務については、これとは真逆の総論反対、各論賛成といえる現象があったわけです。

　第7章で詳しく触れますが、最近、特に医療同意権をめぐって、成年後見人の権限・義務を認めるべきだという議論が広がっています。私自身も古くからこの方向に与しているのですが、特に今後の立法論に向けて、議論の精度をより高めていくためにも、医療同意権単独の問題として考えていくのではなく、研究会が成年後見人の職務外として慎重により分けた他の事項を視野に収めて、その共通点・相違点を明確にしながら、体系的な対案を提案していくことが必要ではないかと感じています。その意味で、研究会における議論の内容をあらためて正確に振り返ってみることは必須の作業といえるでしょう。

(2)　「成年後見制度の改正に関する要綱試案及び補足説明」

　法務省立案による「成年後見制度の改正に関する要綱試案及び補足説明」では、まず、新設する身上監護に関する一般規定（現行民法858条）の適用対象を「本人の身体に対する強制を伴わず、かつ、契約等の法律行為（事実行為は含まれない）に関する事項である限り、一身専属的な事項を除き、身上監護に関連するあらゆる事項」とするという基本方針が示されました（「補足説明」41頁）。そして、この方針の具体化として、研究会が提示した、①医療に関する事項、②住居の確保に関する事項、③施設の入退所、処遇の監視・異議申立て等に関する事項、④介護・生活維持に関する事項、⑤教育・リハビリに関する事項の各項目に関する**契約の締結**（医療契約、住居に関す

る契約、施設入所契約、介護契約、教育・リハビリに関する契約等）、**相手方の履行の監視**（施設内の処遇の監視等）、**費用の支払い**（介護・生活維持のための社会保障給付の利用を含む）、**契約の解除**（住居の賃貸借契約の解除、施設の退所等）は、すべて新規定の適用対象となり、成年後見人の職務範囲に含まれると説明しています。さらに、こうした法律行為に関連する**異議申立て等の公法上の行為**や、**アドヴォカシー**（本人の身上面に関する利益の主張を補助し、または本人の身上面に関する利益を代弁すること）等についても、一定の合理的な範囲内（契約等の法律行為に関する権限の行使に伴う注意義務の範囲内）で成年後見人の職務になる場合があることを認めています。

逆に成年後見人の職務範囲に含まれないものとしては、まず権限の視点から、**身体に対する強制を伴う事項**（健康診断の受診の強制・入院の強制、施設への入所の強制、介護の強制、教育・リハビリの強制等）と、**一身専属的な事項**（臓器移植の同意等）が対象外であると指摘されています。さらに義務の視点から、**現実の介護行為**（事実行為としての介護労働義務）は含まれないと明言しています。

3 立法担当官による現行法の解説

(1) 成年後見人の職務範囲の対象

　成年後見人の身上監護に関する職務範囲を現行法の解釈の問題として考えた場合、その内容は民法858条の適用範囲によって決まるということになります。そして、立法担当官はこの適用範囲について、先ほどの補足説明の内容をそのまま踏襲していますので、立法担当官が提示する身上監護職務の範囲は補足説明と基本的に同一になっています（〔図表5‐1〕参照）。

　細かくいえば、第4章で触れたように、要綱試案の時点では現行民法858条とあわせて、旧民法858条1項の内容を維持することになっていたので、旧民法858条1項の効果として、成年後見人に対して**現実の看護義務（事実行為としての看護労働義務）**が課される可能性が残っていました。これに対し

〔図表5-1〕 立法担当者による身上監護に関する職務範囲の整理

■成年後見人の職務範囲となる事務［民法858条の適用対象］
① 医療に関する事項
　・契約の締結
　・相手方の履行の監視
　・費用の支払い
　・契約の解除
② 住居の確保に関する事項
　・契約の締結
　・相手方の履行の監視
　・費用の支払い
　・契約の解除
③ 施設の入退所、処遇の監視・異議申立て等に関する事項
　・契約の締結
　・相手方の履行の監視
　・費用の支払い
　・契約の解除
④ 介護・生活維持に関する事項
　・契約の締結
　・相手方の履行の監視
　・費用の支払い
　・契約の解除
⑤ 教育・リハビリに関する事項
　・契約の締結
　・相手方の履行の監視
　・費用の支払い
　・契約の解除
⑥ 異議申立て等の公法上の行為
　→ただし、上記①～⑤の事項についての法律行為に関連する行為に限られる。
⑦ アドヴォカシー
　→ただし、契約等の法律行為に関する権限の行使に伴う注意義務の範囲内（民法858条の解釈として合理的な範囲内）に限られる。

■成年後見人の職務範囲には含まれない事務
(1) 権限の及ばない行為
　① 身体の強制を伴う事項
　　手術・入院・健康診断の受診等の医療行為の強制、施設への入所の強制等
　② 一身専属的な事項
　　臓器移植の同意等
(2) 義務の及ばない行為
　③ 現実の介護行為

て現行法は、この現実の看護義務を排除する意図で、旧民法858条を完全に削除したうえで、現行民法858条に置き換えるという方法を選択したため、この限りで成年後見人の職務範囲（義務の範囲）が狭く変更されたといえます。しかし、現実の看護義務の排除は旧民法858条1項の廃止の効果ですから、立法担当官の考える現行民法858条の適用範囲自体が、要綱試案から現行法に至る過程で変更されたというわけではありません。

(2) 立法担当官の視点の整理

いうまでもなく後見実務では、〔図表5-1〕にまとめた立法担当官の見解をベースとして活動すべきことになります。もっとも、これは例示ですから、実務上、実際に対応を迫られる具体的な行為が、成年後見人の職務として立法担当官の視点からも正当化できるかどうか、判断に迷う場面も少なくないでしょう。そこで、立法担当官が民法858条の適用範囲の基準としていた視点について、簡単に整理しておきましょう。

立法担当官が示す職務範囲のメルクマールは、①「利用者の身体に対する強制を伴う事項であるか？」、②「一身専属的な事項であるか？」、③「法律行為か事実行為か？」という3点です。①と②の基準は成年後見人の権限の範囲を、③の基準は義務の範囲を限定するために、それぞれ使われています。この3つの視点は、成年後見人の職務範囲の確定基準として一定の合理性があるようにみえるのですが、しかし、同時にいくつかの疑問を生むものだといえます。

まず、③の基準について明確にしておかなければならないことは、立法担当官は主としてこの基準を「**現実の介護労働（事実行為としての介護労働義務）**」を成年後見人の職務から免除するために利用したということです。したがって、立法担当官自身が明言しているように、すべての事実行為を成年後見人の職務範囲から排除しようとしたわけではなく、たとえ事実行為であっても「**法律行為に当然附随する事実行為**」については成年後見人の職務範囲に含まれることになります（当然ながら、この法律行為は身上監護事務に関

連するものである場合もあれば、財産管理事務に関連するものである場合もあります（『解説』267頁）。たとえば、利用者の施設入所にあたって、適切な施設を探すために複数の施設のパンフレットを施設から取り寄せたり、利用者が見る大型テレビの買替えにあたって、複数のメーカーのカタログを家電量販店からもらってきたとしましょう。このパンフレットやカタログの収集行為それ自体を取り出して、あえて法的に分析すれば事実行為ということになりますが、こうした活動は施設入所契約や大型テレビの売買契約といった法律行為の事務処理の一環として行われているわけですから、立法担当官の見解からも成年後見人の職務範囲に含めることは十分に可能ということになります。いずれにしても、立法担当官が想定する成年後見人の職務の中核が契約等の法律行為であることは間違いないのですが、その一方で、ある行為が事実行為であるという理由だけで当然に職務範囲外と判断されるわけでもないということには十分に留意しておく必要があります。

次に、①と②の区分についても疑問が残ります。立法担当官によれば、たとえば手術の強制のような利用者の身体に対する強制を伴う事項（基準①）が成年後見人の権限に含まれない理由は、成年後見人の権限が法律行為に関するものに限られるから（基準③の援用）だという説明をしています（『解説』261頁）。そして、このうえで、たとえ法律行為であっても、一身専属的な事項（基準②）は権限の範囲外になると結論しています。しかし、私はこの分析について2つの疑問があります。

まず1つは、利用者の身体に対する強制を排除する理由づけとして、その行為の事実行為性（基準③）を援用していますが、これはいささか的外れな印象があります。たしかに、たとえば手術それ自体は事実行為ですが、これは通常、それに先立つ診療契約等の履行行為の1つとして契約の相手方によって実行される行為です。しかし、契約相手の履行行為が事実行為としての性質をもっているかどうかは、成年後見人側の権限を制約する基準としては無意味です。たとえば利用者の家の修繕に関する建築請負契約を成年後見人

が工務店と結んだとします。契約相手の工務店が行う家の修繕はいうまでもなく事実行為ですが、この請負契約の締結が成年後見人の権限内であることは疑う余地がありません。仮に事実行為性の基準（基準③）を使うのであれば、それは「一定の事実行為に対する作為義務（たとえば現実の介護労働義務や看護労働義務）を成年後見人の義務に含めるべきか？」という場面になるはずです。これを強いて手術のケースに当てはめるならば、たとえば成年後見人が医師であって、成年後見人自らが利用者の手術を執刀するという場面ということになるでしょうが、これが一般的な想定でないことはいうまでもないでしょう。

　逆に、手術の受忍という利用者側の事実行為の面から観察しても、今度は別の疑問が生じてきます。民法824条ただし書を準用する民法859条2項は、たとえば雇用契約のように利用者の事実行為を目的とする債務、つまり利用者の身体的自由を束縛する内容をもつ債務については、成年後見人の法定代理権行使にあたって、利用者本人の同意を得なければならないと規定しています。しかし、これは法定代理権それ自体を制限する規定ですから、このケースで本人の同意がない場合や本人が意思能力を欠くために有効な同意が得られない場合には無権代理となり、そもそも契約の効果が本人に帰属しないということになります。これを診療契約に当てはめると、そもそも利用者に同意能力がない場合には、成年後見人が締結した診療契約の効果それ自体が成年被後見人は帰属しないということです。しかし、この状況は法定代理権の行使による診療契約の有効な締結可能性自体は成年後見類型も含めて肯定する立法担当官の見解と矛盾することになりますし、実際、この問題をめぐる立法担当官の説明の中で民法859条2項について触れられたことは全くありません（居所指定権についても同様です）。

　このように、利用者の身体に対する強制が成年後見人の職務権限との関係で議論されなければならない理由は、行為の法的性質が単に事実行為であるから（あるいは法律行為ではないから）ということではないはずです。むしろ、

その理由は、「利用者の身体に関する意思決定は原則的には利用者本人にしか許されないはずの身体の自由（身体の処分（身体的な完全性）や処遇）に対する意思決定であるからだ」という点に求められるべきでしょう。そして、この点は２つめの疑問に結び付きます。つまり、基準①と②の区分の妥当性に関する疑問です。立法担当官は基準②の対象となる行為について、臓器移植への同意のほか、不妊手術、延命治療およびその中止、尊厳死等を想定していると思われます。これらは、たしかに、基準①の対象とされる通常の医療同意権の場面と比べると、利用者の身体に対する侵襲性がより強く、しかも不可逆性の大きい行為（一度実行してしまったら元に戻すことが難しいため、仮に利用者の能力が回復して、その能力制限が撤廃されたとしても、利用者の回復希望に対する自己決定が事実上制約されてしまう行為（須永醇「成年後見制度の解釈運用と立法的課題」成年後見法研究２号６頁〜12頁（2005年）））ですから、①と②を区分すること自体には一定の合理性が認められるかもしれません（もっとも、②の行為がその一身専属性のゆえに、絶対に第三者の代行決定の対象にはできないとまではいえないように思いますが）。いずれにせよ両者を分ける視点は、立法担当官が示唆する①が事実行為なのに対して②が法律行為だから、ということではないはずです。どちらのケースでも一番重要なことは、「利用者の身体に関する処分や処遇について強制力をもつ意思決定を、他者である成年後見人が行うことは許されるか？」という問いなのではないでしょうか。少なくとも、成年後見人の職務権限の範囲を考えるうえでは、成年後見人の行為の法的性質が、法律行為・準法律行為・事実行為のいずれに分類されるかということは決定的な要素にならないと思われます。

　こうしてみると、成年後見人の権限と義務の範囲を検討していくうえでは、立法担当官が示唆する３つの細分化されたメルクマールを使うよりも、むしろ研究会が当初から設定していた「利用者の身体に対する強制を伴うか否か？」という１つの基準を軸に据えていくほうが適切でしょう。少なくとも、対象行為の事実行為性の有無という視点（基準③）に引きずられてしまうこ

とは、後見実務的にも逆効果となるように思われます。

4　成年後見人の職務となる身上監護事務

(1)　職務の具体的な内容

　現実の後見実務を想定した場合、まず成年後見人の職務として問題のない身上監護事務は、いうまでもなく、先ほど触れた立法担当官が認めている事項ということになります。つまり、〔図表5−1〕にあげた7項目（医療、住居の確保、施設の入退所、介護・生活維持、教育・リハビリの各事項に関する契約の締結・相手方の履行の監視・費用の支払い・契約の解除、（これら5項目に対する法律行為に関する）異議申立て等の公法上の行為、アドヴォカシー）です。以下では、これら7項目を中心として、立法担当官の見解からみても、解釈論上、成年後見人の職務範囲として特に問題なく認められると思われる14項目の事務を取り上げ、それぞれの内容を具体的にみていくことにしましょう。なお、以下で説明する職務のすべてについて、成年後見人自らが事務を遂行（自己執行）しなければならないというわけではないことに留意してください。ここであげる事務はすべて成年後見人の責任で行われる必要はありますが、その実際の業務の遂行を第三者に委託することも認められるからです（法律上は、復代理人、履行補助者、履行代行者等の概念で説明されることになるでしょう）。

　①**医療に関する事項**については、医療同意権の問題を含めて、関連する事務の中から成年後見人が「できること」と「できないこと」を分けるうえで難しい問題が山積みですので、後ほど詳しく説明することにします（本章5(2)参照）。

　②**住居の確保に関する事項**については、次の③との関係で基本的には利用者が在宅のケースが対象となります。まず、利用者の居宅が借家・借地の場合、家賃・地代の支払いや借家契約の更新時の対応（更新料の確認や支払い等）といった借家権の維持が重要な役割となります。また、新たに利用者の

ために借家契約を結ぶ場合（転居や、病院・施設等からの退所ケース等）には、借家を内見したり、宅地建物取引業者からの重要事項説明を受けるなど、通常の借家契約時になされる種々の事務を行うことが必要となります。転居の場合には、引越業者との契約（運送契約）も必要でしょう。持ち家の場合は、⑧とも関係しますが固定資産税の支払いが考えられます。借家・持ち家の両者に共通する事務としては、家の修繕に関する事務（建築業者との請負契約締結等）があります。在宅生活の継続を図るために行うバリアフリー住宅への改築はこの典型例です。また、この場合は必要に応じて工事への立会いが要求されることもあり得るでしょう。合い鍵の保管を含めた家の鍵の管理も利用者の能力によっては必要になります。これについては、家主や不動産管理会社との連携も問題になるでしょう。この職務と関連して、利用者の居住用不動産の処分が必要となる場合がありますが、この点については第6章を参照してください。

　③**施設の入退所、処遇の監視・異議申立て等に関する事項**については、施設入所契約の締結・解除と入所中の利用者の見守り、不当な処遇に対する異議の申立て（⑧とも関連します）が中心となります。新たに入所契約を締結する際には、借家契約の場合と同じように、候補となる施設の見学や体験入所の手配などを行うことも必要です。また、入所中は見守りが最も重要な職務となりますので、定期的な施設への訪問と利用者との面会が要求されます。必要があれば、施設の苦情受付担当者や苦情解決責任者に直接、要求を伝えるほか、都道府県社会福祉協議会の運営適正化委員会や国民健康保険団体連合会等に対する公的な苦情申立手続を行うべきことになります。このほか、利用者の一時入所や短期入院に伴う留守宅の管理もここに含めて考えてよいでしょう。状況によっては、草刈りなども含む庭の手入れを業者に依頼する必要も出てくるかもしれません。居所指定権と施設による身体拘束については5であらためて触れますが、いずれも立法担当官の見解からは成年後見人の直接的な権限には含まれないことになります。

④**介護・生活維持に関する事項**は、介護保険の適切な利用を中心とした介護関連職務と、利用者の日常生活の支援を行う日常生活のケアに関連する職務の2つから構成されます。後者の職務の必需性（基本職務性）と重要性を考えると、本来は項目を分けたほうがよいと思うのですが、ここでは立法担当官の説明と平仄を合わせるため、まとめて1項目にしておきます。

　まず前者については、介護保険法に基づく介護サービスと障害者総合支援法に基づく障がい福祉サービスなどに関連した事務が中核となります。たとえば、介護サービス契約の締結やサービス利用料の支払いを中心として、要介護認定の申請およびその変更申請、ケアプラン作成への関与、ケアカンファレンスへの参加等の職務が必要に応じて行われるべきでしょう。また、履行の監視や異議申立てに関連する業務として、介護保険審査会への審査請求、国民健康保険団体連合会への苦情申立て（⑧とも関連します）などが要求される場面もあるでしょう。

　後者については、電気・ガス・水道といった公益事業サービスに関する契約、利用者の日常生活用品の手配（衣料品、食料品、雑貨等の売買契約等）のほか、財産管理の色彩も強い行為ですが、利用者の日常生活費に関する預金通帳やキャッシュカードの管理、日常生活費に関する現金の管理やその受け渡し、郵便物の管理等、数多くの職務が関係してきます（ただし、郵便物の管理については本章5(5)も参照してください）。また、やや異質な性格をもちますが、利用者のペットの処遇に対する手配（実際の世話をしてくれる人や、場合によってはもらい手を探す等）も問題となります。ペットはもちろん、たとえば昔のアルバムやトロフィー等の記念品、私信といった、利用者が特に個人的な愛着を感じていると思われるモノの管理については、管理行為の性質は財産管理であるとしても、利用者の身上監護の視点からの対応が必要です。要するに、単純な経済的利害判断だけでその処遇を決めるべきではないということです。

　なお、ここにあげた行為の大半は民法9条ただし書の日常生活に関する行

為に当たるため、たとえ成年被後見人であっても単独で有効に契約を結ぶことができますので、成年後見人の取消権が及ばないことにも留意しておく必要があります（民法9条ただし書（成年後見）・13条1項ただし書（保佐）・17条1項ただし書（補助））。ちなみに、立法担当官はこうした日常生活に関する行為の具体例として、「日用品の購入（食料品・衣料品等の購入）のほか、電気・ガス・水道等の供給契約の締結、それらの利用に係る対価（料金等）の支払、それらの経費の支払に必要な範囲の預貯金等の引出し」をあげています（『解説』82頁。もっとも、実際の銀行実務では、成年後見人名義への取引口座の一本化が強制されるなど、いわゆる「事実上の転用問題」（第11章2(6)(D)参照）の結果、日常生活に関する行為の範囲内といえども、成年被後見人等が自由に預貯金を引き出せない状況があります）。

　ここに関連する職務の多くについては、成年後見人が日常生活自立支援事業（改称前の地域福祉権利擁護事業：認知症高齢者、知的障がい者、精神障がい者等のうち判断能力が不十分な人が地域において自立した生活を送ることができるように、利用者との契約に基づいて、福祉サービスの利用援助等を都道府県・指定都市社会福祉協議会が行う事業）に関する契約を利用者の法定代理人として結び、この事業が提供している日常的金銭管理サービス（公共料金の支払い、年金や福祉手当ての受取手続、預金の払戻し、預金の解約、預金の預入れの手続等、利用者の日常生活費の管理が対象）や、書類等の預りサービス（年金証書、通帳、実印・銀行印等の重要書類の保管が対象）等を利用して、対応することもできると考えられます（第4章で触れた成年後見人等による合理的範囲内の復任（業務再委託）の一例といえるでしょう）。

　⑤**教育・リハビリに関する事項**については、大学や各種専門学校との入学契約、利用者のリハビリテーションに関する契約（これは診療契約の一部であるケースもあるでしょう）に関する事務が中心となります。ただし、立法担当官の見解からすれば、医療や入所の強制と同様、リハビリの強制もできないことになります。また、教育についても、その特性を考えれば、利用者自

身が積極的に望んでいる場合に、その手配を行っていくという姿勢を基本にすべきかと思われます。もちろん、この前提として、リハビリや教育を受けることのメリットについて、利用者に適切な情報提供を行うなどして、実質的な機会保障に努めることが望ましいでしょう。

　立法担当官が明示していない領域ですが、利用者の積極的な社会参加の推進という観点から、⑥就労に関する事項、⑦余暇活動等に関する事項についても、①から⑤に関するのと同様の職務が認められてよいでしょう（名川勝ほか「実例からみた身上監護の枠組みと運用」実践成年後見23号33頁（2007年））。

　たとえば、**⑥就労に関する事項**についていえば、利用者の雇用契約・労働契約に関する支援や雇用主・使用者らによる利用者の処遇に対する監視などが職務の基本となります。労働基準法9条の適用の有無を考慮する必要はないので、授産施設や小規模福祉作業所での作業に関する支援も全体として、この職務に含まれると理解してよいでしょう。ただし、利用者の就労に関する契約は成年被後見人の行為を目的とする債務負担行為（民法824条ただし書・859条2項）に当たりますので、こうした契約を結ぶ場合には利用者の同意が必要になるという点に留意する必要があります。

　⑦余暇活動等に関する事項も、基本的には就労に準じて考えればよいでしょう。たとえば、スポーツクラブやレンタルショップ等の会員契約、カルチャー・スクール等の受講契約の締結・解除が考えられます。町内会の活動、地域や施設内における趣味のサークル活動、クラブ活動等への参加は、契約関係とはいえない場合が多いと思いますが、利用者が希望する場合、こうした活動への参加を支援することは望ましいことだと思います。利用者と成年後見人との交流は、一歩間違えると共依存的な閉じた関係に陥りかねないところがあります。しかし、成年後見人の役割は、むしろ利用者のために社会に向けた扉となって、利用者の社会関係を豊かにしていくことにあるはずです。また、利用者の社会関係が広がり、支援の輪が広がっていくことは、利用者を1人で抱え込んでしまうことに起因する成年後見人の過剰な心理的・

身体的な負担を軽減することにもなるでしょう。友人・知人等と利用者との交流に関する支援や手配（たとえば、年賀状や暑中見舞いの手配等）なども含めて、成年後見人が職務として、どこまで、どのような方法でかかわらなければならないかという点については意見が分かれるとは思いますが、たとえば、コミュニティフレンド活動のようなしくみとうまく連携するなど、利用者の生活圏を広げていく試みは好ましいことであると考えます（コミュニティフレンド活動の意義や実践例については、佐藤彰一『その人らしく生きる──成年後見、自己決定からコミュニティフレンドまで──』102頁以下（Sプランニング、2009年）参照）。

　なお、利用者の社会参加を保障するという観点からは、社交上または儀礼上等の贈与契約も認められる余地があります。現実問題としては、こうした贈与が利用者の人間関係のかすがいとなっていることが少なくないからです。たとえば冠婚葬祭時の祝い金や香典、孫へのお年玉、ユニセフや歳末助け合いへの寄附などが考えられます。ただし、利用者が贈与を受ける側である場合（受贈者になる場合）は負担付き贈与でない限り問題は生じませんが、贈与する側である場合（贈与者になる場合）は、その額や内容が本人のライフスタイルや資産状況からみて、一定の合理的な範囲内にとどまっていることが必要でしょう。また、後者の場合、その贈与が本人意思尊重義務からの強い要請によるものであること、つまり、その贈与について推定的意思も含めた本人の強い意向がうかがわれるもの（たとえば、利用者にとって長年の習慣になっていること等）であることが条件になると思います。実務的には、家庭裁判所とも事前に協議しておくことが望ましいでしょう。

　このほか、たとえばエステの利用やスポーツ観戦、温泉旅行といった、利用者の生活を豊かにするような趣味的行為の手配についても、利用者の心身の状態や資産状況などが許す限り、前向きに考慮していくことが好ましいと考えます。

　以上にあげた職務は、相対的にみて利用者の身上監護の色彩が強いもので

すが、身上監護と財産管理に共通する、より一般的な性格の職務も多数あります。立法担当官があげた中では、異議申立て等の公法上の行為とアドヴォカシーがそうです。

　⑧異議申立て等の公法上の行為には、施設入所や介護関連で触れた各種の公的な異議申立制度の利用のほか、住民登録手続、障害基礎年金や障害厚生年金等の各種年金・福祉手当の受給に関する手続、療育手帳、精神障害者保健福祉手帳等の各種手帳制度の利用手続、生活保護に関する手続、各種の税務申告手続に関する代理や代行が考えられます。厳密にいえば、民法が成年後見人等に与えている法定代理権（民法859条1項）は、あくまでも「財産に関する法律行為」に対する私法上の代理権であるはずなので、こうした公法上の行為に関する代理あるいは代行権限が当然に認められるかについては、議論の余地があると思うのですが、立法担当官は少なくとも私法上の法律行為に関連する公法上の行為は成年後見人等の法定代理権の対象になると考えているようです（『解説』321頁は、保佐人に関して、私法上の法律行為に関連する「登記・供託の申請、要介護認定の申請等の公法上の行為も、代理権付与の対象となり得る」と明言しています）。また、わが国の社会福祉制度が原則的に**申請主義**に基づいて制度設計されているために、実務上、成年後見人等就任当初の職務の多くは、こうした公法上の申請手続であるという実情もあります。

　⑨アドヴォカシーについては、その内容を一義的に確定することは難しいのですが、立法担当官が明示していますので、ここでもあげておきましょう。ただ、個人的には、アドヴォカシーは成年後見人の職務の独立した一部分というよりも、財産管理と身上監護を含む成年後見人の利用者に対する権利擁護活動の全体が、すなわちアドヴォカシーといえるのではないかと感じています。

　このほかにも、身上配慮義務から生じる**⑩一般的見守り活動**や、本人意思尊重義務から生じる**⑪本人の意向の確認行為**、**⑫具体的な職務遂行前の情報収集**（たとえば、契約締結前の情報収集や業者（契約相手方）の選定行為）、⑬

利用者の家族や行政の担当者等を含む関係当事者間の連絡調整作業**などは、対象となる行為の性質が財産管理性が強いか、身上監護性が強いかにかかわらず、成年後見人の職務遂行にあたって、一般的に求められる要素であるといえるでしょう（名川ほか・前掲論文33頁も参照）。

また、これまでに触れた職務の遂行に関連する、⑭**訴訟行為**も成年後見人の職務範囲として認められています。

(2) 実務上の留意点

―《ケース5-1》――

　成年被後見人Ｘが体調を崩したため、検査入院を行ったところ、良性だが手術が望ましい腫瘍がみつかったため、しばらくの間、入院を継続することになった。Ｘは入院や手術については同意しているが、自宅に残しているペットの猫の様子を非常に気にかけている。Ｘについては、弁護士Ａと社会福祉士Ｂの２名が成年後見人として選任され、Ａが財産管理事務を、Ｂが身上監護事務をそれぞれ担当している。

(A) 身上監護事務と財産管理事務の一体性

ここまで、立法担当官の見解をベースとして、利用者の身上監護に関連する成年後見人の職務として、あまり異論が生じないと思われる行為を整理してきました。しかし、後見実務の観点からは、「財産管理行為と身上監護行為」や「法律行為と事実行為」といった法学上の概念分類には、あまり拘泥する必要はありません。その意味で、〔図表5-2〕に整理した身上監護事務は、あくまで読者の思考の整理のための便宜的なものにすぎません。こうした区分に実務上でこだわりすぎることは、むしろ逆に有害になるおそれもあることに留意してください。たとえば、複数後見の《ケース5-1》で、各自の権限についてあまりに神経質に線引きすることは現実的ではありませんし、支援者同士が権限の分掌でもめるような事態になれば、最も被害を被るのは利用者であるということを忘れてはならないでしょう。

〔図表5－2〕 成年後見人の職務となる身上監護事務（基本ポイント）

(1) 身上監護の色彩が強い職務
  ① **医療に関する事項**　＊詳細は〔図表5－4〕参照
  ・契約の締結と解除
    →診療契約、入院契約の締結と解除、健康診断の受診手配等。
  ・相手方の履行の監視
    →担当医等から十分な説明を受けることなど、インフォームド・コンセントのインフォーム部分に関する対応等。
  ・費用の支払い
  ・医療保護入院時の同意への関与（成年後見人・保佐人のみ）
  ② **住居の確保に関する事項**
  ・契約の締結と解除
    →借家契約、借地契約、家屋の修繕請負契約等の締結と解除、借家契約締結時の内見等。
  ・相手方の履行の監視
    →修繕請負契約に基づく工事への立会い等。
  ・費用の支払い
    →家賃、地代の支払い、固定資産税の支払い等。
  ・居宅の鍵の管理
  ③ **施設の入退所、処遇の監視・異議申立て等に関する事項**
  ・契約の締結と解除
    →入所契約の締結と解除等。
  ・相手方の履行の監視
    →都道府県社会福祉協議会の運営適正化委員会や国民健康保険団体連合会等に対する公的な苦情申立て等。
  ・費用の支払い
    →施設利用料の支払い等。
  ・留守宅の管理
  ④ **介護・生活維持に関する事項**
  ・契約の締結と解除
    →介護保険サービス契約の締結と解除、要介護認定の申請とその変更申請、ケアプランの作成やケアカンファレンスへの参加等。
    →電気・ガス・水道等の供給契約、日常生活用品の売買契約等の締結と解除等。
  ・相手方の履行の監視
    →介護保険審査会への審査請求、国民健康保険団体連合会への苦情申立

　　　　て等。
　　・費用の支払い
　　・財産管理権に基づく管理行為
　　　→日常生活費に関する預金通帳・キャッシュカードの管理、日常生活費に関する現金の管理やその受け渡し等。
　　・ペットの処遇に対する手配
　⑤　**教育・リハビリに関する事項**
　　・契約の締結と解除
　　　→入学契約の締結と解除等。
　　・相手方の履行の監視
　　・費用の支払い
　　　→授業料、施設費等の支払い。
　⑥　**就労に関する事項**
　　・契約の締結と解除
　　　→雇用契約、労働契約の締結と解除等。
　　・相手方の履行の監視
　　・費用の支払い
　⑦　**余暇活動に関する事項**
　　・契約の締結と解除
　　　→関連する契約（スポーツクラブの会員契約等）の締結と解除等。
　　・相手方の履行の監視
　　・費用の支払い
　　　→会員料、参加費等の支払い。

(2)　**より一般的な（財産管理との共通性が強い）職務**
　⑧　**異議申立て等の公法上の行為**
　　→各種の公的な異議申立て、住民登録、各種年金・手当の給付、各種手帳制度、生活保護、税務申告等の手続に関する代理や代行等。
　⑨　**アドヴォカシー**
　⑩　**一般的見守り活動**
　⑪　**本人の意向の確認行為**
　⑫　**具体的な職務遂行前の情報収集**
　⑬　**利用者の家族を含む関係当事者間の連絡調整作業**
　⑭　**訴訟行為**

4 成年後見人の職務となる身上監護事務

　今の社会では、福祉サービスの利用を含めて、商品やサービスの大半が有償です。つまり、①身上監護事務には、必然的に財産管理事務が伴うことになります。《ケース5-1》でいえば、入院契約の締結や入院費の支払いは、立法担当官の分類でも身上監護事務の典型に当たりますが、これは同時に、対価の支払いを生じる有償契約の締結であり、財産の支出でもあるわけですから、当然に財産管理事務としての性質も併有しているといえます。また、身上配慮義務の要請として、②財産管理は身上監護を主目的として行うべきことになります。結局、成年後見人の現実の職務を考えた場合、ほとんどの事務は多かれ少なかれ身上監護と財産管理双方の性質を帯びているといえます。通常、両者の区分は濃淡の問題、つまり、相対的にみて、どちらの性質が強いかというレベルの話にすぎないといっても過言ではないでしょう。特に、立法担当官のように民法858条を善管注意義務具体化説（第4章）から捉えた場合、もともとのスタンスが成年後見人のもつ財産管理権限を身上監護目的のために使用させるしくみが成年後見だということになるわけですから、両者の一体性は理論的な帰結でもあるといえるのです（〔図表5-3〕参照）。

　こうした点を踏まえるならば、たとえば弁護士Aと社会福祉士Bが複数後見人として選任された場合でも、審判の段階で財産管理と身上監護というように形式的に事務分掌をしてしまうのではなく、『身上監護に関連する一定の金額以下の支出についてはBの判断に任せたうえで、一定期間ごとにAがその経理監査をする」といった具体的な事務分掌方法を両者の話合いで決めるというスタイルも実務的には有効でしょう（田山輝明『成年後見読本』160頁〜161頁（三省堂、2007年））。

〔図表5-3〕　身上監護事務と財産管理事務の一体性

①身上監護は財産管理を伴う
＋
②財産管理は身上監護を主目的とする
↓
財産管理と身上監護との一体性（密接不可分性）

(B) 法律行為と事実行為の混在

　法律行為と事実行為の区分についても、同じようなことが指摘できます。すでに触れたように、立法担当官が事実行為の問題として強調していたのは、もともと現実の介護（事実行為としての介護義務）と利用者の身体に対する強制を伴う事項（医療や施設入所等の強制）の２点にすぎません。身上監護事務であれ、財産管理事務であれ、それが**法律行為に当然付随する事実行為**である限り、成年後見人の職務範囲となることは、立法担当官も明言しています。実際、現実の成年後見人の職務上では、身上監護、財産管理のいずれの場面でも、さまざまな法律行為的要素と事実行為的要素が混在して行われることになります。

　《ケース５‐１》で対処すべき職務を例に考えてみましょう。まず、法律行為としては入院契約の締結があります。しかし、入院契約の内容を適正なものとするためには、事前にＸの健康状態にふさわしい病院についての情報を集め、そのうえにとって最適と思われる病院を選定する作業（入院先の決定）が必要です。また、こうした入院先の決定にあたっては、成年後見人同士での協議はもとより、状況に応じて、Ｘの日常的な介護をしているヘルパーや担当のケアマネジャー等といった関係当事者との調整も必要になるでしょう。Ｘに家族がいれば、医療同意の問題もありますので、こうした家族への連絡、相談等も当然に行わなければなりません。何より、入院の同意の取り付けを含めて、Ｘ本人への丁寧な事情の説明やその意向の確認は、Ｘに全くコミュニケーション能力がないような例外的なケースを除けば、絶対条件といえます。こうした行為のほとんどは事実行為ですが、入院契約という法律行為に当然に付随した行為であると考えられますので、立法担当官の見解からも、成年後見人の職務として肯定できるだろうと思います。さらに、Ｘの入院後は、主治医等からＸの病状や検査結果を確認したり、逆にＸの医療情報（既往症、アレルギー歴、服用中の薬剤等の情報）を病院側に提供することが必要となります。こうした行為も事実行為ですが、入院契約に

伴う成年後見人の職務であるとして、特に異論はないでしょう（内容によっては、相手方の履行の監視という要素もあると思われます）。病院に対する入院費等の支払い（弁済）は、法的性質としては準法律行為（法律行為と考える見解もあります）ですが、これも立法担当官が当然に成年後見人の職務範囲になるとしている行為です。また、猫についてはエナやり等の実際の世話をしてくれる人を手配することが考えられますが、これは法的には準委任契約もしくは請負契約等の締結によって対応することが可能です。このほか、入院中のXの留守宅管理も問題となりますが、鍵の保管も含めて、通常は成年後見人の財産管理権に基づく事実行為として正当化されることになるでしょう（利用者の通帳を預かっている場合と同じです）。

　このように、利用者の短期入院というケースを1つとっただけでも、成年後見人が果たすべき職務は非常にバラエティに富んでおり、その行為の法的性質も法律行為、準法律行為、事実行為のそれぞれが分かちがたく混在しているわけです。たしかに、入院や手術への同意のように、成年後見人が法律上「できない」とされていることを、こうした事務の中から明確に切り分けておくことは、実務上とても大切です。しかし、法律上「できる」とされていることについてまで、神経質にその法的性質を分類していくことは、少なくとも実務上は無意味だといって差し支えないでしょう。

5　議論のある身上監護事務

(1)　事実行為としての介護義務（事実行為としての介護労働義務）

(A)　通説的理解

　「成年後見人は事実行為としての介護義務（事実行為としての介護労働義務）を負うのか？」という疑問は、成年後見人の義務に関する問題としては、法改正の前後にわたって最大の関心を呼んだテーマだったといえます。もっとも、すでにみたように、実際の立法過程においては、成年後見問題研究会から立法担当官による現行法の解説に至るまで、事実行為としての介護義務の

存在は一貫して否定されてきていました。現在の通説も同様に、事実行為としての介護義務の存在を全面的に否定しています。したがって、現在の後見実務上では、利用者を自らの手で介護しなかったからという理由で、成年後見人が法的な責任を問われるおそれはないと考えてよいでしょう。現行法上、成年後見人が行わなければいけないのは、**利用者の介護に対する手配と見守り**までだということです。

　(B)　私　見

　もっとも、私自身はこの点について少し違った考えをもっています。議論の詳細は別に譲りますが、具体的には、①成年後見人の解任事由（民法846条）と、②損害賠償の責任要件（同法415条・709条）に限定する形で、事実行為としての介護義務を肯定してよいと考えています（上山泰『成年後見と身上配慮』84頁〜88頁（筒井書房、2000年）、上山泰「成年後見制度における身上監護の理念と枠組み」実践成年後見23号8頁〜10頁（2007年））。ただし、私の考えによっても、こうしたサンクションが実際に発生するのは、契約等を通じた介護者や看護者の手配（アレンジ）を待っていては利用者の保護が間に合わないといった急を要する場面に限られます。利用者の介護に対して成年後見人が行うべき対応は、原則としてはやはり介護に対する手配と見守りにとどめるべきだからです。他方において、通説に従っても、介護の手配が長期間放置されているなど、成年後見人の不作為に違法性が認められる場合には、手配に対する義務違反として①や②のサンクションを発生させることはできますから、実務上では、私見と通説の間に大きな違いが生じることはないかもしれません。なお、現実の介護それ自体を成年後見人に強制することはできない（義務の強制履行不能性）という点でも、私見と通説との違いはありません。

(2)　医療同意権（医的侵襲行為に関する代行決定権）

《ケース5-2》

　成年後見人Ａが、定期的に行っている見守りのために成年被後見人

X宅を訪れたところ、Xがひどく咳き込み苦しそうだったので、ヘルパーの協力を仰ぎ、Xを近隣の総合病院に連れていった。検査の結果、Xに初期の肺ガンが発見された。担当医はすぐに手術を行えば完治の可能性もあるとして、早期の手術を行うようAに勧めるとともに、病院の規則上、手術に対する同意書がなければ手術を実施できないとして、Aに本人Xに代わって同意書にサインすることを求めている。Xに身寄りはなく、同意書のサインを頼める家族は誰もいない。

《ケース5-3》

成年後見人Aのもとに成年被後見人Xが入所している特別養護老人ホームから往復ハガキが届いた。ハガキの内容は、来月、入所者全員に対してインフルエンザの予防注射を実施するので、予防注射に対して同意する旨が記載された返信用ハガキにサインと捺印をして送り返してほしいというものであった。Xに身寄りはなく、代わりにサインを頼める家族は誰もいない。

(A) 立法担当官の見解（医療同意権否定説）

医療行為は利用者の健康や時には命にもかかわるものですから、利用者の福祉にとって欠かせない身上監護事務です。また、利用者の現実のニーズという面でも非常に大きい領域だといえます。ところが、この医療行為は、現状では後見実務上、最も厄介な問題ともなっているのです。そして、その理由は立法者の見解と現実の後見実務におけるニーズとの決定的な乖離にあるといえます（なお、利用者の医療行為をめぐってはさまざまな論点がありますが、ここでは最も中心的な医療同意権の問題だけを取り上げることとし、その他の点については第7章で触れることにします）。

さて、立法担当官によれば、まず**医療契約締結のための法定代理権**と**医療同意権**（手術や治療行為といった医的侵襲行為についての同意権）とを明確に区

分しなければならないことになります。というのも、前者は成年後見人の権限に入りますが、後者は身体に対する強制を伴う事項であるという理由から、成年後見人の権限外であると理解されているからです（本章3参照）。つまり、もしも成年後見人が病院から利用者の手術に対する同意書を書くように求められたとしても、成年後見人には医療同意権がないのだから、こうした求めに応じる必要はない。仮に成年後見人が事実上、手術に同意をしたり、あるいは同意書にサインをしたとしても、こうした行為には法律上の意義や効果は全くない。これが立法担当官の考え方です（『解説』261頁・268頁～269頁、原司「成年後見制度の実務上の諸問題」ジュリスト1211号29頁（2001年））。たとえば《ケース5‐2》や《ケース5‐3》で、仮に成年後見人Aが肺ガンの手術に対する同意書を書いたり、予防注射の実施に関する返信用ハガキにサインをして施設に返送したとしても、法律上は全く無意味であるというわけです。

　ここで留意すべきことは、実は立法担当官は単に成年後見人の医療同意権だけを否定したわけではなく、第三者による医療同意権全般を否定しているという点です。立法担当官は現行法が成年後見人の医療同意権を認めなかった理由として、「<u>成年後見の場面における医的侵襲に関する決定・同意という問題は、一時的に意識を失った患者又は未成年者等に対する医的侵襲に関する決定・同意と共通する問題であり、それら一般の場合における決定・同意権者、決定・同意の根拠・限界等について社会一般のコンセンサスが得られているとは到底いい難い状況の下で、本人の自己決定及び基本的人権との抵触等の問題についての検討も未解決のまま、今回の民法改正に際して成年後見の場面についてのみ医的侵襲に関する決定権・同意権に関する規定を導入することは、時期尚早である</u>」からだと説明しています（下線筆者）。要するに、ある医療行為について同意するか拒絶するかを自分自身で判断できない人たちについては、その患者の親や子や配偶者といった近親者も含めて、世の中の誰一人としてその可否を決定する法的な権限をもっていないという

ことです。法律学上の表現を使えば、判断能力不十分者に対する第三者の医療同意権については、現在の日本法上、法の欠缺があるというわけです。

もっとも、そうはいっても現実問題としては、患者が自分で決められない以上、第三者が何らかの形で治療に関する意思決定を行って、必要な治療を施さない限り、判断能力のない患者は永久に治療を受けられずに放置されてしまうことになります。そこで、立法担当官は、こうしたケースについては、「当面は社会通念のほか、緊急性がある場合には緊急避難・緊急事務管理等の一般法理にゆだねることとせざるを得ない」と主張しています。要するに、とりあえず必要と思われる治療をまずは行って、そのうえで、この治療について事後的に評価して、特に問題がなければ、治療に関与した人たちの法的な責任を免責（治療の違法性あるいは責任を阻却）すればよいということでしょう。おそらく、治療の緊急性が高い場合には**緊急避難**（民法720条2項、刑法37条：正確には刑法と民法では概念が異なりますが、民法上の緊急避難は、他人の物から生じた急迫の危険を避けるためにその物を損傷しても不法行為責任を免責することです。隣人の飼犬に襲われたために、その犬を殺してしまったケースが典型例です）や**緊急事務管理**（民法698条：本人の身体・名誉・財産に対する急迫の危害を免れさせる目的で事務管理を行うことです。通行人がたまたま見かけた交通事故の被害者を病院に運び込むケースが典型例です）の法理を、一般的な治療行為については、主に患者の**推定的承諾（推定的同意）の法理**（被害者の現実の同意が存在しない場合であっても、推定される被害者の意思に合致する行為については、その法律上の責任を免責するという法理です。救命救急治療はこの典型例です）を援用することで、それぞれ治療の正当化が図られることになると思います。

(B) **実務上の問題点**

こうした立法担当官の見解は、たしかに理論的には一定の合理性があるのですが、少なくとも結果的にみれば、現在の後見実務に大きな混乱を招いてしまったことは否めないでしょう。たとえば《ケース5-2》で考えた場合、

成年後見人 A は病院側と成年被後見人 X のための診療契約や入院契約を結ぶことは当然できますし、この契約から生じた診療報酬の支払いをする権限も認められているわけです。もしもこうした状況下で、身寄りのない X について手術の同意書が必要になれば、患者である X に同行し、健康保険証を示して診療契約を結び、さらには診療費の支払いも代行している成年後見人 A を、病院側がインフォームド・コンセントの対象者として真っ先に考えるのは自然な流れだといえるでしょう。実際、後見実務の現場からは、予防注射（《ケース 5‐3》）、胃潰瘍手術、経管栄養、胃ろう、足の切断など、さまざまな医療行為について、成年後見人等が同意を求められた実例があることが指摘されています（日本弁護士連合会「成年後見制度に関する改善提言」(2005年5月6日)）。結局、いくら法律上は医療同意権が認められていないのだといっても、現実問題としては、成年後見人は医療行為の同意の問題に直面させられることになってしまうわけです。

　このことは、特に専門職後見人にとっては深刻な問題を提起します。すでに触れたように、立法担当官の考えに従えば、たとえ患者の家族であっても判断能力のない患者に代わって手術に同意する正式な法的権限はないわけですが、実際の医療現場の慣行としては家族の同意がごく一般的なものとして行われています。このため厳密な法律論（たとえば、患者の家族に慣習法上の医療同意権が認められるか）はさておき、現実問題として、親族後見人が医療同意権の問題で頭を悩ませることはありません。成年後見人としての資格ではなく、患者の家族としての資格で同意書にサインをすればよいからです。少なくとも現状では、こうした家族のサインに医療機関側が法的な観点からクレームをつけ、治療がストップしてしまうといった事態はまず考えられないでしょう。

　これに対して、患者と家族関係にない専門職後見人の場合は、緊急避難等による事後的な正当化に期待して、とりあえずは自己責任で同意書へのサインを決断しなければならないということになります。実際には、その治療が

医学的にみて適応なものである限り、治療に同意した成年後見人の法的責任（たとえば民事上の損害賠償責任）が問われるおそれはないとは思いますが、正式な法的権限をもたないにもかかわらず、時には患者の生死すら左右しかねない同意書にサインをしなければならないという心理的負担感は無視できない問題でしょう。さらに利用者の家族からの訴訟リスク（紛争リスク）も念頭におく必要があるかもしれません。仮に手術の予後が悪かったような場合、手術の同意にすら協力してくれなかった利用者の家族がいきなり現れてきて、成年後見人による手術の同意にクレームをつけてくるという可能性が皆無であるとは言い切れないからです。もちろん、こうした訴訟はほとんど八つ当たりのような話ですから、成年後見人が訴訟で敗訴するおそれはまずないでしょう。しかし実際の訴訟の勝敗とは無関係に、この手の紛争や訴訟に事実上巻き込まれてしまうだけでも、専門職後見人にとって大きな負担になることは間違いありません。結局、専門職後見人が枕を高くして眠るためには、1日も早くこの医療同意権の問題を立法によって明瞭に解決するしかないと思われます。もちろん、生命・身体・健康といった最重要法益にかかわるこの問題が明確な法的ルールによって解決されるようになることが、誰よりも利用者本人にとって望ましいものであることは、いうまでもありません。なお、最近では、専門職後見人や研究者からだけではなく、家庭裁判所の裁判官の中からも、成年後見人の医療同意権について、「本人に対する適切な医療行為の施行、後見事務および医療現場の混乱の防止などの観点から、立法化の方向に向かうべきである」という見解が一部で示される状況に至っています（坂野征四郎「家庭裁判所における成年後見事件の10年の運用と展望」実践成年後見33号56頁（2010年））。

(C) **実務的な対応策**

このように、専門職後見人は医療同意権の問題について非常に厳しい現実に直面させられています。しかし、ことは利用者の生命・身体に直接かかわる重要な問題ですから、立法担当官が認める成年後見人の正当な権限の範囲

内で、できる限りの対応を行うことが必要です。具体的には、利用者に対する医療行為の場面で、成年後見人は次のような活動を行うことが考えられます。

まず、契約の締結は成年後見人の基本的職務ですから、身上配慮義務の要請からいって、利用者の健康状態の変化に即応して、適切な診療契約を結び、適正な医療サービスを受給できる可能性を確保することが必要になります（**①診療契約、入院契約の締結**）。また、この契約から生じる診療費や入院費等の支払権限も、医療サービスに関する代理権に当然に付随していると考えられます（**②診療報酬等の支払い**）。したがって、成年後見人は医療機関からの請求に応じて利用者の資産の中からこれを支払うべきことになります（民法861条2項）。

さらに、成年後見人には、身上配慮義務からの要請として、利用者の医療行為ができる限り適切に実施されるように側面的な支援を行う必要があるといえます。たとえば、治療方針の決定に役立つような利用者の情報（既往症の有無、アレルギー歴、薬剤の副作用歴等）を利用者の家族や知人などから聞き出すこと（**③利用者の客観的医療関連情報の集約**）や、こうして集約した情報を適宜、担当医をはじめとする医療機関側に提供していくこと（**④利用者の客観的医療関連情報の提供**）が考えられます。また、こうした事務とも重複しますが、「おくすり手帳」の保管なども含めて、集約した利用者の医療関連情報を適切に管理することも必要でしょう（**⑤利用者の客観的医療関連情報の管理**）。

それでは、より具体的な個別の治療行為（たとえば手術の実施）にあたっては、成年後見人は何ができるでしょうか。医療同意権がないとする立法担当官の考えを前提とする限り、いわゆるインフォームド・コンセントは、残念ながら完全な形では機能しません。しかし、「コンセント（同意）」にかかわる権限（医療同意権）が成年後見人にないとしても、実は「インフォーム（説明）」の部分についてはまだ関与する余地が残されています。というのも、成年後見人には見守り義務があるわけですが、成年後見人が診療契約を結ん

だ場合、この診療契約に付随して生じる見守り義務（私はこれを**付随的見守り義務**と呼んでいます）の要請として、薬剤の過剰投与などの過剰医療や医療過誤を防止するために医療機関を監視・監督することが必要になると考えられるからです。すでに触れたように立法担当官もまた、こうした相手方の契約履行状況の監視や監督が、契約に当然に附随する事実行為として成年後見人の職務範囲となることを認めています。したがって、成年後見人は医療機関による治療の内容が適切なものであるかを確認するために、利用者に代わって、治療方針の内容や、治療のメリット・デメリット等について説明を求めることができると考えられるわけです（⑥**利用者の治療に関する説明の要求を含む医療機関による履行の監視・監督**）。

　さらにこの場面では、本人意思尊重義務の要請として２つのことが求められます。まず１つは、治療に対する本人の意向をできる限り把握し、これを医療機関側に適切に伝えるように努めることです（⑦**本人意思に関する情報の集約と提供（利用者の主観的医療関連情報の集約と提供）**）。本人意思尊重義務の箇所でも触れましたが、ここで尊重されるべき意思とは本人の意思能力（この場合、個別の治療に対する同意能力）を前提とするものではありません（そもそも医療行為の場合は、対象となる治療についての同意能力が本人にある限り、その治療の実施には本人の同意が絶対条件になると考えるべきです）。したがって、明確な意思表明とまではいえない漠然とした希望のようなものであっても、それが治療の方向性を決定するにあたって少しでも有益に感じられるものである限り、成年後見人はその意向を医療機関に伝えなければならないでしょう。逆にいえば、成年後見人はこうした意向を少しでも本人から引き出せるように、利用者と密接なコミュニケーションを図ることが望ましいといえます。もちろん、状況によっては、こうしたコミュニケーション能力をもつ人（利用者の知人、親族、施設職員や福祉専門職など）を活用することも必要です。また、ここで問題となっているのは、治療に対する本人の意向を推測させる事情を探り当てることですから、本人の推定的意思の裏づけとなる

ような各種の情報(リビング・ウィルに代表される、本人が判断能力のあった時期に表明していた希望等)についても、できる限り医療機関に伝える努力をする必要があります。たとえ、利用者が植物状態にあって、現在の希望を直接に聞き出すことは不可能な状況だったとしても、本人意思に関する情報の集約と提供という職務が不要になるわけではないことに留意してください。

本人意思尊重義務から生じるもう1つの職務は、本人の意向を少しでも引き出すために、主治医や看護師、医療ソーシャルワーカー(MSW)等と協力して、本人にとってできるだけわかりやすい形で治療に関する情報を伝えていくことです(⑧**治療関連情報の本人への実質的な形での提供**)。一般論としていっても、成年後見人は法定代理人としてただ単に本人の代わりに意思表示をすればよいというわけではありません。結果的に法律上の外形としては、法定代理人である成年後見人が意思表示を行った形になったとしても、この意思表示に対して少しでも利用者本人が参画できるように、成年後見人は心を砕く必要があるのです。いわば相手方と利用者本人とのコミュニケーションの架け橋となることも、成年後見人にとって重要な役割の1つなのです(第8章2)。そして、こうした要請は、医療のような利用者の人格的利益にかかわる領域では特に強く働くといえますから、そのためのツールである本人意思尊重義務も、他の領域における以上に重要な意義をもっていると考えるべきでしょう。

最後に、成年後見人が事実上の(外形上の)同意権行使をせざるを得ない場合の留意点について触れておきます。現状では成年後見人に医療同意権はないという前提で行動しなければならないわけですが、それにもかかわらず、成年後見人が同意を強いられる状況は現実にあるわけです。多くの実例が報告されているように、法的な効力がないことは承知のうえで、利用者の治療を進めるためにどうしても同意書にサインしなければならないという場面に遭遇する可能性は決して小さくありません。こうした場合、専門職後見人としては、最低限、⑨**医療同意権に関する医療機関への説明**、⑩**家族への説明**

と意見調整、⑪**家庭裁判所との連携**の3つは行う必要があるでしょう。

　まず初めに行うべきは、医療機関に対して、成年後見人には医療同意権が認められていないという立法担当官の見解をきちんと説明することです。たとえ最終的には同意書にサインをせざるを得なくなったとしても、自分のサインには法的な効果は全くないということを事前に医療機関側に説明しておくことは、事後の無用なトラブルを避けるうえでも非常に重要なポイントといえます。なお、同意書にサインをする際には、たとえば「成年後見人として担当医の説明を受けました」等の記載を同意書に追記することで、法的な同意権の行使としてサインをしたわけではなく、あくまでも説明を受けたという事実確認のサインにすぎないことを明示する工夫も有益でしょう。次に、もしも利用者の家族がいる場合には、できる限り家族の協力を求めておくことが必要です。もちろん、同意書へのサインを家族に引き受けてもらえればベストですが、家族がいるにもかかわらず専門職後見人が選任されているというケースでは、こうした積極的な協力を家族に期待するのは難しいことが多いでしょう。しかし、すでに触れた訴訟リスクの問題もありますから、少なくともどのような治療が行われているか等について、できるだけ詳細に情報を提供しておくことが不要なトラブルを避けるためにも必要でしょう。最後に、こうした種々の困難やトラブルが予想される医療行為の実施にあたっては、監督機関である家庭裁判所と緊密な連絡をとりながら事務を進めていくことが大切です。あわせて、自分が属する職能団体等の相談機関や支援機関の協力を仰ぐなど、できるだけ多数の関係者と協力・協調しながら問題にあたる姿勢が肝要でしょう。特に医療同意のようなセンシティブな事務については、自分1人で問題を抱え込んでしまわないように心がけることが何より重要な点だと思われます。

(D)　私見（医療同意権に関する限定的肯定説）

　これまでみてきたように、後見実務の前提となる立法担当官の見解は医療同意権否定説であったわけですが、近年、学説上では医療同意権肯定説もか

なり支持者を増やしてきています。もっとも、一口に肯定説といっても、その対象となる医的侵襲行為の範囲や成年後見人による同意権行使の条件など、そのディテールにはバラエティがあります。しかし、本書の性格上、こうした学説の紹介は別に譲り、同じく肯定説に立っている私自身の考えを簡単に述べるにとどめておきます（学説の詳細については、新井誠編『成年後見と医療行為』（日本評論社、2007年）や実践成年後見16号「〈特集〉医療行為と成年後見」（2006年）などを参照してください）。

　私は、一般に限定的肯定説と呼ばれる立場をとっています。具体的には、「利用者が同意能力を欠く状態にある」ことを前提条件としたうえで、①「病的症状の医学的解明に必要な最小限の医的侵襲行為（触診、レントゲン検査、血液検査等）」と、②「当該診療契約から当然予測される、危険性の少ない軽微な身体的侵襲（一般的な投薬・注射・点滴、骨折の治療、傷の縫合等）」に限定して、成年後見人等の医療同意権を肯定してよいと考えています。また、その行為が本人の推定的意思に合致するか、あるいは少なくともこれに反しない場合には、③「健康診断および各種検診（ただし、重大な手術に匹敵するような危険性のある検査は除く）」と、④「各種予防接種の受診（施設等で実施されるインフルエンザの予防注射等）」についても医療同意権を認めてよいと思います。

　こうした肯定説をとる理由はいくつかありますが、その理論的な論拠は次の点にあります。まず医療契約の履行行為として行われる治療行為には、通常何らかの医的侵襲行為が必然的に含まれることになります。したがって、これに対する医療同意権を全く伴わない医療契約締結権限（法定代理権）は、そもそも内容的に空虚な産物となってしまうでしょう。また、医療契約の内容は必ずしも契約締結時にすべて確定できるわけではありません。むしろ、医療機関側の債務の具体的な内容（具体的な治療内容）は、たとえば各種の検査のような一定の医的侵襲行為を実施しながら段階的に確立していくことになります。したがって、医療契約締結のための法定代理権を有効に機能さ

せるためには、少なくとも医療機関側の債務の確定に最低限必要な程度の医的侵襲に対する同意権を法定代理人に認めておく必要があるはずです。立法担当官が考えたように法定代理権と医療同意権とを理論的な次元で峻別しておくこと自体は私も正しい姿勢だと思うのですが、しかし現実の法制度上で前者を付与しつつ、後者を全く認めないという制度設計は、この２つの権限の性格上、適正ではないと考えるわけです。

　もっとも、さらに切実なのは、こうした理論的欠陥ではなく、後見実務に与える影響面でしょう。実際、成年後見人の医療同意権の全面否定という現状の法政策は、確実に現場に混乱をもたらしています。また、先ほど触れたように、たとえ医療同意権はないとしても、成年後見人が利用者の権利擁護のために医療行為の場面で果たすべき役割はたくさんあると考えられます（〔図表５‐４〕参照）。しかし、医療行為に関する最終決定権限というべき医

〔図表５‐４〕　利用者の一般的な医療行為に関する成年後見人の職務

(A)　契約に関する中心的事務
　①　診療契約、入院契約の締結
　②　診療報酬等の支払い
(B)　身上配慮義務に基づく事務
　③　利用者の客観的医療関連情報の集約
　④　利用者の客観的医療関連情報の提供
　⑤　利用者の客観的医療関連情報の管理
　⑥　利用者の治療に関する説明の要求を含む医療機関による履行の監視・監督
(C)　本人意思尊重義務に基づく事務
　⑦　本人意思に関する情報（推定的意思の判断につながる情報を含む）の集約と提供
　⑧　治療関連情報の本人への実質的な形での提供
(D)　医療同意権の不在に対する防衛策
　⑨　医療同意権に関する医療機関への説明
　⑩　家族への説明と意見調整
　⑪　家庭裁判所との連携

療同意権の不在は、こうした法律上認められているはずの職務についてまで、その実効性を阻害してしまうおそれを否定できません。たとえば家族や知人からの干渉があった場合などに、不当な影響力をすべて排除して、利用者の権利擁護を断行することは、現実には必ずしも容易でないことも指摘されています（こうした実例の1つとして、水野聡「医療同意が問題となった事例」実践成年後見15号132頁（2005年）参照）。また、医療同意権は、裏を返せば、不適当と思われる医療行為に対する拒否権でもあるわけですが、これがないと考える以上、医療機関の債務履行状況に対する成年後見人の監視・監督機能も十分には機能し得なくなるおそれがあるかもしれません。要するに、成年後見人は、医療同意権という最強の切り札を失ったまま、医療機関や家族らとの交渉のパワーゲームに臨まなければならないわけです。

《ケース5-4》
　成年被後見人Xは入所中の施設で転倒し、大腿骨を骨折する重傷を負い、入院した。担当医によると、手術を行えば、リハビリの効果次第では再び自立歩行を回復できる可能性もあるが、患部の固定等の保存的治療にとどめた場合、予後は車椅子生活か、最悪の場合は寝たきりの状態になってしまう公算が強い。担当医としても手術に踏み切りたいが、病院の規則上、患者本人か家族の同意がない限りは侵襲性の大きい手術を行うことはできないといわれている。

　もう1つ大きな問題として、利用者が必ずしもベストの医療を享受できないというリスクについて考える必要があります。医療同意権が医的侵襲行為に関する最終決定権限であるということは、それが単にある特定の治療の実施を決定する機能をもっているだけではなく、複数の適応な治療法の中から1つを選択するという機能も有しているということを意味します。問題はインフォームド・コンセントにとどまらず、インフォームド・チョイスという次元にまで広がっているわけです。

実務上、成年後見人の医療同意権を否定してしまうと、家族のいない利用者については、現実には医療機関側が治療の最終的なイニシアチブを握ることになります。もちろん、同意権否定説を前提としても、その治療に客観的な正当性がある限り、医療機関が刑事や民事の法的責任を問われることはありません。しかし、そうはいっても現実問題としては、患者本人や家族の同意がないまま治療を行う医療機関の立場からすれば、自分たちの行動のリスクをできる限り最小限にとどめようとするのはやむを得ないところでしょう。たとえば、一定のリスクはあるが成功すれば患者のQOLが飛躍的に向上する可能性がある手術をするか、あるいは、リスクは最小限であるが患者のQOL向上は望みにくい治療をするかの選択を迫られた場合（《ケース5‐4》）、医療機関が後者を選択する可能性は高いといえます。実際、同意のない治療のケースでは、積極的な治療を行うことは難しく、いわゆる保存的治療を施すにとどめざるを得ないと考える医師は少なくないようです。しかし、判断能力の有無によって（加えて、現実的には近親者の有無によって）、事実上、治療法の選択肢が制約されてしまうこと、つまりインフォームド・チョイスの機会が奪われてしまうことは不公平とはいえないでしょうか。こうしたときに、患者の側に立って、患者のベスト・インタレストを代弁し、治療法を選択できる機関が必要ではないかと思うのです。そして、本来は、成年後見人もこうした役割を果たせる機関の1つであろうと考えるわけです。

　ところで、私のように医療同意権肯定説をとった場合、実務的には、与えられた同意権をどのような方針で行使すべきかが大きな問題となるでしょう。治療の諾否は、時には患者の人生を大きく左右する非常に重要な決断となりますから、成年後見人の心理的な負担感を軽減するためにも、一定の行使基準が明確に示されていることが好ましいといえます。この点について、今のところ私は次のように考えています。

　まず、成年後見人による医療同意権行使の正当性に対する評価基準としては、①「利用者である患者の主観的価値体系に従った適切な代弁が遂行され

ているか(患者の個人的価値観が、医療同意に関する成年後見人の意思決定(代行決定)に正確に反映されているか)」、②「専門医学的観点からみて当該医療行為が客観的正当性を有するか」、という2つの異なる視点が必要だと考えます。しかし、後者については、その治療が実施時の医療水準からみて、明らかに客観的な医学的正当性を欠く場合を排除させれば十分でしょう。したがって、この2つの基準のうち優先されるべきは前者だといえます。

そもそも、医療同意権の行使にあたって成年後見人に最も期待されていることは、医学的な専門的能力などではなく、推定的意思を含めた患者本人の意向や価値観を、できる限り、治療に関する意思決定に反映させる点にあると思います。つまり、成年後見人がするべきことは、利用者の主観的な価値体系を掌握したうえで、こうした価値体系をもつ患者本人がするであろう(と成年後見人が判断する)意思決定を行うことなのです。いわば成年後見人は、患者本人のロールプレイを行うことになるわけです。すでに触れたように、これは本人意思尊重義務が要請する課題でもあります。

こうした前提に立つ限り、たとえ専門職後見人であっても、医療行為に関する知識や判断能力は、あくまで通常人と同じ程度のものが要求されているにすぎないというべきでしょう(もちろん、医師がその専門的な能力を買われて、任意後見人を引き受けたような場合は別ですが)。要するに成年後見人は、通常の患者がその治療を受けるかどうか決断するときに参照するであろう程度の知識に基づいて、その医療同意権を行使すれば、身上配慮義務や善管注意義務を尽くした(法的な責任は負わされない)と考えてよいでしょう。というのも、ある者に対する医療同意権を、本人以外の第三者(代行決定権者)に対して与える目的は、判断能力不十分者に対して、一般的なレベルにおける(通常の判断能力をもつ者に対して保障されている)インフォームド・コンセントやインフォームド・チョイスの機会を保障するという点に尽きると思われるからです。

(3) 居所指定権
(A) 立法担当官の見解

　研究会は、成年後見人の居所指定権についても検討していますが、旧法が禁治産後見人の居所指定権を認めていなかったこともあり、これを認めるのは適当でないというのがほぼ一致した意見であったようです。同様に、一般的な入院についても、これを強制する権限を成年後見人に認めるのは適当でないというのがほぼ一致した意見であったとされています。

　これに対し、要綱試案では、当時は存置の方針がとられていた旧民法858条2項との関係上、成年後見類型と保佐・補助類型とが区分して論じられています。そのうえで、前者についてはドイツ民法1907条2項における居所指定が、解釈上は重度の精神上の障がいを有する者を医療施設に入院させる場合を指していると指摘し、この規定が実質的には旧民法858条2項に相当するものであると結論づけています。他方、後者については、「施設入所契約の代理権を補助人又は保佐人に付与すれば足り、それ以上に意思能力の残存している本人の意思に反する強制的な施設入所等の権限を補助人又は保佐人に付与することは、本人の自己決定及び基本的人権との抵触のおそれがあり、適当とは考えられ」ないので、「我が国の民法において、居所指定権に関する一般的な規定を設けることは、必要ではなく、また、適当ではない」とされました（「補足説明」43頁）。

　現行法に対する立法担当官の説明は、こうした要綱試案の見解をほぼそのまま引き継いでいます。ただし、現行法は精神保健福祉法との調整のために旧民法858条2項を削除しています。旧民法858条2項は「禁治産者を精神病院その他これに準ずる施設に入れるには、家庭裁判所の許可を得なければならない」という規定でしたが、これは旧民法858条1項の療養看護義務の履行として、後見人が禁治産者を入院させようとする場合について、家庭裁判所の許可を、後見人の判断の妥当性を担保するためのセーフガードとするものでした。そして、この規定は、1950年の旧精神保健法によって医療保護入

院手続が制度化された以後は、同法上の保護者が禁治産者の後見人である場合の医療保護入院手続に関する特別的な規定として機能していました。実は、現行成年後見制度を導入した1999年の民法等の改正とあわせて、精神保健福祉法の改正も同時に議論されていたのですが、この両制度の改正の過程で、公法的な性格をあわせもつ医療保護入院手続の一部（旧民法858条2項による家庭裁判所の許可）だけが、私法法規である民法の中にあるのは体系的におかしいなどの疑念が出され、最終的に医療保護入院手続に関する規定については、すべて精神保健福祉法の中で体系的に規律することになったのです（『解説』272頁〜274頁）。この結果、旧民法858条2項を受け継いだ、改正当時の精神保健福祉法33条が規定していた保護者としての成年後見人または保佐人の同意による医療保護入院手続が、実質的には先のドイツ民法1907条2項にいう居所指定に相当するということになりました（『解説』269頁）。

　後述するように（第7章3参照）、その後の精神保健福祉法改正によって、2014年4月1日以降、保護者制度は廃止されましたが、上記の民法改正の時点では、成年後見人の一般的な居所指定権は存在せず、ただ医療保護入院手続の場面において、成年後見人もしくは保佐人が、精神保健福祉法上の保護者の同意権の形で、限定的に居所指定権を行使する場合が認められるにすぎないと、立法担当官は考えていたのです。しかも、厳密にいえば医療保護入院の同意権は成年後見人としての固有の権限ではなく、あくまで精神保健福祉法上の保護者としての権限ですから、民法上の成年後見人は利用者に対する居所指定権をもたないということになります。なお、立法担当官が居所指定を職務範囲外とした理由は、入院や施設入所の強制が利用者の身体に対する強制を伴う事項であるという点に求められています（本章3(2)で紹介した基準①（『解説』261頁））。また、成年後見人の一般的な居所指定権に関する規定を新設しなかった理由については、ドイツ法における居所指定に相当する問題は精神保健福祉法上の医療保護入院手続によってカバーできるので、「それ以上に本人の意思に反する強制的な施設入所等の権限を成年後見人等

に付与することは、本人の自己決定及び基本的人権との抵触のおそれがある」からだと説明しています(『解説』269頁)。

(B) 実務上の問題点

―《ケース5-5》―

　成年被後見人Xの居宅は築50年近い木造平屋建てであるが、Xの認知症が数年前に始まってから、家の掃除や手入れがほとんどされてこなかったこともあり、雨漏りや床の破損などもひどく、生活空間としての適性を欠く状況になっている。この家を利用するためにはもはや修繕では足りず、実質的にはほとんど建て替えるほかないため、成年後見人Aとしては、その費用面も考慮すると、特別養護老人ホームへの入所が適切だと考えているが、Xは長年住み慣れていた居宅への愛着もあり、ホームへの入所には頑強に抵抗している。

―《ケース5-6》―

　成年被後見人Xはアパートに独居しているが、数年前から始まった認知症の影響によって、その自室はゴミや糞尿に埋もれた状態になってしまっていた。このままでは衛生環境が悪く、Xの健康を害する危険が大きいことに加え、悪臭に対するアパートの隣人からの苦情にも対応する必要があることから、成年後見人Aとしては、Xをしばらく近隣のアパートに引っ越しさせるか、施設に一時入所させるかして、その間に自室の大掃除と必要な修繕を行いたいと考えている。Xには十分な預金があるため、こうした対応についての経済面での支障はないが、Xはたとえ短期間であっても自室から離れたくないという主張に固執している。

　利用者の居所指定をめぐっては、基本的に医療行為と同様の問題が生じます。つまり、成年後見人は利用者のために施設との入所契約や病院への入院

契約を行い、その費用等の支払手続を行うことはできますが、入所や入院それ自体を利用者に強制することは許されていません。したがって、客観的にみて入所や入院が本人の生活の質の向上につながるような状況であっても、利用者が抵抗した場合、入所や入院を強行する権限（居所指定権）を成年後見人はもっていないということになります。

　しかし、《ケース5‐5》や《ケース5‐6》のような状況では、たとえ利用者の抵抗があっても、居所の変更を実行することが結果として利用者の生活の質の向上につながる場合もあると思われます。こうした場面で、仮に成年後見人が入所や転居を強行した場合、成年後見人の行為が法的にどのように評価されるのかについて、立法担当官は明言していません。おそらくは医療行為の場面と同様、緊急避難や緊急事務管理として免責される場合も多いとは思いますが、その一方で、立法担当官が本人の意思に反する強制的な施設入所について「本人の自己決定及び基本的人権との抵触のおそれ」を指摘していることからすれば、たとえ強制入所が客観的には本人の福祉を改善したとしても、エホバの証人の信者による輸血拒否事件（最高裁平成12年2月29日判決・民集54巻2号582頁〔東大医科研病院事件〕）のように、人格権侵害による損害賠償責任が生じる可能性がないとも言い切れません。この問題は、立法担当官が想定していた「本人の意思に反する強制」がいったいどこまでの状況を指すのかという疑問とも関連するのですが、これについては後ほど私見の中で触れることにします。

　いずれにせよ、後見実務上、強制の要素をもつ居所指定には、ある意味では医療同意権が問題となる場面以上にリスクがあることに留意する必要があるでしょう。したがって、これは本人意思尊重義務の観点からも当然のことではありますが、居所の変更にあたっては、可能な限り利用者にそのメリットを理解してもらい、その同意を取り付けたうえで行うという姿勢が大切です。たとえば、施設見学や体験入所の機会を積極的にもうけて、実際に施設での生活を体験してもらうことは非常に有益でしょう。また、医療行為と同

様、利用者の家族はもとより、行政の関係部署や家庭裁判所等と緊密な連携をとりながら事態に対処していくことが必要でしょう。特に、家庭裁判所との連携（家庭裁判所への状況報告、家庭裁判所からの助言・協力を得ること等）は、利用者の居所の変更に関する事務を行ううえでは必須の要素というべきです。なお、《ケース5-5》のような場合は、利用者の居住用不動産の処分に関する家庭裁判所の許可（民法859条の3。制度の詳細は第6章参照）の中に、事実上、この処分に伴う利用者の居所変更に対する裁判所の容認が含まれているといえます。したがって、この場面では、成年後見人が家庭裁判所の監督の下に事実上の居所指定権を行使していると捉えることができるでしょう。

(C) **私見（解釈論による居所指定権の可能性）**

私見の詳細は別に譲りますが（上山泰「成年後見における身上監護の理念と枠組み」実践成年後見23号11頁～12頁（2007年））、今のところ私は、居所指定の意義を「入院、入所、転居等を含め、本人の居所を一定の場所に指定し、その限りにおいて、本人の自由な居所の選択権を制限する行為」として、その外延を立法担当官の考えよりも広く捉えたうえで、民法858条に基づく成年後見人の一般的身上監護権の内容の1つとして、成年後見人の居所指定権を認めることができると考えています。もっとも、先ほどの医療同意権と同様、利用者本人に当該居所決定に関する具体的な判断能力がある限りは、本人の意思決定が排他的に優先されるべきですから、成年後見人が居所指定権を行使することはできないと考えます。したがって、私の考えでも、居所決定に関する判断能力をもっている利用者がその居所の変更に反対している場合には、成年後見人が利用者の意向に反する居所の変更を強行することはできません。

こうしてみると、私見と立法担当官の見解との線引きは、「本人の意思に反する強制」の中身を具体的にどう捉えるかにかかってくるように思われます。というのも、立法担当官の想定する「意思」が、仮に「対象行為に対する意思能力（あるいはこれに相当する判断能力）をもつ人の意思」という意味

に限定されたものであるなら、私見との違いは生じないということになるからです。しかし、この点に関する立法担当官の考えは必ずしも明快とはいえないように思われます。これは意思能力の定義とも関係する問題なので単純に決め付けることはできないのですが、基本的に立法担当官は成年被後見人を意思能力のない人として位置づけています（『解説』61頁～65頁）。このため、仮に先ほどの意思を「対象行為に対する意思能力（あるいはこれに相当する判断能力）をもつ人の意思」として理解した場合、立法担当官の前提からは、そもそも成年後見類型では「本人の意思に反する強制」という事態がほとんど起こらないということになります（本人が例外的に意思能力を回復している場面だけが問題となるにすぎません。ただし、ここでの意思は、厳密にいえば、「どこで暮らすか？」という事実に関する意思決定の文脈で問題となるため、法律行為に関する意思決定能力である「意思能力」とは区分して考えられるという点を考慮する必要もあります）。しかし、他方で立法担当官は精神保健福祉法上の医療保護入院手続を居所指定の領域として捉えているようですから、少なくとも成年後見人が保護者として行う医療保護入院の場面では、成年被後見人の意思に反する入院の事実上の強制という事態が生じうると考えていたようにもみえます。

　本書の性格上、居所指定の本質に関する理論的な検討についてはこれ以上踏み込むことを差し控えますが、立法担当官が想定している居所指定の問題性（医療同意権も同様）の背後には、①自己決定（権）に対する侵害の問題と、②身体的な完全性を含めた身体の物理的自由に対する侵害の問題という2つの異なる要素が混在しているように思われます。両者はともに人格権ないし人格的利益の一部と考えられますから、オーバーラップする要素も多いですが、分離して捉えることも可能です。たとえば、①については、侵害対象となる具体的な意思決定（事前的意思決定を含めるとしても）が現存していることが基本的には必要ですので、生まれたての乳児について、具体的な侵害例を想定することは困難です。これに対して②については、たとえ乳児であっ

ても具体的な侵害が生じることになります（たとえば誘拐）。

なお、通説は明文上認められている親権者の子に対する居所指定権（民法821条）を意思能力がある子を対象とした権限として位置づけているため、この点との整合性も理論的課題といえます。

最後に、障害者権利条約12条および14条との関係上、精神上の障がいを理由とする非自発的入院（精神保健福祉法上の措置入院・医療保護入院の双方を含む）については、これまで以上にその正当性が厳しく問われることになりました。したがって、今後は、単に居所指定権の有無に限らず、広く成年後見人による居所の確保へのかかわり方全般について、立法によるさらなる適正手続の保障も視野に入れて、より慎重な議論を進めていくことが必要でしょう。

(4) 身体拘束

(A) 立法担当官の見解

介護保険制度の導入に伴って、介護の現場では**身体拘束ゼロ作戦**と称して、身体拘束のないケアの実現に向けた取組みが進められてきています。厚生労働省による「身体拘束ゼロへの手引き」（2001年3月7日）によれば、介護保険指定基準上、「サービスの提供にあたっては、当該入所者又は他の入所者等の生命又は身体を保護するため緊急やむを得ない場合を除き、身体的拘束その他入所者の行動を制限する行為を行ってはならない」ものとされ、身体拘束は原則的に禁止されています。しかし、逆にいえば、①切迫性（利用者本人または他の利用者等の生命または身体が危険にさらされる可能性が著しく高いこと）、②非代替性（身体拘束その他の行動制限を行う以外に代替する介護方法がないこと）、③一時性（身体拘束その他の行動制限が一時的なものであること）の3要件が満たされる「緊急やむを得ない場合」には、例外とはいいながら、利用者の自由を剝奪する身体拘束等の措置が容認されることになるわけです。現状では、この例外判断は原則的に施設側によって行われているようですが、この問題は利用者の権利擁護に深くかかわる話ですから、当然な

がら、成年後見人の関与が求められるべきだといえるでしょう。

立法担当官は利用者の身体拘束に関する成年後見人の権限について、明確な言及はしていません。しかし、身体拘束は先の医療行為や居所指定と同様、文字どおり「身体に対する強制を伴う事項」に当たると考えられますので、立法担当官の見解からすれば、ここでもまた、身体拘束それ自体に対する決定については成年後見人の職務範囲外になるということになりそうです。

ただし、立法担当官の考え方を前提としても、入所契約の相手方である施設による履行の監視やアドヴォカシーの実行という形で、不当あるいは不要と思われる身体拘束について、成年後見人が異議を唱えることはできると思われますし、また、そうすべきだと考えます。入所施設の苦情受付担当者、苦情解決責任者、第三者委員等に直接、要求を伝えるほか、必要に応じて、都道府県社会福祉協議会の運営適正化委員会（社会福祉法83条等）をはじめとする、公的な苦情解決機関への申立てをしていくべきでしょう。

(B) 私見（解釈論による身体拘束等の代行決定権の可能性）

このように、立法担当官の考え方に従っても、身体拘束をめぐる問題について、成年後見人の介入を一定の範囲で正当化することはできます。しかし、医療同意権のケースと同様、成年後見人側に最終的な決定権限が帰属していないという事情は、施設との力関係にも微妙な影を落とし、監視機能の実効性が現実には十分に担保されないおそれも残ります。

こうした点も踏まえ、私は、この問題についても「身体拘束等の自由剥奪的措置に関する代行決定権」を民法858条に基づく成年後見人の一般的身上監護権の一部として認めることによって、より直截的な形で介入権限を基礎づけるべきではないかと考えています。ちなみに、ドイツ民法は、身体拘束を含む自由剥奪的な収容類似措置の問題（ドイツ民法1906条4項）を、一般的な居所指定の問題（いわゆる民事上の収容。同条1項）と同一延長線上の問題として位置づけ、同じ条文の中で規律しています。こうした視点は、日本の問題を考えるうえでも重要な法政策上のヒントとなるように思われます。

(5) 郵便物の管理

　郵便物の管理については、立法担当官は、特にこれが成年後見人の職務範囲として問題のある行為だとは考えていなかったようです。このため、後見実務上、成年後見人が利用者の郵便物を管理できることを疑問視すること自体は、かつてはほとんどなかったといえます。そして現在でも、現実の財産管理の必要上、たとえば郵便局への転居届の提出といった便法を含めて、利用者の郵便物の回送や開披を一般的職務として行っているのが実務の現状です。こうしてみると、郵便物の管理はここではなく、本来は、本章4の成年後見人の職務として争いのない身上監護事務のところで論じれば足りる問題のようにみえます。

　しかし、私は現在の実務の状況に疑問を感じています（上山泰「成年後見における身上監護の理念と枠組み」実践成年後見23号13頁～14頁（2007年）参照）。というのも、厳密にいえば郵便物の管理、とりわけ利用者の私信の開披は、日本国憲法21条2項が保障する**通信の秘密**（ここでは信書の秘密）にかかわるセンシティブな問題であるといえ、法的な根拠を欠く郵便物の他者への転送や他者による私信の開披は人格権侵害として、民法上も原則的には不法行為責任を生じさせるものだと考えられるからです。たとえば、破産法が、わざわざ明文をもって、成年後見人と同様の財産管理人である破産管財人への郵便物等の配達に関する裁判所の嘱託（破産法81条）と、この場合における破産管財人の郵便物等の開封権限を規定しているのは、こうした行為が憲法21条2項の保障する通信の秘密に対する合理的な制限として理解されているからなのです（伊藤眞『破産法・民事再生法』123頁（有斐閣、2007年）参照）。このように、通信の秘密に抵触する可能性をもつ私信の開披は、医療同意権、居所指定権などと同様、利用者の人格権侵害につながるおそれのある問題なのです（ちなみに信書の秘密を保護するために、刑法133条の信書開封罪のほか、郵便法、民間事業者による信書の送達に関する法律、電気通信事業法等にも刑罰規定があります）。とすれば、外観から明確に請求書とわかるような郵便物

（たとえば公共料金の請求書等）についてはともかく、実際に開披するまでは性質の不明な郵便物まで含めて、すべての郵便物の開披を成年後見人の財産管理権だけで正当化できるかについては、もっと慎重な議論があってもよいのではないでしょうか（ただし、郵便法が信書を「特定の受取人に対し、差出人の意思を表示し、又は事実を通知する文書」（郵便法4条2項）と定義している関係上、総務省のガイドライン（「信書に該当する文書に関する指針」（平成15年3月26日）は、民間事業者による信書の送達事業の許可制度を実施するにあたって、許可を要する民間事業者の範囲を明らかにするために、郵便法等が規定する信書の定義に基づいて、信書の考え方を明らかにし、信書に該当する文書をわかりやすく示すことを目的とするものとされています）では、請求書や納品書のほか、各種の証明書、会議の招集通知までもが信書とされています）。実際、たとえばドイツでは、通信の秘密に関する基本権侵害への懸念から、世話人への郵便の回送は、郵便物の管理がその職務範囲に明示的に含まれる場合に限られています。しかも、この対象は原則的に請求書等の業務用郵便物に限られ、私信には及ばないと理解されているのです。もちろん、利用者の日常生活の支援にあたって郵便物の管理が必要なことは否定できません。したがって、私としてもこれを成年後見人の職務に含めること自体には賛成です。それにもかかわらず、あえてここで問題を提起したのは、利用者の人間らしい生活を支援するという観点から成年後見を論じるのであれば、医療同意権や居所指定権のような身体への干渉にかかわる領域についてだけではなく、今後は利用者のプライバシーにかかわる領域についても慎重な目配りをしていくことが必要ではないかと考えているからです。利用者の電子メールへの対応を含めて、重要な個人データが記録されている個人用コンピュータの管理等でも、あるいは同じような視点が必要になるかもしれません。

　なお、最近では、郵便物の管理に関する法整備の必要性について、広く後見実務上でも問題意識がもたれるようになってきており、むしろ、現在の成年後見人等には郵便物等の開封権限がないという理解を前提として、実務改

5　議論のある身上監護事務

善のための立法提言等も行われています（日本成年後見法学会制度改正研究委員会「法定後見実務改善と制度改正のための提言」14頁（2008年））。

(6) 選挙権行使の支援

公職選挙法旧11条1項1号等が規定していた成年被後見人の選挙権制限（成年後見制度の転用問題の典型例）が、東京地裁平成25年3月14日判決（判時2178号3頁）の歴史的な違憲判決を契機とした、同年5月の法改正（「成年被後見人の選挙権の回復等のための公職選挙法等の一部を改正する法律」）によって削除されました（詳細については、上山泰「公職選挙法改正と成年後見制度の転用問題」週刊社会保障2731号44頁～49頁（2013年）参照）。これによって、成年被後見人は国会議員や地方議会議員の選挙に関する選挙権と被選挙権を回復したわけです。

これに伴って、実務的には、成年後見人が成年被後見人の選挙権行使にどのようなスタンスでかかわるべきかという問題が浮上しました。選挙権行使の支援を利用者の社会参画に対する支援という視点で捉えるならば、広義の身上監護事務に位置づけることができるので、ここで簡単に触れておきましょう。この点について、リーガルサポートが次の2つの指針を公表しています（リーガルサポート「成年被後見人の選挙権行使について」（2014年12月3日））。まず1つは、「中立的立場の堅持」であり、憲法上の要請でもある自由選挙・秘密選挙・直接選挙の保障と成年被後見人の被誘導性の高さに鑑みて、特定の政党や候補者への投票の勧誘はもちろん、選挙に関するいかなる意見・感想も表明してはならないとしています。もう1つは、「投票行為の支援」であり、必要に応じて成年被後見人に投票ができることを告げたうえで、本人に投票の意思がある場合には、投票所への交通手段の確保や付添人の手配に加えて、期日前投票・不在者投票・施設における不在者投票・代理投票の制度等をできる限り活用して、本人が投票を実現できるように努めなければならないとしています。

いずれの指針も妥当なものといえます。成年後見人の役割は、利用者によ

る自発的な選挙権行使のための環境整備にとどめられるべきだからです。たとえば、選挙権の不行使（棄権）も利用者の重要な自己決定とみるべきですから、特定候補者への投票勧誘はもちろんのこと、選挙公示期間中の投票行動への誘導自体も避けるべきでしょう。成年後見人が事実上の郵便物管理を行っている場合であれば、他の郵便物と同様に、郵送された投票所入場券を示して、その意味を説明することまでは、選挙権行使に関する一般的な情報保障として積極的に対応すべきですが、これを超えて、実際に投票を行うように促すことは厳に慎むべきだと思います。また、利用者が希望した場合の実際の投票行動の支援についても、成年後見人がかかわるべき範囲は投票所の入口までであり、投票所内における支援はすべて選挙管理機関に委ねられるべきでしょう。

6　身上監護概念の再構成に向けて

　これまで、成年後見における身上監護の具体的な内容について、立法担当官の見解をできる限り丁寧に紹介しつつ振り返ってきました。少なくとも現在の後見実務が身上監護について抱えている問題の一端は明らかにできたのではないかと思います。こうした実務上の難題が産み出される背景にはさまざまな事情があるでしょうが、私は、問題の本質は、立法担当官が想定していた身上監護の概念と、現実の後見実務が社会から要求されている身上監護のイメージとの間に大きなズレがあるという点だと考えています。したがって、仮に実務のニーズを是とするのであれば（もちろん、このこと自体に議論があるわけですが、今は横におきます）、たとえば医療同意権の問題を含めて、立法担当官の考え方に対するカウンターテーゼとなるような体系的・包括的な新しい身上監護概念を再構成することが必要でしょう（たとえば、道垣内弘人「『身上監護』、『本人の意思の尊重』について」ジュリスト1141号37頁（1998年）は、すでに要綱試案の検討時点において、「（要綱試案が許容する内容を超えた身上監護の内容等については）今後議論されるべきではあるが、その際には、

代理権・同意権という権限を超えてなされなければならない身上監護とは何なのか、を具体的に示しながら議論することが望まれる」と指摘していました）。

　これは非常に壮大な作業ですから簡単に結論を出せるわけではありませんが、今のところ私は、成年後見人の身上監護事務の中核は、成年被後見人の人格権（人格的利益：生命、身体、健康、名誉、氏名、肖像、私生活の秘密等）に関する代行的決定権限という視点から体系化できるのではないかと考えています。というのも、こうした要素は、基本的に一身専属的要素をもつことから、一般的な法定代理権の対象としてはなじみにくい要素を含んでいると考えられますし、こうした要素に関する決定権限の行使をすべて財産管理行為へと還元し尽くすことは難しいように思われるからです（もっとも、法定代理権の存在自体によってすでに干渉されている利用者の自己決定権と人格権との関係をどのように理解するかなど、この問題を法体系の中で整理していくうえで、検討すべき課題は山積しています）。

　すでに触れたように、身上監護権限・義務否定説と善管注意義務具体化説に依拠した立法担当官による現行成年後見法制の体系化は、評価すべき一定の理論的整合性をもっています。しかし、私の現在の視点からすると、理論的な徹底性を欠いている箇所が残っているようにも思えるのです。具体的には、医療同意権や居所指定権にみられるように、利用者の人格的利益の中でもその身体の自由に関する領域（生命、身体、健康など、いわゆる身体的人格権の領域）については非常に慎重な議論が行われ、結果的にこの領域に直接的に介入する成年後見人の法的権限はすべて否定されたわけです。ところが、同じ人格的決定にかかわる領域であっても、身体的干渉を伴わない事項（名誉権、肖像権、プライバシー権など、いわゆる精神的人格権）については、いささか等閑視されてきた嫌いがあるのではないでしょうか。たとえば、先ほど触れた郵便物の管理、個人情報保護法上の開示請求権や第三者提供への同意権といった問題は、それぞれ利用者のプライバシーにかかわる重要な人格的利益だと思うのですが、立法担当官をはじめ、その後の学説での議論におい

ても、こうした分野には当然に成年後見人の法定代理権や財産管理権が及ぶと考えられているようです。

　たしかに、沿革上の問題などを考慮すると、身体的人格権と精神的人格権を単純に同列に議論するのは乱暴かもしれません。また、諸外国の例においても、通常、財産後見と区別された身上後見において中核となっている領域は、利用者の医療・介護に関する決定権限です。

　しかし、個人情報保護法にみられるように、現在では精神的人格権も単に不法行為の保護法益としてだけでなく、積極的な行為請求権の形で行使される段階に至っているといえます。とすれば、成年後見人による精神的人格権の代行行使という問題について、利用者の身上監護面という視点も加えたうえで、もう少し理論的に検証してみることが望ましいのではないでしょうか。

　ただ、いずれにせよこうした議論は、本来は立法論として展開されることがふさわしいとはいえるでしょう。私見の立場では、解釈論として論じる限り、成年後見人の身上監護権限の根拠をすべて民法858条に求めざるを得ません。しかし、民法858条がいくら身上監護事務に関する包括的な一般規定であるとはいっても、これが解釈論としていささか乱暴であることは否めませんし、善管注意義務具体化説を前提として起草されている現行民法858条の規定ぶりは、私見が想定するような身上監護権の根拠規定としては不釣り合いだといえます。また、私が想定している身上監護権の機能を考えると、権限濫用防止のためのセーフガードを何らかの形で明文上新設することも絶対に必要になると思われるからです。

第6章　居住用不動産の処分

1　住居の重要性

> 《ケース6-1》
> 　成年被後見人Xは長年にわたり一軒家の自宅で独居生活を続けてきたが、風邪で1週間ほど寝込んだことをきっかけに体力が急速に衰え、このまま居宅生活を続けることは難しい状況になってきた。自宅の老朽化も進んでおり、維持・管理の手間を考えると、自宅を売却して資金を作り、利用者がかつて入居を希望していた介護付き有料老人ホームへ入居させることが有力な選択肢となっている。

　一般に、人間の生活の基盤は衣食住にあるといわれます。この表現が端的に示しているように、生活の本拠である住居は、私たちが生活していくうえで最も重要な要素といえます。したがって、利用者の生活支援という役割を負っている成年後見人等にとって、「住居の確保に関する事務」は中心的な職務の1つになるわけです。

　住居はまた、住む人がそれぞれの自分らしさを発揮する場所でもあります。一戸建てか、それとも集合住宅か。部屋の数や広さはどれくらい必要か。キッチンはどういったイメージがよいか。バスとトイレは一緒か、それとも別々か。家具はどのように配置していくか。カーテンや絨毯の色はどうするか。自分の引っ越しの経験を思い起こせばすぐにわかるように、人の住居への思い入れは深く、しかも、それはまさに千差万別といえるでしょう。こうした性格をもつ住居に関する職務を遂行するにあたっては、利用者の生活の質（クオリティ・オブ・ライフ：QOL）の維持・向上を求める身上配慮義務の視点からいっても、特に慎重な配慮が求められることは、あえていうまでも

ないことでしょう。

　成年後見人等が行う利用者の住居に関連する仕事の中でも、とりわけ重要なのが**居住用不動産の処分**に関する事務です（《ケース6‐1》）。なぜなら、居住用不動産の処分によって利用者の居住環境が変わることは、利用者の生活環境に激変をもたらす可能性があるわけですが、こうした劇的な環境変化は、特に利用者の精神面に大きなマイナスの影響を与える危険性が高いと考えられるからです。そこで、現行成年後見制度は、成年後見人等が利用者の居住用不動産を処分しようとする場合には、その可否について成年後見人等が単独で判断することを認めず、家庭裁判所の許可が必要になると規定しています。居住用不動産の処分が利用者の福祉にとって非常に重大な影響を与える判断になることから、家庭裁判所の許可をセーフガードとして取り入れることによって、特に慎重な手続を導入したわけです。

2　家庭裁判所の許可

(1)　概　要

　具体的には、民法859条の3が、「成年後見人は、成年被後見人に代わって、その居住の用に供する建物又はその敷地について、売却、賃貸、賃貸借の解除又は抵当権の設定その他これらに準ずる処分をするには、家庭裁判所の許可を得なければならない」と規定しています。この規定は保佐人と補助人にも準用されていますので、保佐人や補助人が処分するケースでも、当然に家庭裁判所の許可がいるということになります（民法876条の5第2項・876条の10第1項）。

　ところで、保佐人や補助人が不動産の処分を行うためには、事前に家庭裁判所から不動産の処分に関する法定代理権を与えられている必要があります。家庭裁判所による、この代理権付与の可否についての判断と具体的な不動産処分の許可の是非に対する判断とは、内容的にオーバーラップする部分がありますので、両者の関係が問題となります。この点について、立法担当官は

ケースを 2 つに分けて、その対応を説明しています（小林昭彦＝大門匡『新成年後見制度の解説』151頁（金融財政事情研究会、2000年））。

まず、保佐人や補助人への代理権付与の審判の対象が一般的な不動産の処分だった場合には、実際に居住用不動産が処分の対象として選ばれた段階であらためて家庭裁判所の許可を取得しなければなりません。この場合は、代理権付与の時点では居住用不動産の特性に配慮した慎重な利益判断は行われていませんので、許可手続の中であらためて当該不動産の処分が利用者の福祉に与える影響を具体的に吟味する必要があるからでしょう。

これに対して、当初から特定の居住用不動産の処分を対象とする代理権付与の審判がされる場合には、この代理権付与の審判とともに許可の審判をすることになります。この場合は、考慮されるべきファクターがすでにすべて裁判所の前に出揃っていますから、両者をまとめて判断しても、利用者に特別な不利益が生じるおそれはないからでしょう。逆に手続を厳格に分離してしまうと、文字どおり二度手間となって、利用者はもちろん、裁判所も二重にコストを負うことにもなってしまいます。ただし、裁判所の決定としては、あくまで①「代理権付与自体に関する審判」と、②「当該居住用不動産処分についての許可に関する審判」の 2 つが併存しているわけですし、内容的にも、前者が財産管理の必要性の観点による判断となるのに対して、後者は身上面に対する配慮の観点から判断すべきことになりますので、観念的には両者の違いを認識しておく必要があるでしょう。

いずれにしても、法定後見人が利用者の居住用不動産を処分しようとする場合には、このように家庭裁判所の許可が常に必要となります。しかし、これに対して任意後見契約法上には、そもそも家庭裁判所の許可の制度がありません。このため、任意後見人が利用者の居住用不動産を処分する場合には、家庭裁判所の許可は全くいらないことになります。これではたして利用者の福祉を十分に保障できるかについては疑問も残りますので、この点は後ほどあらためて触れてみたいと思います。

(2) 許可制度の趣旨

　成年後見人には成年被後見人の財産に対する包括的な法定代理権が与えられています（民法859条1項）。居住用不動産の処分は基本的には財産管理行為ですから、本来であれば、当然にこの法定代理権の対象であり、成年後見人の裁量で自由に処分を決定できるはずです。しかし、精神医学の見地からも居住環境の変化は利用者の心神の状況に多大な影響を与えることが指摘されていることから、利用者の居住場所の変化につながる行為には成年後見人等も慎重に対応する必要があります。そこで、利用者の身上面への配慮を重視する現行法は、利用者が現に住んでいる住宅や将来住む可能性がある住宅（たとえば、利用者が一時的に入院や入所しているケース等）を成年後見人が処分する場合について、成年後見人の代理権に制限を加えて、家庭裁判所の許可をセーフガードとして導入したというわけです。

(3) 対象となる居住用不動産の範囲

―《ケース6-2》―

　成年被後見人Xは、現在体調を崩しており、長期入院中である。Xが入院前に長年居住していた自宅は現在空き家になっている。利用者の経済状態を考えると、売却するか、あるいは賃貸して賃料収入を得ることが望ましいが、病状の回復次第では、まだ利用者が退院して自宅に戻ることのできる可能性もわずかだが残っている。

―《ケース6-3》―

　成年被後見人Xは、現在居住している自宅のほか、亡くなった夫が遺した2つの別荘をもっている。このうちの1つは、夫が当初、投資目的で購入したものであり、Xも夫も一度も利用したことがない。Xの状況を考えると、今後もこの別荘を利用する可能性はほとんどなく、管理コストを減らすためにも売却を検討している。

この許可制度は、法技術的には不動産処分という財産管理行為に関する代理権の制限という形式をとっていますが、規制の目的は利用者の身上への配慮です。許可の対象が利用者の不動産一般ではなく、利用者の生活状況に直接的な影響を与える可能性がある「居住用不動産」に限定されている理由も、まさにこの点にあります。したがって、居住用不動産であるかどうかについては、利用者が現実の生活拠点として利用する蓋然性の観点から判断するべきだといえるでしょう。当然ながら、住民票上の住所がどこにあるかは、居住用不動産性の判断の決め手にはなりません。

具体的には、①「利用者が生活の本拠として実際に居住している建物とその敷地」はもちろんですが、たとえ現時点で利用者が実際に居住していないとしても、②「将来、利用者が生活の本拠として居住する予定のある建物とその敷地」や、③「過去に、利用者が生活の本拠として居住しており、再び居住する可能性がある建物とその敷地」についても居住用建物として考えるべきでしょう（『東京家裁』86頁）。たとえば、現時点では利用者がグループホームに入居していたり、病院に入院していたとしても、利用者が再び居住する可能性が少しでも残っている限り、その建物は居住用不動産と考え、その処分にあたっては家庭裁判所の許可を求めるべきです（《ケース6－2》）。

また、居住用かどうかは、建物それ自体の客観的な性格からではなく、あくまでも利用者との主観的関係性（利用者の生活拠点性の有無）から評価されるべき問題ですので、《ケース6－3》の別荘などは家庭裁判所の許可の対象外と考えてよいでしょう。

なお、マンション等の区分所有建物についても、それが居住用不動産と考えられる限り、その専有部分と専有部分に関する敷地利用権を処分する場合には、当然、家庭裁判所の許可が必要となります。

(4) 対象となる処分の範囲

《ケース6－4》

成年被後見人Xは現在入院中であり、自宅は空き家になっている。X

の事実上の世話をしている妹Aの娘Bが、Xの自宅近くの大学に通うことになったが、Aが、下宿代節約のため、Xが退院するまでの間、Bを格安でXの自宅に住まわせてほしいと申し出てきた。

─《ケース6-5》─
　成年被後見人Xは借家住まいであったが、数日前に体調が悪化し入院した。担当医の話では高齢による基礎体力の低下もあって、入院は相当長期に及ぶ可能性が高く、状況によっては、仮に退院できても現在の借家に戻って生活できるという保証はないようである。Xの資力を考えると、将来的には家賃の負担が難しくなる可能性もある。

　民法859条の3は、家庭裁判所の許可の対象となる処分行為の内容として、①売却、②賃貸、③賃貸借の解除（《ケース6-5》）、④抵当権の設定に加えて、「その他これらに準ずる処分」をあげていますが、同条の性格を考えれば、許可の対象となる行為はできる限り広く捉えるべきでしょう。したがって、処分の対象となる不動産に利用者が以後は居住できなくなるか、あるいは、以後の居住が難しくなるような行為は、すべて「その他これらに準ずる処分」に含めてよいと考えます。

　具体的には、⑤贈与、⑥使用貸借による貸し渡し（《ケース6-4》）、⑦使用貸借の解除、⑧根抵当権の設定、⑨不動産質権の設定、⑩仮登記担保権の設定、⑪譲渡担保権の設定、⑫リバースモーゲージの設定等はすべて「その他これらに準ずる処分」として、家庭裁判所の許可を必要とするというべきでしょう。また、⑬信託の設定にも原則的には家庭裁判所の許可を要求すべきだと考えます。なお、⑭取壊し（解体・撤去）について、「事実行為であるが、これを業者に委託し、又は請け負わせる行為は法律行為であり、処分に含まれる」とする見解が示されています（『東京家裁』87頁）。本条の趣旨からすれば、契約によって第三者に解体・撤去を依頼した場合はもとより、成

年後見人等自身が事実行為によって解体・撤去を行う場合も含めて、家庭裁判所の許可を求めるべきでしょう（解釈論としては、民法859条の3の類推適用ということになるでしょうか）。もっとも、後者が現実に行われる可能性はほとんどないと思いますが。

　最後に、やや細かい話になりますが、③賃貸借の解除や⑦使用貸借の解除には、法定解除権の行使、約定解除権の行使、解約申入れ、合意解除（解除契約）といった、貸借関係を終了させるすべての法律行為を含めて考えるべきでしょう。

(5) 許可を得ずに行った処分の効果

　家庭裁判所の許可を得ずに、成年後見人等が独断で居住用不動産の処分を行ってしまった場合、立法担当官によると、その処分は法律的には**無効**になると考えられています。つまり、家庭裁判所の許可は「処分行為の効力要件」ということになります。通説や実務も、この考え方に立っています。

　これに対して、私は、家庭裁判所の許可は「処分行為の効果帰属要件」であり、許可を得ずにした行為は無効ではなく、**無権代理行為**として処理すべきだと考えています。家庭裁判所の許可の本質は、利用者の身上面に与えうる悪影響に対する配慮から、成年後見人等の「代理権を制限すること」にあると考えるからです。ただし、許可のない処分を無権代理として考えると、「民法110条の表見代理の適用可能性」と「民法116条に基づく本人による追認可能性」という問題が生じてきます。この点は民法解釈論上の細かい話になるので、詳細は別書に譲りますが、結論だけ簡単に述べておくと、民法110条については、その適用を認めて、利用者保護と相手方保護との調整をより柔軟に行うべきだと考えています。また、民法116条による本人からの追認については、成年被後見人と被保佐人の追認は否定すべきですが、被補助人による追認は原則的に肯定してもよいと考えています（上山泰『成年後見と身上配慮』99頁～105頁（筒井書房、2000年））。

(6) 利用者自身による居住用不動産の処分

　民法が要求している家庭裁判所の許可は、あくまでも成年後見人等が法定代理権を行使して処分を行う場合を対象としています。したがって、利用者が自ら居住用不動産を売却したような場合は、家庭裁判所の許可は不要ですから、その処分が民法859条の3によって当然に無効とされることもありません。

　もちろん、判断能力の低下している利用者が行った処分は、客観的にみて利用者の福祉を明らかに害するような不合理なものであるケースも多いでしょう。しかし、こうしたケースに対する利用者の救済は、裁判所の許可制度に関する規定によってではなく、より一般的な成年後見人等の権限によって行われるべきことになります。具体的には、成年後見事案であれば成年後見人の取消権を、保佐事案であれば保佐人の取消権の行使あるいは同意権の不行使によって、利用者本人による居住用不動産の不当な処分を防いでいくことになるわけです。補助事案では、原則的には被補助人の行為能力は制限されないため、補助人は直接的な形で介入する法的権限をもっていません。利用者本人による不当処分のリスクは、被補助人の自己責任に委ねられているわけです。もっとも、生活の本拠を失うことは被補助人の生活環境を致命的なまでに悪化させるおそれがありますから、利用者自身が不当処分をする蓋然性が高いと思われるケースでは、予防的手段として、たとえば「居住用不動産の処分行為」を補助人の同意権（取消権）の対象とする審判（民法17条）を受けておくことが望ましいでしょう。

　利用者の愚行権や試行錯誤権を主張する本書の立場では、成年後見人等の取消権の行使は、原則としてできる限り謙抑的に行われるべきだと考えていますが、この居住用不動産の処分ケースのように利用者の福祉に致命的な影響を与える場面では、利用者の客観的保護の観点から、むしろ積極的な行使が望ましいというべきでしょう（ただし、立法論としては、こうした場面の取消権も含めて、属人的な制度である制限行為能力制度を、たとえば消費者保護法

制のような、利用者にとって、もっと制約の少ない一般的な救済制度へと変換していくことが模索されてよいのではないかと思います。この点も含めて、詳細は第11章2(7)参照)。

(7) 任意後見人による居住用不動産の処分
(A) 実務上の対応策

すでに触れたように、任意後見契約法には居住用不動産の処分に対する家庭裁判所の許可に関する規定がありません。このため、法律上、任意後見人は居住用不動産についても独断で売却等の処分を行いうることになっています。しかし、不動産は一般に経済的価値が高いことから、濫用的な処分の対象となる危険性が大きい財産です。任意後見実務の中でも、利用者の判断能力低下に乗じて任意後見制度を悪用するために、即効型の任意後見契約を結び、本人が積極的に望んでいるわけではない不動産の売却や担保権の設定に関する条項を含めた代理権目録が作成された例が指摘されています(社団法人成年後見センター・リーガルサポート編『任意後見実務マニュアル』199頁(新日本法規、2007年))。

残念ながら現状では、こうした濫用的処分への対応としては、任意後見人の代理権濫用事例として判例法理による例外的な救済の可能性(代理行為の相手方が任意後見人の代理権濫用の意図を知っているか、あるいは知ることができた場合は、民法93条ただし書類推適用により当該法律行為の本人への効果帰属を否定する(最高裁平成4年12月10日判決・民集46巻9号2727頁等))を探るほかは、後見監督人の監督機能に期待するほかはありません。たとえば、実務的な解決手段として、居住用不動産の処分行為については任意後見監督人の同意を要する旨の特約を任意後見契約の中に入れておくことも提案されています(リーガルサポート編・前掲書199頁)。

もともと任意後見制度は、現行成年後見制度の新しい理念である「本人の意思の尊重」をさらに徹底した形での後見システムを創設する目的で導入されたものです。このため、そのコントロールも原則として私人である任意後

見監督人が行い、公的機関である家庭裁判所によるコントロールは任意後見監督人を通じた間接的なものを中心とする（本人保護のための公的な関与を必要最小限に抑える）という制度設計がされたわけです（『解説』378頁）。法定後見で必要とされる利用者の居住用不動産処分時における家庭裁判所の許可が任意後見では不要とされている理由もここにあります。

(B) 立法的課題

　しかし、私は、任意後見についても、利用者の福祉の根幹にかかわるような重要な行為が行われる場面では、法定後見と同様に、家庭裁判所の許可のような厳格なセーフガードを導入することが望ましいのではないかと考えています。たとえばドイツ世話法では、ちょうどこの日本法における居住用不動産の処分に相当する行為のほか、利用者の医療行為に対する同意や居所指定といった、利用者の身上監護面での重要事項については、法定後見人である世話人であれ、任意後見人である予防的代理人であれ、その行為の実施には世話裁判所の許可が必要とされています（ドイツ民法1904条・1906条・1907条）。実は、ドイツでは、任意後見については日本ほど体系的な法整備は行われておらず、その基本的な枠組みは通常の委任契約によっているため、ある意味では日本法以上に自己決定重視のシステムとなっています。ところが、このように重要な身上監護事項についてだけは、法定後見と任意後見の双方に対して、世話裁判所の許可という共通の公的コントロール手段を導入しており、利用者の客観的保護を優先させる制度設計を採用しているわけです。立法論としては、こうした方向性も検討されてもよいのではないでしょうか。もっとも、先ほども触れたように、この問題は現在の任意後見制度の基本的な制度設計理念と抵触する部分がありますので、立法政策としても意見が大きく分かれるところかもしれません。

(8) 実務上の留意点

(A) 転居一般をめぐる留意点

　利用者の居住用不動産の処分が、法律上、特別扱いされている理由は、生

活環境の変化が利用者に与える悪影響にあります。実際、環境の変化への順応力が弱い認知症の高齢者が、長年住み慣れた自宅を離れて長期入院や施設入所をしたことをきっかけとして、その症状が急速に悪化してしまったというケースはよく耳にします。さらに、転居はただ単に居住場所の変化をもたらすだけではありません。従来の居宅を起点とした隣人・友人・親戚たちとの交流や、町内会・趣味のサークルといった地域活動への参加の機会を失わせてしまうおそれがあります。こうした周囲の人間的な環境の変化（これまで築いてきたものを失ってしまうという方向での変化）が、利用者の気力を失わせ、その知的な判断能力面にも悪影響を与える可能性が高いことは明白でしょう。また、成年後見の基本理念であるノーマライゼーション（さらには、障害者権利条約の理念でもあるインクルージョン）は、地域での生活を継続することの重要性を強調していますが、このためには地域におけるインフォーマルな支援が必須の要素となります。しかし、転居にはこうしたインフォーマルな支援に対する人的な基盤を根こそぎひっくり返してしまうリスクがつきまとっているわけです。したがって、利用者の転居にあたっては、居住用不動産の処分の要否にかかわらず、広く一般的に利用者にとってのメリット・デメリットをできる限り慎重に判断することが望ましいといえます。

　　(B)　許可取得への積極姿勢

　こうしたことを踏まえるならば、居住用不動産の処分にあたっては、成年後見人等はむしろ積極的に裁判所の許可制度を利用していくという姿勢で臨むべきではないかと思います。たしかに許可制度は成年後見人等の代理権を制約するしくみではあるのですが、その実質的機能は、問題となっている不動産の処分の妥当性を家庭裁判所によってダブルチェックさせることに尽きます。つまり、裁判所からみてもその処分が妥当であれば、処分は実現できるわけですから、許可制度が適正な後見事務遂行の妨げになることは決してないわけです。したがって、許可制度の対象範囲に、対象不動産と対象処分行為のどちらの点についても、できる限り広く捉えていくべきだと考えます。

第6章　居住用不動産の処分

実務上では、少しでも居住用不動産の処分に抵触するような行為が必要となったときには、必ず家庭裁判所との協議を試みることが必要でしょう。また、この問題に限らず、利用者の福祉にとって重大な影響を与える問題については、家庭裁判所はもとより、利用者の支援にかかわる他の人々や、周囲の専門職後見人（自分の帰属する職能団体等も含む）など、できる限り多くの人と相談することによって、自分自身の判断が個人的な価値観に根づいた独善的な偏ったものになっていないか、常に自省する機会をもつことが大切ではないかと思います。

(C) 居住用不動産処分の判断要素

ところで、成年後見人等が居住用不動産の処分を決断することが必要となるのは、その処分のメリットがデメリットを明らかに上回るケースということになりますが、具体的にはどのようなケースを想定できるでしょうか。まず基本となるべきは、居住用不動産の処分とこれに伴って生じる生活環境の変化（転居や施設入所、病院への入院など）が、総体的にみて利用者のQOLを向上させることになるかという視点です。たとえば、グループホームへの入居によって得られる新たな人間関係であったり、施設入所によってもたらされるケアの質と量の向上、安全面における安定といった利用者の身上面でのメリットが、利用者のメンタル面での悪影響に対する懸念のような身上面のデメリットを十分に補って余りあるものであれば、裁判所の許可を得て積極的に処分を行うべきことになるでしょう。注意すべきは、ここでの利益衡量は純粋に経済的なコスト・ベネフィットの計算だけでは判断できないという点です。たとえば、一般に住宅そのものの財産的価値（資産価値）は経年劣化によって下がっていきますから、築年数の古い住宅の経済的な価値は低くなります。ところが、その住宅で過ごした家族との想い出のような利用者にとっての精神的な価値は、むしろ居住期間が長ければ長いほど高まっていきます。そして、身上監護の視点にとって重要なのは、客観的な市場価値だけでは十分に評価することができない、こうした利用者の主観による住居の

価値なのです。

　もっとも現実問題としては、利用者の経済的な問題から、やむを得ず居住用不動産の処分を考慮するというケースも少なくないでしょう。《ケース6-5》のように利用者の入院によって借家が空き家となってしまっている場合、家賃の継続的な負担が利用者にとって重荷でないなら、借家を維持しておくほうが望ましいのはいうまでもありません。しかし、利用者の経済状況がこれを許さない場合や、その資金を家賃以外の使途にあてたほうが利用者のQOLにとってベターである場合には、借家契約の解除に踏み切らざるを得ないでしょう。前者のケースではメリットがデメリットを上回るというよりも、利用者の生活崩壊のリスクという処分しない場合のデメリットが処分した場合のデメリットを上回るという非常に消極的な利益衡量ですから、もちろん決して好ましい話ではないのですが。

(D)　**土地工作物責任への配慮**

《ケース6-6》
　成年被後見人Xは長期入院中であり、自宅は現在空き家になっている。かつて、Xはこの自宅で酒屋を営んでおり、店の大きな看板もまだ残っていた。自宅は築年数が古く、看板周辺を含めて外装はかなり劣化していたが、空き家にしていたこともあり、特に修繕はせず放置していた。ある日、Xの自宅前をたまたま通りかかったAに、強風によって外れた看板が直撃し、Aは重傷を負ってしまった。

　居住用不動産を維持することによる経済的デメリットとしては、借家の場合の家賃負担や持ち家の場合の固定資産税負担と、不動産としての資産価値を守るための最低限の修繕費といった維持費が中心ですが、もう1つ見落とすことができないのは、民法717条が規定する**土地工作物責任**の問題です。《ケース6-6》のような場合、土地の工作物である建物によって第三者が被害を受けた場合、利用者が工作物の占有者もしくは所有者として損害賠償責

任を負う可能性があるほか、建物の管理者である成年後見人等自身も工作物の占有者として損害賠償責任を問われる可能性があります。すでに触れたように、利用者の将来の再利用を見越して、従来の居宅をたとえ空き家にしてでも処分しないでおくのは、利用者の福祉にとって望ましいことではあるのですが、その管理が適切に行われていないと、こうした思わぬ経済的損害が生じるおそれがあることも、頭の隅にとどめておく必要があるでしょう。

第7章 「社会化」が産んだ実務のアポリア

1 家族法のみえない檻の中で

(1) 家族という聖域

「**法は家庭に入らず**」という有名な法諺が示すように、長い間、法律の適用にとって家族は一種の聖域であったといえます。家族の内部のトラブルは法律という家族の外部にある物差し（国家による基準）を押し付けることで解決するのではなく、それぞれの家族内のルールによって自律的に処理されることが望ましい。こうした発想を前提とした場合、家族内のトラブルに対する法律の適用は基本的に謙抑的な形をとることになります。たとえば、家族内での窃盗について刑の免除等を認める親族相盗例（刑法244条1項）はこの典型です。また、このように家族という集団に強い独自性（社会における特殊領域性）を認めるならば、家族関係を規律する法制度にも他の法領域からの独立性・特殊性が求められることになります。私人間の法律関係を規律する民法の中で、家族関係だけを対象とした家族法という領域が存在する理由もここにあります。こうした法制度におけるいわば家族の特別扱いは、家族に関する紛争を解決するための裁判機関（家庭裁判所）やその裁判手続のルール（人事訴訟法、家事事件手続法）にまで及んでいます。

(2) 家族と法の関係の変化

もっとも近年では、家族の形態の多様化や家族構成員各自の個人性の強調（二宮周平『家族法〔第3版〕』13頁（新世社、2009年）の表現を借りれば「**家族の個人主義化**」）といった日本社会における家族関係の変容に伴って、法律の世界でもいろいろな変化が生じてきています。たとえば、DV防止法や高齢者虐待防止法、障害者虐待防止法は家庭内の暴力を家族の自治によってでは

なく、法律の適用によって解決する道を明確に示しました。この限りでは「法は家庭に入らず」の原則が崩されたわけです。

　介護の社会化や成年後見の社会化も、こうした家族の社会的機能の変容やこれに伴う法律との関係の変化といった大きな動きの中で現れてきた現象だといえます。

(3)　家族の役割と成年後見人の役割

　成年後見の社会化によって、従来、事実上、家族の内部だけで閉じられていた成年後見の機能が家族の外側へと開かれました。専門職後見人に代表される第三者後見人の登場です。もちろん、「社会化」が成年後見のすべてを家族の枠外へと放逐してしまうわけではありません。依然として成年後見の法的基盤は家族法の中にありますし、現在でも約 4 割の供給源が家族です（第 3 章 2 参照）。このため、今後の第三者後見人の役割としては、地域の親族後見人の支援という視点も重要になってくるでしょう。さらにいえば、成年後見は判断能力不十分者の支援形態の 1 つにすぎないので、この領域から家族の役割が全くなくなるというわけではありません。

　しかし、第三者後見人の導入を正面から認めて、成年後見の機能を外部化した以上は、成年後見人としての権限・義務の点で親族後見人と第三者後見人に差が生じるのを認めることはできません。簡単にいえば、成年後見の職務の中に親族後見人だけにしかできないことや、逆に第三者後見人にしかできないという領域があっては困るのです。もちろん民法や任意後見契約法は両者の職務範囲を全く区分していませんので、本来なら職務の遂行に関して両者の間に差が生じる余地はないはずです。しかし、それにもかかわらず、実務上では、後見職務に含めてもよいはずの領域について、現実には親族後見人でないと法的に対応できない場合があると指摘されています。たとえば、本章で詳しく検討する医療同意権や死後の事務は典型です。実は、一般に後見実務上の難題といわれるものは、正確には「**第三者後見人にとっての難題**」であるにすぎず、親族後見人にとってはさほど問題とならないことが多

いのです。

　また、逆に後見実務の中で、専門職後見人が家族と同然のかかわり方を求められてしまうことがあるという話もよく耳にします。しかし、第三者が成年後見人に就任することは、利用者の家族になるということではありません。たとえば、利用者と結婚したり、養子縁組したりすることとは、明らかに社会的な意味が異なるのです。

　こうした問題が生じる理由の一端は、家族の役割と成年後見人の役割とが、社会の実態としても、また法的な権限や義務の振り分けとしても、まだ完全には分化されていないことにあると考えられます。民法改正による新しい成年後見制度の導入によって本格的に第三者後見人という類型が社会に登場するまで、事実上、成年後見は家族だけが担う法的な役割（家族の法的機能）でした。このため、たとえば成年後見を実行するための権限の一部が仮に成年後見法制の中には欠けていたとしても、その権限が別の形で家族の権限（あるいは社会的に承認された家族の役割）として社会的に評価されていれば、これによって成年後見法制の欠缺が事実上補充されることになるので、少なくとも致命的な問題が生じるおそれはなかったわけです。

(4)　新たな法改正へ

　しかし、家族としての（家族という社会的地位から生じる）権限をもたない第三者後見人が登場してきた現在では、成年後見を、家族がもつ他の法的機能から自立した形で機能できるように整備する必要があります。つまり、家族がもつ他の法的な（あるいは社会的な）権限・義務を援用しなくても、成年後見法制が認める成年後見人固有の権限・義務だけで、成年後見人としての法的役割を十分に果たすことができるように、成年後見法制の再整備を実行することが望ましいということです。これは文字どおり「社会化」によって顕在化した問題だといってよいでしょう。

　専門職後見人の母体である職能団体等からは、具体的な法改正や運用改善の必要性が複数提言されています（日本弁護士連合会による2005年5月6日付

「成年後見制度に関する改善提言」、2009年7月16日付「任意後見制度に関する改善提言」、2011年12月15日付「医療同意能力がない者の医療同意代行に関する法律大綱」、リーガルサポートによる2005年10月1日付「成年後見制度改善に向けての提言〜法定後見業務に携わる執務現場から〜」、2007年2月16日付「任意後見制度の改善提言と司法書士の任意後見執務に対する提案」、日本社会福祉士会による2006年3月3日付「成年後見制度・地域福祉権利擁護事業の見直しに関する意見」、2010年11月16日付「成年後見制度とその運用の改善に関する意見」、財団法人民事法務協会成年後見制度研究会による2010年7月12日付「成年後見制度の現状の分析と課題の検討〜成年後見制度の更なる円滑な利用に向けて〜」等）。これらの中では、専門職後見人であるがゆえに職務の円滑な遂行が妨げられている現行法上の障壁についても数多く言及されています。逆にいえば、こうした障壁を法改正によって取り除いていかなければ、市民後見人を含めた第三者後見人の今後の発展に影が差すことになりますし、さらなる「社会化」の促進も難しくなるでしょう。

　いずれにしても、こうした方向での法改正に必要な準備作業は、成年後見（人）の果たすべき機能を家族一般がもつ機能からいったん切り離したうえで、あらためて整理し直すことです。そして、この作業に必要な材料も現行成年後見制度下における15年の後見実務、それも第三者後見人である専門職後見人の実務の蓄積を通じて、すでにかなり集まってきているといってよいでしょう。これから私たちが取り組むべき課題は、この15年の後見実務の中で社会から突き付けられてきたさまざまな要求について、成年後見の遂行に「必要なこと」と「必要ではないこと」をしっかりと腑分けし、「必要なこと」に対する権限・義務が不足しているならば、これを立法によって補完していくことです。もっとも、現在の家族がもっている種々の法的機能を外部化していく場合、その機能の移譲先は成年後見制度だけに限定されるわけではありませんから、対象となる機能を成年後見とは異なる法制度として構築するという可能性についても、立法論のうえでは常に視野に収めておく必要

はあるでしょう。いずれにせよ、最も重要なことは「成年後見人は利用者のために何を行うべきなのか？」ということを、現行制度の運用実績を踏まえたうえであらためて考え直してみることなのです。

そこで本章では、現在の専門職後見人による実務の中で出会うアポリア、つまり解決困難な難題とされている場面をピックアップし、その問題点を整理してみることにします。そしてこの作業を通じて、家族の役割と成年後見人の役割との分化が不十分なまま、「社会化」が進行（第三者後見人が登場）してしまったという事情が、こうした実務上の難問に共通する背景になっていることを確認してみたいと思います。

2　医療に関する行為

(1)　医療同意権

立法担当官が成年後見人の医療同意権を否定していること。このため、本来であれば成年後見人の積極的な支援が最も期待される領域であるはずの医療行為の場面（利用者の生命・身体・健康といった極めて重要な利益の擁護が問題となる場面）で、現状では成年後見人の活動がかなり制約されてしまっていること。その一方で医療同意権の行使とは違う形で、つまり現行法が認める枠内でも、なお成年後見人が利用者の医療に関与できる余地は見出せること。こうした成年後見人の医療同意権をめぐる現行法の問題点については、すでに第5章で詳しく述べました（第5章5(2)参照）。

しかし、そこでも触れたように、親族後見人の医療同意権の有無が、実際の医療現場で厳しく問われることは、ほとんどありません。その法的な正当性はともかくとして、少なくとも医療現場の慣行としては、患者本人に同意能力がなければ、その家族に同意を求めるのが通例になっているからです。そして、一般の人たちの常識的な感覚からみる限り、こうした対応が特におかしなこととして評価されることはないでしょう。ただし、いうまでもなくここでの同意の可否は、同意した人が成年後見人として正式に選任されてい

るかどうかとは全く無関係に判断されています。たまたま手術の同意書にサインをした家族が患者の成年後見人でもあった場合でも、その事実上の同意権行使は成年後見人としての資格で行われたわけではなく、利用者の家族の1人という立場で行われたにすぎないからです。したがって、たとえば患者の家族が複数いる場合に成年後見人である家族の意向が特に優先されるという保証もありません。現在の実務上、こと医療同意権に関する限り、成年後見人には何らの優越的地位も認められてはいないわけです。ちなみに、近時、リーガルサポートが「公益社団法人認知症の人と家族の会」の会員を対象に実施したアンケート調査（リーガルサポート「『親族による医療行為の同意についてのアンケート』結果報告」（2013年9月13日）参照）の中では、仮に第三者の医療同意権を認める立法を行う場合に、第1順位の同意権者に最もふさわしいのは、（配偶者以外の）親族後見人（支持率24％）よりも配偶者（支持率72％）であるとの結果が示されています。このことは、わが国の家族の意識が、医療の代行決定という場面では、後見人という法的地位よりも、親族関係の近しさのほうを重視していることを端的にうかがわせるものでしょう。

　いずれにせよ、医療同意権について、あらためて本章の視点から確認しておくべきことは、この面で専門職後見人と家族後見人との間に現実上の差異があるということです。そして、この事実は、ひいては第三者後見人の利用しか望めない、身寄りのない判断能力不十分者にとって不公平となるおそれがあるという点にも留意する必要があるでしょう。

(2) 終末期医療

《ケース7-1》

　成年被後見人Ｘが夜中に近所のコンビニエンス・ストアへ出かけた道すがら、脳出血で突如倒れてしまった。しばらくして、たまたま通りかかった通行人の通報で救急車が呼ばれ、Ｘは病院に搬送されたが、発見が遅れたこともあって、容態の回復は非常に難しい状況である。病院からの連絡を受けた成年後見人Ａは、担当医からＸの容態の説明を受

けた際、容態の回復が見込めそうもないので、Xの家族と相談して延命治療を停止することについて検討してもらいたいと依頼された。しかし、Xのことをよく知る近親者はいない。なお、Xに正式なリビング・ウィルは残していなかったが、「死ぬときは楽に死にたい。チューブみたいなものにつながれて、延々生かされるのはごめんだ」という趣旨のことを、Aを含む周囲の人たちに話していた。

(A) 終末期医療に関するガイドライン

　成年後見制度の利用者には高齢者が多いため、終末期医療への対応が切実な問題となるケースが少なくありません。しかし、一般的な医療同意権すら認められていない成年後見人に、延命治療の実施や中止、尊厳死等に関する権限が認められるはずもありません。実際、立法担当官も成年後見人の医療関連の職務に対する説明の中で、延命治療の実施と中止（《ケース7-1》）や尊厳死については、臓器移植、不妊手術とともに、成年後見人の職務範囲外であることを特に具体的に明示しています（『解説』269頁）。また、私自身も含め、成年後見人の一般的な医療同意権を現行法の解釈論として認める学説も、その大半がこれらの行為については権限を否定しています。

　なお、近年この領域に関して、いくつかのガイドラインが示されています。厚生労働省による「終末期医療の決定プロセスに関するガイドライン」（2007年5月）、日本医師会第Ⅹ次生命倫理懇談会による「終末期医療に関するガイドライン」（2008年2月27日）、全日本病院協会による「終末期医療に関するガイドライン」（2009年5月）、日本救急医学会・日本集中治療医学会・日本循環器学会の3学会による「救急・集中治療における終末期医療に関するガイドライン」（2014年11月）です。しかし、いずれのガイドラインにおいても残念ながら成年後見人の役割に対する直接的な言及はありません。たとえば厚生労働省のガイドラインでは、患者の意思が確認できない場合、「①家族が患者の意思を推定できる場合には、その推定意思を尊重し、患者

にとっての最善の治療方針をとることを基本とする。②家族が患者の意思を推定できない場合には、患者にとって何が最善であるかについて家族と十分に話し合い、患者にとっての最善の治療方針をとることを基本とする。<u>③家族がいない場合及び家族が判断を医療・ケアチームに委ねる場合には、患者にとっての最善の治療方針をとることを基本とする</u>」（下線筆者）という手順に従って、医療・ケアチームが判断を行うことになります。このガイドラインはインフォームド・コンセントの理念に則り、患者本人による決定が終末期医療の最重要原則であるとしています。このため、患者の意思を直接確認できない場合でも、まずは家族を通じて患者の意思を推定することを求めています（①）。ところが、こうした患者の意思を代弁する利益代表者を家族という表現のみでくくってしまったため、身寄りのない患者の場合、こうした本人意思の間接的な把握というセーフガードを通らずに、一足飛びに医療側の決定に委ねられてしまうおそれがあります（③）。簡単にいえば、判断能力のない患者の中でも家族のいない患者は、家族がいる患者と比べて、人生の終わりを決める最も重要な決断である終末期医療の場面に自分の意向を反映できるチャンスが少ない危険性が秘められているわけです。もっとも、同時に公表された解説編（終末期医療の決定プロセスのあり方に関する検討会「終末期医療の決定プロセスに関するガイドライン解説編」注10）は、ガイドラインにおける家族とは「患者が信頼を寄せ、終末期の患者を支える存在であるという趣旨ですから、法的な意味での親族関係のみを意味せず、より広い範囲の人を含みます」と説明し、こうしたリスクを緩和しようとしているようですが、ガイドラインの文言が一人歩きする危険を考慮すれば、家族の有無による不公平が現実化するおそれを全くの杞憂ということはできないのではないでしょうか。

　なお、日本救急医学会等のガイドラインでは家族と友人や関係者等を含める形で「家族ら」という表現が使われていますが、ここでも成年後見人に対する具体的な言及はみられません。

また、日本医師会のガイドラインも、「患者の意思の確認が不可能な状況下にあっても『患者自身の事前の意思表示書（以下、「意思表示書」という。）』がある場合には、家族等に意思表示書がなお有効なことを確認してから医療・ケアチームが判断する。また、意思表示書はないが、家族等の話などから患者の意思が推定できる場合には、原則としてその推定意思を尊重した治療方針をとることとする。なお、その場合にも家族等の承諾を得る。患者の意思が推定できない場合には、原則として家族等の判断を参考にして、患者にとって最善の治療方針をとることとする。しかし、家族等との連絡が取れない場合、または家族等が判断を示さない場合、家族等の中で意見がまとまらない場合には、医療・ケアチームで判断し、この判断に関して原則として家族等の了承を得ることとする。上記のいずれの場合でも家族等による確認、承諾、了承は文書によらなければならない」としており、成年後見人には直接言及していません。ただし、このガイドラインが、その脚注（注2）の中で、「『家族等』とは、法的な意味での親族だけでなく、患者が信頼を寄せている人を含む。なお、終末期を想定して患者にあらかじめ代理人を指定してもらっておくことが望ましい」としているため、ここでいう代理人と任意後見人との関係等があらためて議論されることになると思われます（そもそも、この代理が民法上の代理を意味するのか、仮に民法上の代理と同義だとして、こうした重要な授権行為が無要式の行為（単なる口頭の授権等）でも足りるのか等、法律上検討すべき課題は多いというべきでしょう）。

　(B)　成年後見人の果たせる役割

　このように、現行法上、成年後見人には延命治療に関する直接的な決定権限はありませんし、既存のガイドラインの中でも成年後見人の役割は直接的な形では認められていません。

　しかし、一般的な医療同意権の場合と同じように、終末期医療の場面でも成年後見人が一定の役割を果たすことはできます（《ケース7－1》）。1つは、ガイドラインのいう家族の役割を、成年後見人が積極的に果たすことです。

つまり、通常の医療行為のケースと同じように、利用者の知人などから延命治療に関する決定の判断材料（特に本人の意思や価値観を推測させるようなデータ）を集め、これを要領よく担当の医療・ケアチームに伝えることです。特に、利用者が何らかの形でリビング・ウィルを作成している場合には、成年後見人は少なくともこれを医療・ケアチームに提示し、延命治療に関して本人が事前に一定の希望を明示していたことを伝えなければならないでしょう。こうしたケースとしては、たとえば日本尊厳死協会にリビング・ウィルが登録されていた場合、**尊厳死公正証書**が作成されていた場合、任意後見契約公正証書の希望事項として尊厳死要請に関する委託が記載されていた場合等が考えられます。

さらに、リビング・ウィルがある場合には、利用者の入院にあたって、これに対処可能な医療機関を優先的に選択したり、あるいは、こうした医療機関へと本人を転院させることが、成年後見人に要請されることも考えられるでしょう（本人意思尊重義務に基づく**医療機関選択義務**や**転医（実施）義務**）。

なお、医療同意（医療拒否も含む）については、本人に同意能力がある限り、常に本人の意向が最優先の基準と考えるべきです。したがって、リビング・ウィルがある場合でも、まずは、本人の同意能力を慎重に確認するとともに、エンパワメントを通じて、本人自らが意思決定を行うための支援（自己決定支援）を最大限に試みることが必要です。こうした努力を放棄して、安易にリビング・ウィルに頼った対応を行うことは、むしろ自己決定の尊重の理念に反するものというべきでしょう。リビング・ウィルの活用は、あくまでも患者本人の利益に基づいて行われるべきなのであって、病院や施設あるいは成年後見人等の都合で（たとえば、延命治療の実施あるいは中止時における本人の意思確認に対する省力化のために）、安易な免責手段として濫用されてはならないのです。

（3）　臨床試験

いわゆる新 GCP（医薬品の臨床試験の実施に関する基準に関する省令（平成

9年厚生省令28号））は、被験者の親権者、配偶者、後見人その他これに準じる者を**代諾者**として定義したうえで（同省令2条19号）、被験者となるべき者が同意の能力を欠くこと等により同意を得ることが困難であるときは、代諾者となるべき者の同意を得ることにより、当該被験者となるべき者を治験に参加させることができる（同省令50条2項）としています。ここでの後見人は成年後見人を含む趣旨と考えられますので、成年後見人は臨床試験に関する同意権（代諾権）をもっているということになります。しかし、臨床試験は必ずしも患者本人の直接的な利益や福祉を目的としたものではありませんし、人体に対する生物医学研究の一環として行われるという性格上、実験的治療としての要素が強いものです。こうした点を踏まえると、本来、患者の自己決定尊重の必要性は一般的な治療よりも高いものだというべきでしょう（植木哲『医療の法律学〔第3版〕』110頁（有斐閣、2007年））。したがって、一方において成年後見人の医療同意権を原則的に否定しておきながら、他方で、通常よりも本人意思尊重の要請が強い臨床試験に関する同意権を認めるというのは本末転倒の感が強いといえます（新井誠＝赤沼康弘＝大貫正男編『成年後見制度』109頁（有斐閣、2006年））。

　このほかにも、ヒトゲノム・遺伝子解析研究に関する倫理指針（平成13年文部科学省・厚生労働省・経済産業省告示1号、最終改正平成25年2月8日）が代諾者の1類型として後見人・保佐人・任意後見人を明示するなど、実験的医療の領域における各種指針には、民法上の成年後見人等の医療同意権に関する地位と矛盾するものが散見されます。特に、保佐類型や補助類型では、そもそも本人に民法上の意思能力があるケース（これと同等の能力低下で発効している任意後見も同様）ですから問題が大きいといえます。先ほどの厚生労働省「終末期医療の決定プロセスに関するガイドライン」がここでの代諾者に相当する役割を果たす人を「家族」と表現していたことも考え合わせると、判断能力の不十分な患者に関する医療について、国の方針は一貫性を欠いているといわざるを得ません。

いずれにせよ、こうした状況は、成年後見人の医療同意権に関する法制度の混迷状況を端的に示すものだといえるでしょう。この点からも、1日も早く成年後見制度の位置づけを含めた医療に関する代行決定の問題を体系的に整理し、立法による明確な解決を図ることが望まれるところです。ちなみに、近時、法律系の専門職後見人団体から、相次いで、具体的な立法提言が公表されています（日本弁護士連合会「医療同意能力がない者の医療同意代行に関する法律大綱」（2011年12月15日）、リーガルサポート「医療行為における本人の意思決定支援と代行決定に関する報告及び法整備の提言」（2014年5月15日））。もちろん、この2つの提言の内容には違いもありますが、めざす制度設計の大枠には重要な共通点があります。たとえば、①医療同意権者として複数の類型を認めたうえで、同意権の行使について優先順位を付けていること、②医療同意権者の類型の中に成年後見人と家族をともに含めていること、③本人の自己決定尊重の観点から、患者本人が事前に指名した者を最優先順位の医療同意権者としていること、④医療同意権の適正な行使を保障する行政機関の設置（ただし、日本弁護士連合会の想定する医療同意審査会が重大な医療行為に関する許可権限を持つなど監督機関の色彩が強いのに対して、リーガルサポートの想定する相談機関は助言機能に力点を置く）等です。おそらく、こうした共通点はこの15年の専門職後見人としての実務経験を反映したものであるといえ、法改正のための十分な土台がすでに出来上がっていることを示しているように思われます。

3　精神保健福祉法上の成年後見人の位置づけ

(1)　保護者制度の廃止と新たな課題

《ケース7-2》
　Xには以前から統合失調症の症状が散見されていたが、最近、その症状が急速に増悪したため、保佐が開始されることになった。Xには妻Yがいるが、かなりの高齢であり健康状態もよくないということで、家庭

> 裁判所により社会福祉士Aが保佐人に選任された。

　精神保健福祉法の改正によって、2014年3月31日をもって保護者制度が廃止されました。これによって、利用者の精神保健福祉領域における成年後見人と保佐人の法的な位置づけも重要な影響を受けています。法改正の前は、成年後見人と保佐人は、精神保健福祉法上、第1順位の保護者とされていました（旧精神保健福祉法20条）。この第1順位の保護者の地位は充て職的なものであり、特別な選任手続の経由もなく、順位変更の対象にもなっていませんでした（第11章で触れる「**成年後見制度の転用問題**」の典型例）。このため、たとえ利用者の近親者がいても、専門職後見人が第1順位の保護者として、優先的に保護義務を負うことになっていました。たとえば、《ケース7-2》の場合、被保佐人Xの妻Yは第2順位である配偶者なので、第1順位である保佐人Aのほうが優先的に保護義務を果たさなければならなかったわけです。

　これに対して、現行の精神保健福祉法では保護者制度自体がなくなったため、一見すると、特に専門職の成年後見人と保佐人にとっては負担が軽減されたようにみえます。しかし、残念ながら、問題はそれほど単純ではありません。まず、旧法上の保護者の中核的な権限であった医療保護入院とこのための移送に対する同意権は、「家族等」の同意要件（精神保健福祉法33条1項・34条1項）の形で残っています。そして、法律上、この「家族等」は「当該精神障害者の配偶者、親権を行う者、扶養義務者及び後見人又は保佐人をいう」（同条2項）と規定されているため、現行法の下でも、成年後見人や保佐人（《ケース7-2》のA）には精神病院側から同意を求められる可能性があるわけです。もっとも現行法では、旧法とは異なり「家族等」による同意の行使に優先順位はないうえ、「家族等」の中の誰か1人が同意をすれば、医療保護入院の同意要件は満たすことになるので、《ケース7-2》のように患者に配偶者等がいる場合には、専門職後見人がこれを理由に（配偶

179

者から同意を取ってほしいと主張して)、同意を拒絶することも法律上は可能です。しかし、専門職後見人が家庭裁判所の公的な信任を受けて選任された権利擁護者であることを考えれば、他に同意権者がいるという理由のみで、当該医療保護入院の妥当性に関する検討を全くせずに頭から同意を拒絶するというのは、あまり好ましい姿勢ではないように思います。すでに現場からは同意のたらい回しに対する懸念の声もあがっていますが、利用者の権利擁護のキー・パーソンとしての役割を持つ専門職後見人としては、自らが最終的に同意を行うかは別として、少なくとも、こうした場面では、他の「家族等」との意見調整に積極的に取り組むべきでしょう。また、後述する監督義務者の責任(本章4参照)の観点からは、たとえば、専門職後見人が安易に同意を拒絶したうえ、他の「家族等」との協議なども全く行わずに問題を放置していた結果、適正な入院治療を受けられずにいた患者が激しい妄想にかられて傷害事件を引き起こしたような場合、この傷害事件の被害者に対して、専門職後見人が損害賠償責任を負わされる可能性があることにも留意が必要です。

(2) 医療保護入院に関する問題点

さて、今回の精神保健福祉法改正によって、かねてから批判が多かった保護者制度の廃止こそ実現しましたが、医療保護入院の要件として「家族等」の同意が残されたため、民法との不整合の問題は依然として残っています。そもそも、医療保護入院は、「一般の疾病の場合の入院と同様に民法上の契約を締結する行為であり、精神科病院の管理者は、入院契約の申込みもないのに、これを入院させる権限を有するなどということはない」と考えられています(精神保健福祉研究会監修『三訂　精神保健福祉法詳解』297頁(中央法規出版、2007年))。ところが、医療保護入院は、入院が本人の意思に反する場合の対応ですから、本人自身による入院契約締結はありえません(本人の同意があれば、精神保健福祉法20条以下の任意入院の規定が適用されることになります)。したがって、医療保護入院に同意した「家族等」に本人の入院契約

に関する代理権がない限り、この入院の前提となる民法上の入院契約の有効な成立を正当化することは困難です（本質的には、本人の意思に反する強制入院ですから、デュー・プロセスの保障や、あるいは、民法537条2項の受益の意思表示との関係からいっても、第三者のためにする契約で正当化してしまうのは、いささか安易な気がします）。

　また、改正前と変わらず、「同意要件（家族等の同意権限）」の法的な位置づけは依然として不透明なままです。医療保護入院手続は家族等の同意だけで行われるわけではありません。この同意とあわせて、指定医による診察の結果、①本人が精神障がい者であること、②医療および保護のため入院の必要があること、③当該精神障がいのために任意入院が行われる状態にないこと（本人に病識がない等、入院の必要性について、本人が適切な判断をすることができない状態であること）、と判定されることが原則として必要です（精神保健福祉法33条1項1号。精神保健福祉研究会監修・前掲書294頁〜302頁参照）。しかも、精神保健福祉法の立法趣旨からすれば、医療保護入院の積極的要件はむしろ指定医による判定のほうであって、家族等の同意は消極的要件にすぎないといえます（精神保健福祉研究会監修『改正精神保健福祉法の概要　改正事項の説明と検討の経緯』34頁（中央法規、1999年））。つまり、法律の構造から考えると、医療保護入院の決定についてイニシアチブをもっているのは医療サイドであって（メディカル・パターナリズム）、家族等の同意権は、患者の人権擁護のために設けられた、不当な身体拘束防止に対するセーフガードであると理解するべきでしょう。上述のように、医療保護入院に同意した「家族等」が入院契約に関する代理権を持っている場合を除いて、そもそも医療保護入院の法的根拠を民法上の契約に求めることが難しいことを考えると、仮に今後も医療保護入院制度を存続させ続けるのであれば、措置入院と同様に、公的な責任に基づく強制入院制度として明確に位置づけ直すべきだと思われます（ただし、立法論としては、障害者権利条約との関係上、そもそも精神障がいを理由とする非自発的入院がどこまで正当化できるかについて、これ

なお、精神保健福祉法の改正による保護者制度の廃止それ自体は評価できますが、この代替措置として、同意要件の主体を広く「家族等」に拡散させた点は大きな禍根を残したというべきでしょう。1つは、端的に社会的入院を含めた不適切な医療保護入院のリスクが高まった点です。ここでは、同意主体の拡張による入院の容易化が本人の権利擁護に反する運用へとつながっていないかという視点から、この制度の実施状況の追跡調査等が必要でしょう。もう1つは、既述のように第三者後見人にとって同意すべきかの判断がさらに複雑になった点です。新法のもとでは成年後見人と保佐人は唯一の同意権者ではなくなったので、理論上は同意の事務から免れやすくなったかのようにみえます。しかし、おそらく現実には、第三者後見人が選任されている場合、まずは第三者後見人が病院側から同意を求められることが多いでしょう。このとき、後述する監督義務者の責任（本章4参照）の存在が同意（医療保護入院の容認）へと心理的に大きく後押しする可能性は、残念ながら否定できないと思われます（後見人未選任事案で、事実上の後見人として活動している配偶者等の親族の場合も同様です）。ここには、依然として、旧法と同様の成年後見人の役割の分裂（本人の権利擁護者という本来の立ち位置と、ある種の公益（＝本人による加害行為の防止）実現の代行者としての立ち位置との構造的な矛盾）という問題が残されているのです。

(3) 心神喪失者等医療観察法

　精神保健福祉法上の保護者制度廃止に伴って、心神喪失者等医療観察法（以下、「医療観察法」といいます）上に固有の「保護者」制度が新設されました（同法23条の2・23条の3）。改正前は精神保健福祉法上の保護者をそのまま医療観察法上でも保護者にするというしくみだったのですが、精神保健福祉法から保護者制度がなくなったため、医療観察法上に保護者制度を新設することで、この帳尻を合わせたということです。もっとも、医療観察法の規定ぶりは、改正前の精神保健福祉法の規定（旧20条・21条）をほとんどその

まま写した形になっています。このため、成年後見人と保佐人は、変更不能な第1順位の保護者として位置づけられました。後述する保護者の役割を考えると、これは非常にいびつな構造になっていると言わざるを得ません。もちろん改正前の状況も典型的な「成年後見制度の転用問題」の一例であり、大いに問題があったわけですが、改正後は転用問題の背景に潜む立法政策上の欠陥（法定後見制度の位置づけに対する不統一性）がさらにはっきりと浮き彫りになったといえるでしょう。というのも、旧法のしくみでは、まずは精神保健福祉法によって、精神障がい者の一般的な権利擁護者としての保護者の役割を付与されていたうえで、この者が刑事責任能力を欠いた状態で重大犯罪を行った場合に、いわば上乗せ的な形で、いわゆる触法精神障がい者に対する特別な権利擁護機能が追加されていたわけですが、新法の場合、こうした前提がないままに、いきなり触法精神障がい者の支援に特化した権限が付与されるという状況になっているからです。遺産分割や不動産処分のような特定の重要な財産管理事務を念頭に保佐人が選任された事案が典型ですが、ここには、保佐人選任時に期待された資質・能力とのミスマッチをはじめとした「成年後見制度の転用問題」が持つ構造的な欠陥が露呈しているのです。

さて、医療観察法は触法精神障がい者の社会復帰支援を中心的な目的としていますが、この中で保護者は次のような役割（権限・義務）を与えられています。

① 対象者の処遇に関する審判（以下、「審判」といいます）における意見陳述権・資料提出権（同法25条2項）
② 対象者のための付添人選任権（同法30条1項）
③ 審判期日への出席権（同法31条6項）
④ 審判による処遇としての指定入院医療機関への入院等に関する通知の受領権限（同法43条3項・4項）
⑤ 当該入院についての退院許可等の申立権（同法50条）
⑥ 審判による処遇としての指定通院医療機関への通院の終了に対する申立

権（同法55条）
⑦　処遇裁判所の終局決定に対する抗告権（同法64条2項）・再抗告権（同法70条1項）
⑧　鑑定入院命令に対する取消請求権（同法72条1項）・異議申立権（同法73条1項）
⑨　審判による処遇としての指定入院医療機関への入院時の入院患者の処遇改善請求権（同法95条）
⑩　審判に関する費用（証人、鑑定人、付添人らの旅費、日当等）の負担義務（同法78条）

①～⑨の権限が対象者の権利擁護にとって重要な意義を持つことは確かですが、こうした役割を成年後見人と保佐人に自動的に割り当てることが妥当かは大いに議論のあるところでしょう。また、⑩の費用負担義務については、民法上の法定後見に関する費用の本人負担原則（民法861条2項）と明らかに矛盾するようにみえます。したがって、医療観察法における成年後見人と保佐人の位置づけについては、今後、再度の見直しが必要であるというべきです。

4　責任無能力者の監督義務者の責任

《ケース7-3》
　いわゆるまだら認知症がある高齢者Yの成年後見人として社会福祉士Aが選任された。Yの安全のために、AはYの自転車をY宅の納屋にしまっておいたが、ある日、Yがこの自転車を見つけ出してしまい、この自転車に乗って、ふらふらと出かけてしまった。この途中、Yは見当識を失ってしまい、前方の歩道を歩いていた高校生Xに真後ろから衝突して、Xに大けがを負わせてしまった。

《ケース7-4》
《ケース7-3》において、Yが自動車運転免許証と自家用車を所持していたとする。交通事故の危険を案じたAは、Yに免許証の返納を強く要請していたが、ドライブを長年の趣味としてきたYは、Aの説得にまったく耳を貸さなかった。そこで、とりあえずAは、Yの運転を防ぐために、Yから自家用車のキーを預かっていたが、ある日、Yは台所の引き出しの中から、自分でしまい忘れていたスペアキーを偶然見つけ出し、Aの知らぬ間にドライブに出かけてしまった。このドライブの途中、Yは見当識を失ってしまい、道路を逆走して、Xの運転する対向車にぶつかり、Xに大けがを負わせてしまった。

(1) 民法714条の監督義務者の責任

　精神保健福祉法上の保護者に関連しては、後見実務上、もう1つの難問があります。民法714条の監督義務者の責任をめぐる問題です。

　民法713条本文は、「精神上の障害により自己の行為の責任を弁識する能力を欠く状態にある間に他人に損害を加えた者は、その賠償の責任を負わない」と規定しています。民法上、故意や過失によって他人に損害を与えた場合、原則的には被害者に対して不法行為に基づく損害賠償責任を負うことになるわけですが（民法709条以下）、精神上の障がいのために加害者に自分の行為の責任を理解できるだけの判断能力がないとき（責任無能力であるとき）には、この規定によって免責されるわけです。ちなみに、幼稚園児が友達とケンカをしてケガをさせた場合のように、責任能力のない未成年者も同様に責任無能力による免責の対象になります（民法712条）。

　このように、加害者の責任について責任無能力を理由に免責してしまうと、損害賠償による被害者の経済的な救済を図ることができなくなります。そこで、民法は直接的な加害者である責任無能力者を免責する代わりに、これを監督する法律上の義務を負っていた人（**法定監督義務者**）に対して、被害者

への損害賠償責任を負わせることにしました。これが民法714条の**責任無能力者の監督義務者の責任**です。そして、伝統的な理解によれば、未成年者に対する親権者のほか、すでに廃止された精神保健福祉法上の保護者や成年後見人が民法714条の法定監督義務者の典型例であると考えられてきました。このため、精神障がいのある利用者の成年後見人は、この監督義務者の責任を負う可能性があるわけです（《ケース7-3》《ケース7-4》）。

　ところで、この監督義務者の責任は一般に中間責任と呼ばれ、通常の不法行為責任よりも重い責任だと考えられています。というのも、民法709条によって処理される通常の不法行為の場合、裁判の場で被害者側が加害者の当該不法行為に関する故意や過失の存在を立証しなければならないのですが、この関係が民法714条ただし書によって逆転され、監督義務者の側で自分に過失がなかったこと（責任無能力者の監督義務を怠っていなかったこと）を証明できない限り、損害賠償責任を負うべきことになっているからです（**立証責任の転換**と呼ばれます）。しかも、一般に判例はこの監督義務者の免責をあまり認めてこなかったため、法定監督義務者の責任は事実上、無過失責任に近いものとして機能していたといわれています。

(2)　成年後見人と民法714条

　これまでのところ、成年後見人等について民法714条の責任が問われた裁判例は公表されていませんが、認知症高齢者の徘徊中の鉄道事故について遺族らの不法行為責任が問われた近時の事件（JR東海事件）の第1審（名古屋地裁平成25年8月9日判決・判時2202号68頁）、第2審（名古屋高裁平成26年4月24日判決・判時2223号25頁）の判決は、いずれも成年後見人が当然に法定監督義務者となるという伝統的な学説を前提としているように見られます（本事件の詳細については、清水恵介・実践成年後見49号79頁（2014年）、同・実践成年後見53号87頁（2014年）、犬伏由子・私法判例リマークス50号34頁（2015年）等の本件判例評釈を参照）。たとえば、第1審は、本人の長男を民法714条1項の法定監督義務者や同条2項の代理監督者と同視できる事実上の監督者である

として、同条2項の準用による損害賠償責任を肯定しましたが、このときに重視された事実は、長男が事実上の成年後見人として、家族会議を主催し、認知症高齢者の重要財産の管理や介護方針に関する意思決定を行っていたという事情です。したがって、もし仮に長男が正式な成年後見人として選任されていたならば、成年後見人としての714条責任が正面から認められた可能性が高かったといえます。他方、第2審は、第1審とは逆に長男の事実上の監督者性を認めませんでしたが、傍論の形式とはいえ、より明確に「精神上の障害による責任無能力者に対する成年後見人」が民法714条1項の法定監督義務者に該当すると指摘しました。ただし、本件での責任主体はいずれも遺族（配偶者と長男）でしたので、裁判所が、第三者後見人の場合も、利用者の親族や親族後見人と全く同じ扱いとするかについては、なお不透明な要素があるとはいえるでしょう。

　こうした伝統的な理解に対して、近年では、成年後見人やすでに廃止された保護者に関する監督義務者の責任を免除もしくは限定すべきだとする学説が増えています（前田泰『民事精神鑑定と成年後見法』210頁～212頁（日本評論社、2000年）、前田陽一『債権各論Ⅱ　不法行為法』131頁（弘文堂、2007年）、潮見佳男『不法行為法Ⅰ〔第2版〕』421頁（信山社、2009年）等）。私もこの方向に賛成です（上山泰「成年後見人等と民法714条の監督者責任――精神保健福祉法との関連も含めて――」家族〈社会と法〉20号58頁～80頁（2004年））。

　議論の詳細は別に譲りますが、もともと民法714条の責任が通常の不法行為責任よりも加重されている理由は、一般にこの条文の歴史的な沿革（ゲルマン法の家父長の責任）とその背後にある家族関係の特殊性（特に子どもと同居する父母の義務）に求められています。また、政策的な観点からいえば、被害者救済の実効性を担保するという視点も背景にあったといえるでしょう。たとえば幼児の加害行為の場合、お金のない幼児に賠償責任を求めたところで被害者救済の実はあがりませんから、賠償の資力のある親に責任を負わせる必要があるということです（家計の共有性）。こうして考えてみると、民法714

条が想定していた法定監督義務者というのは、もっぱら責任無能力者と共同生活を送りながら、現実の身上監護を行っている同居家族であったと思われます。したがって、「社会化」以降の成年後見人を一律に民法714条の法定監督義務者として扱い、加重された責任を負わせることは不当だというべきでしょう。特に専門職後見人のような第三者後見人を想定した場合、第三者後見人は利用者と家族関係にはありませんし、通常、利用者と同居して身上監護の支援を行うこともありません。また、いうまでもなく第三者後見人と利用者は家計を共有してはいません。つまり、第三者後見人の登場は成年後見人の法定監督義務者性の基盤を根本から揺るがせることになったわけです。

この一方で、近時、上述したJR東海事件のほか、障害者支援施設に入所中の重度知的障がい者の行動が原因となった交通事故（車道に立っていた入所者を避けようとしたバイクの運転手が転倒して、対向車線を走行していた乗用車と衝突して死亡した）について、施設の指定管理者が民法714条2項の代理監督義務者として損害賠償責任を負わされた裁判例（静岡地裁平成27年3月27日判決・判例集未登録）などが登場しています。

しかし、個々の具体的な事案の評価は別として、認知症高齢者による徘徊中の加害行為や精神・知的障がい者による外出中の加害行為の全般に対して、成年後見人を含めた支援者（親族後見人、第三者後見人、事実上の後見人、福祉施設等の管理者など）の責任のみをあまりに厳しく問うことには、一般論として大きな問題があります。なぜなら、支援者がこうした責任を回避しようとすれば、本人を施設や自宅に閉じ込めてしまうことが最も簡単で確実な対策となるわけですが、こうした対応が判断能力不十分者の社会的包摂、つまり地域での自分らしい生活をめざした現在のわが国の社会福祉政策（たとえば、認知症施策推進総合戦略（新オレンジプラン））や障害者権利条約の要請に完全に反することは明らかだからです。しかし、他方において、不法行為法の基本理念である被害者の救済を確保することも、もちろん重要な課題です。私の理解では、この問題は障がいの「医学モデル（個人モデル）」を暗黙

の前提とした民法典のみによるリスク配分の限界を端的に示す一例です。障害者権利条約が採用する障がいの「社会モデル」は、障がいに起因して生じた損害の負担を、障がい者個人にだけではなく、広く社会的に分散させるべきであるという発想につながります（知的障がいがあることや、認知症や統合失調症等の疾病に罹患したこと自体を本人の個人的な責任として法的に非難することはできないからです）。しかし、私人間の紛争解決を目的とする民法の枠組みでは、判断能力不十分者の加害行為から生じた損害は、この加害行為にかかわった私人である被害者側と加害者側の間で分配することしかできません（詳細は、上山泰「障害者権利条約の視点からみた民法上の障碍者の位置づけ」論究ジュリスト8号42頁（2014年）、上山泰＝菅富美枝「障害と民法」菊池馨実ほか編『障害法』（成文堂、2015年）91頁参照）。したがって、事案に応じた公平な解決を図ろうとするならば、判断能力不十分者の加害行為のリスクを社会的に適正に分配していくために、民法上の不法行為責任に加えて、民間および公的な保険制度や社会保障制度（犯罪被害給付制度はこの一例）等を連動させた重層的なリスク分散のしくみを、立法論も含めて構築していくことが必要でしょう。

　たとえば、民法の枠組みでいえば、諸外国で認められている責任無能力者本人の衡平責任の導入が検討されてもよいように思います（衡平責任については、星野英一「責任無能力者・監督義務者の責任」ジュリスト918号86頁（1989年）参照）。従来、責任無能力者の大半が基本的に低資力であり、衡平責任を認める実益が少なかったのに対して、認知症高齢者という一定の賠償資力を持つグループが重要な位置を占めるようになりつつあるという社会状況の変化を考えるならば、衡平責任を立法論的に検討する意義も大きくなったように感じるからです。ただし、上述した「障がいの社会モデル」の観点からいって、衡平責任の導入が単純な自己責任の強化だけに終わらないように、あくまでも他のリスク分散のためのしくみの整備とあわせた形で行うべきでしょう（広義の自己責任の範疇でも、本人自身を被保険者とする民間の個人賠償

責任保険の活用のための論理的な前提を担保できるという意義はありえます）。たとえば、財源確保上の問題は大きいですが、既存の介護保険制度の枠組みを活用して、この中で対外的な損害賠償についてもある程度カバーするということも検討する価値はありそうです。

　また、公的な保険制度の活用という視点からは、公的な強制保険である自動車損害賠償責任保険の存在等を前提として、自動車損害賠償保障法上の運行供用者責任（同法3条）については、民法713条の責任無能力を理由とする免責を認めずに、運行供用者（加害車両の運転手または保有者）が同法3条に基づいて人身損害に対する損害賠償責任を負うという理解が、裁判例（大阪地裁平成17年2月14日・判時1917号108頁等）や学説上で一般的なものとなっていることが注目されます（詳細は、樫見由美子「自賠法における責任無能力者の範囲」交通法研究42号22頁（2014年）参照）。この結果、《ケース7‐4》では、さしあたり自賠責による被害者Xの救済もできそうです。他方、同質の交通事故でも自賠法の対象とならない《ケース7‐3》では、原則に戻って、Yの免責を前提とした成年後見人Aの714条責任（もしくは後述するAの709条責任）が成立しない限り、被害者Xの救済を図ることは困難です。こうした結論の差異には不公平感が当然に伴うでしょうが、これを是正するためには、《ケース7‐3》のような場合も射程に収めた、より一般的な損害賠償責任リスクの社会化を図るしくみの構築が必要になるわけです。

　なお、私見も含めて、成年後見人に対する民法714条の責任を免除もしくは限定すべきという立場からしても、成年後見人が利用者のある程度特定された加害行為の可能性を具体的に認識していたにもかかわらず、その加害行為を防止するためにできる行動を全くとらずに、利用者を放置していたような場合には、民法714条もしくは709条によって損害賠償責任を負う可能性があります。たとえば《ケース7‐3》でいえば、Yが以前にも同様の徘徊行為や自転車の危険運転を繰り返しており、交通事故につながるような前兆行動等にAが気づいていながら、全く何の対応もとらずに、Yを放置してい

たような事情がある場合です。

5　身元保証（身元引受け）

> **《ケース7-5》**
> 　成年被後見人Xの希望によって、有料老人ホームを探して入居させることになった。幸い現在のXの住居の近くに本人の希望に添ったホームが見つかったが、ホームは、入所には身元保証人が必要であると主張している。しかし、Xには身元保証人を引き受けてくれそうな親族は全くいない。

> **《ケース7-6》**
> 　成年被後見人Xが体調を崩したため、Xの同意を得て、近隣の総合病院に入院させることになった。病院は、入院には身元保証人と緊急連絡先の登録が必要であると主張している。しかし、Xには身元保証人や緊急連絡先を引き受けてくれそうな親族は全くいない。

(1)　身元保証（身元引受け）の意味

　福祉施設への入居（《ケース7-5》）や病院への入院（《ケース7-6》）の際、入居者や入院患者の家族が身元保証人（身元引受人）になるというのが従来からの一般的な慣行となっています。このため、専門職後見人が利用者のために施設入所契約や入院契約を結ぼうとする場合にも、施設や病院側から身元保証人（身元引受人）を付けるように求められることが多いようです。そして、この際、身元保証を引き受けてくれる家族等が利用者にいない場合には、専門職後見人自身が身元保証人（身元引受人）になることを求められるケースも珍しくありません。ここにもまた、社会の現状における家族と成年後見人との混同あるいは同一視といった問題が垣間みられるわけです。

　ところで、立法担当官はこうした身元保証の成年後見人の職務適性につい

て特に言及していません。そこでこの問題を考えるためには、まず実務における身元保証の内容を確認する必要があります。なお、「身元保証ニ関スル法律」という法律もありますが、これは雇用契約や労働契約に際して使用者が被用者の行為によって被った損害の担保を目的としたものですから、ここで問題となっている施設入所契約や入院契約に関する身元保証を対象とするものではありません。

　施設入所や病院入院時の身元保証の内容は個別の契約によって決まります。この契約は入所契約や入院契約の一部（特約）になっている場合もありますし、これらの契約に附随して結ばれる独立の身元保証契約の形をとる場合もあります。いずれにしても、個別の契約によって内容が決まるため、それぞれの契約書を精査して内容を確認する必要があるわけですが、一般的にいえば、おおよそ次のような項目が含まれています（〔図表7−1〕参照）。

　1つめは、①本人が入所ないし入院中に施設、病院、第三者（他の入所者や入院患者）等に損害を与えた場合の損害賠償債務について連帯保証することです（**利用者が発生させた損害に関する連帯保証責任**）。2つめは、②本人が負担する施設利用料や入院費等の債務について連帯保証することです（**契約**

〔図表7−1〕　身元保証（身元引受け）に関する成年後見人の職務

1　職務対象とできる事務 ・利用者の債務の支払代行事務（③） ・身元保証に関する家族等との連絡・調整（⑦） **2　職務対象とできない事務** ・利用者が発生させた損害に関する連帯保証責任（①） ・契約上の債務の連帯保証責任（②） ・身柄の引取り（④） 　→ただし、他の施設や病院への移転の手配という形であれば実施することも可能。また、本人死亡の場合は死後の事務の問題となる。 ・身体への干渉についての代行決定事務（⑥） **3　対応に注意を要する事務** ・緊急連絡先の引受け（⑤）

上の債務の連帯保証責任)。3つめは、③本人の施設や病院に対する債務(①②双方のケースを含む)についての支払事務を代行することです(**利用者の債務の支払代行事務**)。この場合は、身元保証人の財産は引当てとされない(身元保証人が自分の財産から支払う必要はない)点で、先ほどの2つのケースと大きく異なります。4つめは、④本人の退所や退院時に身柄の引取りを行うことです(**身柄の引取り**)。ここには、本人が入所ないし入院中に死亡した場合に遺体や遺留品を引き取ることも含まれます。5つめは、⑤緊急連絡先としての対応です(**緊急連絡先の引受け**)。6つめとして、⑥本人に判断能力がない場合に本人の代わりに施設や病院で行われる身体介護や医療行為について意思決定(同意)をすることが含まれている場合もあります(**身体への干渉についての代行決定事務**)。

(2) 実務上の留意点

このように、身元保証あるいは身元引受けという言葉でくくられている事務の中には、かなり雑多な性質のものが混在しているわけですが、これを踏まえたうえで、専門職後見人としてはどのような対応をとるべきでしょうか。結論的にいえば、原則として専門職後見人が身元保証人を引き受けるべきではありません。というのも、先にあげた6つの事務のほとんどは、家族の役割としてはともかく、少なくとも成年後見人の職務としては適切とはいえないからです。

まず①と②の事務(利用者が発生させた損害に関する連帯保証責任、契約上の債務の連帯保証責任)は2つの意味で問題があります。1つは成年後見人が利用者の債務に関する保証人となることは、成年後見の遂行を本人の資産で行うという制度の根幹的な趣旨に抵触するおそれがあるという点です。民法861条2項が「後見人が後見の事務を行うために必要な費用は、被後見人の財産の中から支弁する」と規定していることに注意する必要があります。2つめは、求償権行使に関する利益相反性の問題です。仮に成年後見人が利用者の債務について保証人となり、この債務を弁済した場合、成年後見人は利

用者に対して求償権を取得することになります（民法459条・462条等参照）。しかし、この求償権の行使は明らかに利益相反行為です。成年後見人としては、こうした利益相反的な事態を招くような行為はそもそも行うべきではないでしょう。

　③の事務（利用者の債務の支払代行事務）は第５章でみたように成年後見人の典型的職務の１つですから、こうした支払いに関する代理権があるならば、全く問題は生じません。

　④の事務（身柄の引取り）は、原則的には成年後見人の引き受けるべき事務ではありません。こうした身柄の引取りの場合、通常想定されるのは身元保証人の自宅への引取りですが、これを本人の家族でない第三者後見人に要求することがナンセンスであることはいうまでもないでしょう。また、たとえ親族後見人であっても、一般的に民法上の扶養義務の履行方法が金銭給付による経済的扶養とされ、引取扶養の強制は認められていないことを考えれば、現実の引取りを求める契約内容は決して望ましいものとはいえません。もっとも、ここでの引取りの意味が、身柄の現実の引取りを要求するものではなく、次の居所（転院先、転所先、退院・退所後の新居所等）の手配にとどまるということであれば、例外的に成年後見人の職務とすることも可能でしょう（精神保健福祉法旧41条の保護者の引取義務の履行方法として、実務上、認められていたものと同様の対処です）。

　以上は、本人が生きているときの問題ですが、施設入所や入院の場合、むしろ遺体の引取りに対処するために身元保証が求められることも少なくありません。しかし、成年後見は本人の死亡によって当然に終了し、成年後見人の職務権限も原則消滅してしまいますので、この点についてはまた別の考慮が必要となります（いわゆる**死後の事務**（後記６参照））。

　⑤の事務（緊急連絡先の引受け）についても微妙な問題があります。この内容が親族や知人等と折衝して緊急連絡先（のなり手）を確保するというだけであれば、特別な問題は生じません。しかし、成年後見人が自ら緊急連絡

先を引き受けた場合、利用者の病態等の状況によっては文字どおりの24時間待機が必要となる可能性もあるでしょう。見守り義務の観点からいえば、緊急時のこうした対応は好ましいこととも言えるのですが、現実問題としては過重負担となるケースも少なくないでしょう（第三者後見人にとって、24時間、成年後見人であり続けることは酷だといえます）。したがって、こうした場面に備えた成年後見人に対する支援体制の整備もあわせて考えておく必要があると思われます。

⑥の事務（身体への干渉についての代行決定事務）については、立法担当官の見解を前提とする限り、現在の成年後見人にはこうした権限がないことは、すでに詳しく述べたとおりです（第5章参照）。

このように、一般に身元保証の内容として施設や病院側が期待している事務の大半は、成年後見人の職務範囲外であるか、あるいは、職務として好ましくないものです。したがって、原則として成年後見人自らが身元保証人（身元引受人）を引き受けるべきではありません。施設や病院側が身元保証を要求してきた場合には、医療同意権に関する対応と同様、まずは先に触れたような成年後見人の法律上の職務範囲について丁寧に説明し、その理解を求めることが必要でしょう。そして、どうしても身元保証人（身元引受人）が必要な場合には、成年後見人の職務として対応できる問題に身元保証契約の内容を限定したうえで身元保証人（身元引受人）を引き受けるということが重要です。そして、このためには施設や病院と契約を結ぶ際に、施設側が提示する契約約款の内容をそのまま受け入れてしまうのではなく、施設側の担当者と一緒に契約書の内容をよく精査して、成年後見人としては引き受けることができない条項があれば、これに抹消線を引くなどして、その適用を排除するように心がけることが大切です（近年では、福祉施設の場合には、こうした対応に理解を示すところが多くなりましたが、一般の病院では、依然として、こうした個別対応に消極的なところが少なくないので、粘り強い交渉が必要になるかもしれません）。

第7章 「社会化」が産んだ実務のアポリア

なお、利用者の家族等の中に身元保証人（身元引受人）の引き受け手がいる場合には、こうした人たちとの連絡・調整は成年後見人の職務に含まれると考えてよいでしょう（⑦**身元保証に関する家族等との連絡・調整**）。

6　死後の事務

(1)　利用者の死亡後の問題点

　成年後見制度は利用者の「<u>生活、療養看護及び財産の管理に関する事務</u>」（民法858条、任意後見契約法2条1号。下線筆者）をサポートするしくみです。このため、利用者の存命は制度継続の暗黙の前提であり、利用者が死亡すれば後見は当然に終了すると考えられています。厳密にいえば、法定後見については利用者の死亡を後見の終了事由とする明文規定はありませんが、解釈論上、成年後見・未成年後見のいずれも利用者の死亡は後見の絶対的終了事由とされています。したがって、利用者が死亡すれば成年後見も当然に終了し、成年後見人はその地位を失い、法定代理権をはじめとする各種の権限をすべて失うことになります（代理権については民法111条1項1号が本人の死亡を終了事由として明示しています。なお、この規定が法定後見全体の終了事由として指摘されることがありますが、厳密にいえば、この規定は法定後見人の権限の一部である法定代理権の終了事由であるにすぎません）。任意後見については、任意後見契約が民法上の委任契約の一種（任意後見契約法2条1号）とされていることから、委任契約の終了に関する民法653条が適用され、利用者死亡により任意後見契約は当然に終了します。そして、これによって任意後見人の地位と権限も基本的に消滅します（ただし任意後見契約法11条）。

　他方において、利用者が死亡すると当然に相続が開始され、以後、利用者の財産は相続人に帰属することになります（民法882条）。つまり法律上の原則としては、利用者の死亡時点を基準として、利用者の生前は成年後見制度による財産管理、利用者の死後は相続制度による財産管理という具合に、財産管理の形態が明確に区分されているわけです。このため、本来であれば利

用者の死後に成年後見人が求められている職務は、利用者の財産を相続人に引き継ぐための清算業務だけであるはずです。

　ところが、後見実務上では、相当広範囲に及ぶ死後の事務の執行を成年後見人が求められることが少なくないようです。医療同意権の場面と同様、ここにも実務的ニーズと成年後見人の法的権限とのギャップがあるわけですが、実はこのギャップもまた「社会化」によって顕在化したものなのです。もともと利用者が死亡したことによる成年後見の終了と成年後見人の現実の職務完了との間には必然的なタイムラグが存在しています。というのも、先ほど利用者が死亡した場合の成年後見人の本来の役目は相続人への財産の引継ぎだけだといいましたが、逆にいえば、最低限、この引継ぎだけは行う必要があるということです。ところが、成年後見終了による権限喪失ということを杓子定規に考えると、利用者が死亡したと同時に、成年後見人は、利用者の財産の占有をこれまで正当化してきた財産管理権を失ってしまうわけですから、そもそも利用者の預金通帳などの種々の財産を保管していること自体、成年後見人としての権限からはもはや正当化できないということになってしまいます。もちろん、この場面での成年後見人の占有の正当化は事務管理（民法697条以下）でもできます。しかし素直に考えれば、相続人への引継ぎまでの財産の保管は従前の後見職務のいわば残務処理としてやっている（というか、むしろやらざるを得ない）事務ですから、この正当化のために他人の事務処理に関する一般規定である事務管理をわざわざ持ち出さなければならないというのは、制度の不備といってよいのではないでしょうか。本来、こうした後見の清算業務のために最低限必要な権限・義務は成年後見法制の中に組み込んでおくことが望ましいといえます。たとえば、日本弁護士連合会による法改正に向けた提言でも、こうした利用者の死後の事務に関する現行法の不備が指摘され、「①被後見人死亡後時間的間隔なく必要な処理を行う権限が後見人に与えられること、②相続法理に抵触する恐れのある処分行為等については家庭裁判所の許可等にかからしめるなどの方法により相続人の

権利を制限することを極力最小限に留めること、③新たに後見人に与えられた権限の終了時期を明確にすること」という3つの条件を備えた成年後見制度の改正が主張されています（日本弁護士連合会「成年後見制度に関する改善提言」(2005年5月6日))。

(2) 死後の事務に関する問題の表面化と「社会化」の関係

もっとも、こうした理論上のタイムラグの存在が明らかになり、現行法の不備が問題視されるようになったのは、現行制度の改正によって専門職後見人が成年後見業務に本格的に進出してきた後になってからです。したがって、この問題も「社会化」が産み出したアポリアの1つであるといえます。

しかし、それでは「社会化」以前にはこの問題が顕在化していなかったのはなぜでしょうか。というのも、第三者後見人である専門職後見人も親族後見人も成年後見人としての権限は全く同じですから、本来なら「社会化」以前の親族後見人による職務遂行の場面でも同じ問題が生じていたとしてもおかしくなかったはずだからです。しかし、医療同意権の問題と違って、死後の事務の問題については現行法の立法過程でも全く意識されていませんでした。逆にいえば、死後の事務という問題は、旧法下の実務では、ほとんど問題視されていなかったといえるわけです。

この最も大きな理由は、旧法下の成年後見実務が、事実上、親族後見人によって独占されていた点にあると思われます。死後の事務に関する問題の急所は成年後見の終結に必要な清算業務を基礎づける法的権限にあります。第三者後見人の場合、この権限を成年後見制度の外に求めようとすると一般規定である事務管理くらいしか候補にあがらないわけですが、親族後見人の場合、もしもこの人物が利用者の法定相続人であれば、原則的に遺産分割が終わるまでは相続人としての資格で、今や利用者の遺産となった元後見財産の保管（占有）を継続することもできます。また、死後の事務で議論されている施設利用料、入院費等の残債務支払いや家賃の支払いも、相続人であれば、たとえ他に共同相続人がいる場合であっても、共同相続財産に対する保存行

為（民法252条ただし書）として問題なく処理できますし、こうした管理行為にかかった費用も相続財産に関する費用として相続財産から支出できます（同法885条）。そもそも成年後見人の職務とすべきかという議論はさておき、遺体の引取りや葬儀の執行なども、親族後見人であれば、利用者の家族の資格として対応する限り、法的にも社会的にも問題が生じることはありません。ちなみに、旧制度下の1995年（平成7年）度の場合、成年後見人全体（禁治産宣告の後見人と準禁治産宣告の保佐人）の95.6％が親族後見人ですが、このうちの37.1％が第1順位の法定相続人である配偶者（16.5％）と子（20.6％）、第2順位の法定相続人である親が13.6％、第3順位の法定相続人である兄弟姉妹が26.7％と、これだけで8割近く（77.4％）に達しています。残りの18.2％を占める「その他の親族」には孫なども含まれていると考えられますので、代襲相続の可能性も考慮に入れると、法定相続人が成年後見人に就任していた割合はやはり相当に高かったと思われます。

　このように、現実社会の中で「家族＝相続人＝死後の事務代行者＝生前の事務代行者＝成年後見人」という等式が成立している限りは、死後の事務が法律的に致命的な問題として意識される可能性は小さいといえます。というのも、そこでは家族（の少なくとも誰か）が、利用者の生前と死後を通じて（生前は成年後見人として、死後は相続人として）、利用者の財産に対する何らかの法的な管理権限をもっている蓋然性が大きいからです。そして、仮に利用者の死後に遺産の管理権をめぐった紛争が生じたとしても、それが家族内部の紛争であったならば、おそらくは相続人間の遺産分割をめぐる紛争という、より大きな紛争枠組みの中に取り込まれてしまい、「成年後見人としての死後の事務」という独立の問題として定式化されるインセンティブは働かなかったのではないかと想像できます。

　ところが、これに対して法定相続人の資格をもたない第三者後見人が登場してくると、成年後見人による遺産の管理の継続は通常の遺産分割がらみの紛争とは別の局面を呈してくることになります。特に専門職後見人の場合、

他人の財産を管理する際の法的権限の有無は職務遂行の根幹にかかわる非常にセンシティブな問題です。たとえば、権限のない違法管理や違法処分と認定されれば、そのサンクションは専門職としての資格喪失にまでつながりかねないからです。このため、専門職後見人とすれば、少なくとも成年後見職務の遂行に必然的に伴う死後の事務については、事務管理のような一般規定ではなく、成年後見人の権限として正面から承認しておいてもらうことが望ましいことになります。先ほどの日本弁護士連合会による法改正の主張もこうした文脈にあるわけです。

(3) 死後の事務を正当化する法的権限・義務

(A) 成年後見制度内の権限・義務

こうした立法論はさておき、少なくとも当面の間は、成年後見の実務上必要な死後の事務に関する権限・義務を現行法の枠内で見出す努力が必要です。そこで、まずは成年後見法制の枠内で死後の事務の正当化に活用できる制度を考えてみましょう（〔図表7‐2〕参照）。

まず最も重要なのは、民法654条が定める**応急処分義務**です。これは委任契約に関する条文ですが、法定後見の3類型には明文によって654条の準用が認められていますし（民法874条・876条の5第3項・876条の10第2項）、任意後見契約は委任契約の一種とされていますので、任意後見人も当然にこの条文が適用されることになります。つまり、現行法上のあらゆる成年後見類型に応急処分義務は適用できるわけです。

また、民法654条は形式的には受任者の義務を定めていますが、現在の通説は本条の趣旨を応急処分義務の範囲内において、従前の委任契約が継続しているのと同一の地位と権限（代理権、報酬請求権等）を受任者に認めることにあるとしています（我妻栄『債権各論中巻二』698頁（岩波書店、1962年）、幾代通＝広中俊雄編『新版注釈民法⒃』299頁〔中川高男執筆〕（有斐閣、1989年）等）。したがって、この応急処分義務が認められる範囲内では、利用者の死後も事実上、成年後見人として職務を遂行できるわけです。

〔図表 7 - 2〕 死後の事務を正当化する法的権限・義務

1　成年後見制度内の権限・義務
　① 応急処分義務（民法654条）
2　成年後見制度外の権限・義務
　① 事務管理
　② 死後事務委任契約（生前契約）
　③ 遺言
　④ 信託

　もっとも、応急処分義務は文字どおり緊急対応に関する例外的な規定ですから、その範囲がどこまで及ぶかが問題になります。もともとこの義務の趣旨は、委任関係が終了してから事務が委任者に引き継がれるまでの間に、委任事務の中断によって委任者に不利益が生じるような急迫の事情がある場合、委任者の損害を防ぐために受任者による事務処理の継続を例外的に認めることにあるといえます。したがって、応急処分義務の要件である**急迫の事情**は、適任者（委任者、相続人、成年後見人等）への事務の引継ぎを待てないほど緊急性のある事務（こうした引継ぎを待っていては何らかの損害が発生するおそれがある場合）に限定して理解する必要があるといえます。

　さらに、死後の事務のケースではもう１つ別の考慮が必要です。というのも、この場合、事務の内容によっては引継ぎを受ける相続人にとって、むしろ不利益になる可能性があるからです。もともと応急処分義務は委任者（成年後見の場合、利用者本人）からの信頼に応えるためのものですが、本来の委任者であった被相続人と、事務の引継ぎの相手である相続人とは利益相反的な関係に立つことがあります。たとえば、多額の出費を伴う豪華な葬儀は、前者の利用者本人の信頼に応えるものではあっても、その分、受け取る遺産が減るわけですから、必ずしも後者の相続人の期待に適うわけではありません。このため、死後の事務の問題を含めた委任者死亡による委任関係終了時の応急処分義務については、条文が直接要求している急迫の事情の有無に加えて、対象となる事務の性質や相続人からみた利害についても、補充的な判

断要素として考慮する必要があるというべきでしょう。

　考慮すべき具体的な要素としては、①「**事務の内容が委任者の生前から存在していた既存の債務の履行にすぎないもの（清算業務的な事務）か、あるいは、委任者の死後に新たな債務を発生させるもの（委任者死後の新規の事務）か**」という視点が、まずあげられます。前者については、たとえば入院費や施設利用料に関する残債務の支払いが考えられます。通常であれば、こうした債務は相続人に承継されることになりますから、受任者による支払代行は原則的には相続人の利益を不当に害するわけでありません。支払いの遅れによる遅延損害金の発生などを考慮すれば、むしろ相続人にとって有益な場合も多いでしょう（ただし、相続財産が債務超過の状況にあるケースは別の考慮が必要です）。これに対して、たとえば委任者の死後に新しく葬儀契約を結んだ場合のように、その事務から新たな債務が発生する場合には、この債務に関する直接的な経済的利害関係者である相続人の利益を考慮する必要があるでしょう。

　さらに、②「**事務内容の社会的相当性・妥当性**」も補充的な要素として考慮してよいかと思われます。なぜなら、仮に相続人にとって不利益を生じる可能性のある事務であっても、その行為が本来の委任者である被相続人にとっては必需というべきものであり、その実現が社会的にも妥当なものである場合には、相続人がこれを甘受すべきとする余地があると思われるからです。

　もっとも、成年後見人の応急処分義務の範囲拡張と比例する形で、相続人との利益相反や相続法秩序との抵触の可能性も高まっていくわけですから、応急処分義務の範囲は原則として必要最小限でのみ認めていくという姿勢が本筋であることは間違いないといえるでしょう。

　⑻　**成年後見制度外の権限**

　　⒜　**事務管理**

《ケース7-6》
　季節外れの台風で、隣家 X の窓ガラスが割れてしまった。これに気

づいた隣人Aは、このまま放置しておくと雨や風が吹きこみ、家の中がめちゃくちゃになってしまうと思い、自宅にあったベニヤ板をXの家の窓枠に打ち付け、急場しのぎの修繕を行った。

　民法697条１項は、「<u>義務なく他人のために事務の管理を始めた者</u>は、その事務の性質に従い、最も本人の利益に適合する方法によって、その事務の管理をしなければならない」と規定しています（下線筆者）。これが**事務管理**です。

　たとえば《ケース7-6》で、Aには隣家Xの家の窓ガラスを修繕する法的な義務があるわけでないので、見て見ぬふりをすることもできるわけですが、仮にXのために修繕をした場合には、この行為は事務管理によって正当化されることになります。ここで注意すべきに、本来、何らの権限・義務もなしに他人の事務に対して干渉することは違法行為であるということです（《ケース7-6》であれば、民事上は民法709条の不法行為責任、刑事上は刑法261条の器物損壊罪ないし260条の建造物損壊罪が問題となります）。したがって、事務管理の本質的な機能は事務管理者に対して何か積極的な法的権限を与えることではなく、事務管理者の行為の違法性を阻却するという点にあるわけです。

　たしかに、事務管理は他人の事務の遂行に関する一般規定ですから、利用者の死後の事務について、この規定を適用すること自体に支障はありません。また、他に適用可能な条項が通常は先ほどの応急処分義務くらいしかありませんので、現実問題としては、事務管理が利用者の死後の事務に対する最後の砦として機能することになります。

　しかし、事務管理の性質上、特に専門職後見人による死後の事務を事務管理だけで規律するのは不十分だといえます。その理由としては、以下のようなことが指摘できます。

　まず１つめは、民法上、事務管理の開始は義務付けられていません。たと

えば火災発見者の通報義務（消防法24条１項）のように、特別法によって事務管理の開始に対する公法上の義務が認められるケースもありますが、これはごく例外的な場合にすぎません。ところが、すでに触れたように成年後見人が行う死後の事務の一部は、成年後見を適切に終了させるために必ず行わなければならない行為ですから、これを事務管理から基礎づけると、通常の事務管理にはない事務管理の開始義務を認めることになってしまいます。

　２つめは代理権の問題です。争いはありますが、通説は事務管理を根拠として代理権を発生させることを認めていませんので、代理権の行使を伴う死後の事務を事務管理から正当化することはできません。したがって、仮に現在成年後見人が行うべき死後の事務の中に代理権を必要とする行為がある場合には、その正当化は応急処分義務の範囲次第ということになります。

　最後に、３つめとして報酬請求権の問題があります。事務管理については特別法に規定がある場合（たとえば遺失物法28条の拾得者の報労金請求権）を除いて、報酬請求権が認められていません。したがって、たとえ専門職後見人が死後の事務を行った場合であっても、これを事務管理から正当化する限り、厳密にいえば成年後見人の報酬決定の考慮要素には入れられないということになります。しかし、通常の後見実務では、死後の事務を含めた後見終了時の後始末的な時期は、後見人就任時と並んで、もっとも仕事量が多く、大変な時期です。したがって、この間の事務が報酬算定の対象にならないというのは、特に専門職後見人や法人後見人にとっては致命的だといえます。こうした実情に配慮してか、たとえば東京家庭裁判所後見センターの取扱いでは、「相続財産を整理・清算し、相続人へ相続財産を引き渡すまでの相当と認められる期間内であれば、後見人が応急の必要があると判断できる場合には、暫定的に従前の財産管理権限が引き続き継続していくもの」として、相続財産からの後見報酬の直接受領を含めて、応急処分義務の柔軟な活用による一定範囲の死後の事務の正当化を認めているようです（東京家裁後見問題研究会編著『後見の実務』（別冊判例タイムズ36号）101頁（2013年））。既述の

204

ように、応急処分義務の範囲では報酬請求権を正面から認めることができるので、法改正までのつなぎとしては適切な運用ではないかと思います。

このように、成年後見における死後の事務を事務管理だけで正当化することにはさまざまな問題があるわけです。

(b) 死後事務委任契約（生前契約）等

現在の判例（最高裁平成4年9月22日判決・金融法務事情1358号55頁等）・通説は、基本的に死後事務委任契約の有効性を認めています。また、任意後見の利用者が死後の事務の委任についても非常に強いニーズをもっていることに対処するために、公証実務上、任意後見契約の締結と同時に、独立の契約である死後事務委任契約を締結し、両者を1通の公正証書として作成するという対応策が一般にとられています。具体的には、「死亡直後に処理を要するいわば応急的な事務で、限られたものを対象とするのであれば、（死後事務委任契約は）任意後見契約に付随する契約といってよい」との理解を前提として、①本人の生前に発生した任意後見人の後見事務にかかわる債務の弁済、②本人の葬儀、埋葬、永代供養に関する債務の弁済、③相続財産管理人の選任申立手続等の事務、を死後事務委任契約の内容として、任意後見契約公正証書中の末尾に付加する取扱いが行われているようです（日本公証人連合会文例委員会「任意後見契約公正証書の文例」公証127号263頁～264頁（2000年））。

ただし、いうまでもなく、ここでいう死後事務委任契約は利用者本人が判断能力の十分にある時点で自ら締結していることが前提です。したがって、通常の法定後見のケースの対応策としては不十分でしょう（理論的には、成年後見人が利用者の生前に法定代理権によって死後事務委任契約を代理締結することも考えられますが、こうした行為の適否は別途検討が必要と思われます）。

ほかにも、死後の事務処理にかかわる法制度としては、遺言（特に公正証書遺言）や信託（特に遺言信託）があります。こうした諸制度と成年後見制度との関係を検討し、両者の組合せによる利用者の自己決定保障スキームを

構築することは非常に重要な課題ですが、これは一般的な死後の事務の問題を超える課題ですから、本書では割愛します。

(4) 死後の事務として問題となる行為
(A) 利用者死亡による成年後見の終結

ここまで、成年後見人による死後の事務について、これを正当化する権限・義務の点から検討してきました。しかし、後見実務の観点からは死後の事務として具体的にどのような行為が問題になるかという点が最も重要です。そこで、今度は対象となる事務の項目を具体的に列挙しながら、それぞれの事務が成年後見人の職務に含まれるかどうかをみていくことにしましょう。

抽象論としては利用者の死亡と同時に成年後見も終了し、成年後見人の職務がなくなるわけですが、実際の後見実務では、利用者が死亡したからといって、成年後見人が後見事務から直ちに手を引けるわけではありません。これは単に現実問題として（ある種の社会的な責任として）成年後見人が利用者の死後の事務にかかわらざるを得ないというだけではなく、法律上もこれまでの成年後見業務を終結させるために一定の清算業務を行う必要があるからです。

具体的にいえば、利用者が死亡した場合、その後の成年後見人の活動はおおよそ次のような経緯をたどることになります。まず、成年被後見人の死亡を知った成年後見人は、監督機関である家庭裁判所に対して成年被後見人死亡による後見終了の報告を行います。また、これとあわせて指定法務局に対して、後見終了の登記を申請する必要があります（後見登記法 8 条 1 項）。さらに、これまで担当してきた財産管理の清算のために**管理の計算**（民法870条）に関する作業を開始することになります。報酬請求権を前提とする専門職後見の場合は、この管理の計算の確定のために後見財産から支出すべき報酬請求権の額を確定する必要がありますので、管理の計算に関する事務の一環として、家庭裁判所に**報酬付与審判の申立て**を行うことになります。こうした管理の計算に関する事務（清算事務）が終了した後は、通常、この計算

結果を権利者である相続人に対して報告することになります。相続権をもたない第三者後見の場合、この報告とあわせて、これまで管理してきた利用者の財産を本来の権利者である相続人に引き渡します。そして、こうした清算事務がすべて終了した後に、家庭裁判所に**管理終了報告書**（最終的な後見終了報告）を提出し、ようやく成年後見人として完全にお役御免となるわけです。

　このように現実の実務では、成年後見人は利用者死亡による後見の形式的な終了後も相当量の後始末的な事務を遂行しなければならないわけです。そこで以下では、まずこうした成年後見の終了に必然的に伴う性格の事務について、個別的にその内容を確認してみることにしましょう（〔図表7‐3〕参照）。

　⒝　**事後処理として当然必要となる事務**
　　⒜　**管理の計算（清算事務）**

　民法は、後見が終了した場合、財産管理の終了に伴う清算事務を後見人に課しています（**管理計算義務**、民法870条〜875条）。当然、この規定は利用者の死亡によって成年後見が終了した場合にも適用されます。そこで、成年後見人は利用者の死亡によって後見が終了してから原則として2カ月以内に管理の計算に関する業務を行わなければなりません（民法870条・876条の5第3項・876条の10第4項）。後見監督人等がいる場合には、管理の計算について、その立会いが必要になります（民法871条・876条の5第3項・876条の10第2項）。ここにいう管理の計算とは、これまでの後見事務の執行によって生じた後見財産の変動と後見が終了した時点における後見財産の現状を明らかにすることを目的とした業務です。具体的には、後見期間中の収支決算を明らかにして、後見終了時における後見財産を確定し、その結果を権利者（通常は相続人、ただし遺言がある場合は遺言執行者）に対して報告することが求められます。すでに触れたように、専門職後見の場合は、後見財産を確定するために自分の報酬額を決める必要がありますので、この管理の計算の一環と

第7章 「社会化」が産んだ実務のアポリア

〔図表7-3〕 死後の事務に関する事項の一覧

> 1　事後処理として当然必要となる事務
> ①　管理の計算（清算事務：民法870条・876条の5第3項・876条の10第4項）
> ・後見終了時の財産の確定
> ・後見期間中の財産の変動の確定
> ・（最終の）後見報酬付与審判の申立て
> ・家庭裁判所等への計算結果の報告
> ②　管理財産の一時保管と相続人への返還
> ・残余財産の権利者への返還（引継義務）
> ・管理計算期間中の財産の保管
> ・権利者に対する管理計算報告（顛末報告義務）
> ③　相続財産管理人もしくは不在者財産管理人の選任申立て（民法952条・25条）
> ④　成年後見終了の登記の申請（後見登記法8条1項・2項）
> ⑤　家庭裁判所に対する後見事務終了報告
> 2　人の死亡に関連する公的事務の処理
> ①　死亡届および埋火葬許可申請手続（遺体処理のための手続）
> ②　埋火葬行為
> ③　税務処理手続
> ④　公的年金、社会保険等の処理手続
> 3　財産の処理に関する事務
> ①　生前の債務の支払い
> ②　居住空間の処理
> 4　死後の宗教的儀礼に関する事務
> ①　葬儀に関する事務
> ②　永代供養、年忌法要に関する事務

して通常は報酬付与審判の申立てを行うことになります。こうした管理の計算は原則として2カ月以内に終結させることが求められていますが、多額の財産がある場合や財産の帰属について争いがある場合のように計算期間の延長が必要な場合には、**期間伸張の申立て**（民法870条ただし書、家事事件手続法39条（別表第1の16項・35項・54項））を行うことができます。

なお、任意後見の場合も契約終了時における**顛末報告義務**（民法645条）の

内容として、任意後見人は当然に管理の計算を行うべきことになるでしょう。

　(b)　**管理財産の一時保管と相続人への返還**

　成年後見の終了に伴って財産管理権も消滅するため、成年後見人は後見財産の保管権限を失うことになります。そしてこの結果、成年後見人はこの財産を正当な権利者（通常は相続人、ただし遺言がある場合は遺言執行者）に引き渡す義務を負うことになります。なお、古い判例（大審院大正7年5月23日判決・民録24輯1027頁）は、こうした引継義務は管理の計算には含まれないとしています。しかし、通常の委任契約（任意後見契約も含む）の場合は、こうした引継義務を委任契約の直接的な効果から生じるものとして説明できますが（賃貸借契約終了後の賃貸目的物の返還を賃貸借契約の効果とするのと同様です）、法定後見の場合は先ほどの管理計算義務か応急処分義務のいずれかに義務の根拠を求めることになるでしょう（理論的には、成年後見人の占有権限喪失を前提とした、権利者からの物権的請求権ないし不当利得返還請求権の問題として処理することも可能ですが、この場面は単なる不法占有者による返還ではなく、成年後見人の業務としての引継ぎというべきですから、やや違和感があります）。また、この義務を履行するまでは成年後見人が事実上財産を保管することになりますが、相続権をもたない第三者後見人の場合、厳密にいえばこの間の管理権限に疑問があることはすでに触れたとおりです。現状の解釈論としては、事務管理を援用するか、あるいは、この引継業務を裏づける管理計算義務か応急処分義務に対応する範囲で（元）成年後見人に限定的な財産管理権限が認められていると説明するほかないでしょう。私としては、一般規定である事務管理を使うよりは、後者の解釈をとるほうがベターではないかと考えています。

　ところで、実務上の問題点として、共同相続事案への対応に留意する必要があります。複数の相続人がいる共同相続の場合、遺産は共同相続人の共有となるので（民法898条）、単純に相続人の1人に財産を返還すればよいというわけではないからです（厳密にいえば、法解釈論としては、共同相続人のう

ちの1人への返還で足りるとみることは不可能ではないのですが、現実問題としては、共同相続人間の紛争に事実上巻き込まれてしまうリスクが大きいといえます）。この場合、実務上、一般的にとられている方法は2つあります。まず、共同相続人間で返還先についての合意が得られるような場合は、共同相続人全員の合意によって受領代表者を選任してもらい、この代表者に対して財産を返還すれば足ります。これに対して、共同相続人間の折り合いが悪く、こうした合意を得ることが難しいような場合には、共同相続人の中に協力者を探し、この協力者に**遺産分割審判**（民法907条2項、家事事件手続法91条以下）と**遺産分割審判前の保全処分**による**遺産管理人の選任**（家事事件手続法105条）を家庭裁判所に申し立ててもらう必要があります。そのうえで、後者の保全処分によって家庭裁判所が選任した遺産管理人に対して財産の引継ぎを行うわけです。これら2つの方法は、共同相続人のうちの少なくとも1人の協力を必要とするわけですが、こうした協力が全く得られない場合については、民法918条2項の柔軟な解釈を通じて、（元）成年後見人が同項の利害関係人として相続財産管理人の選任を家庭裁判所に申し立てるという便法も提案されています（井上計雄「死後事務のあり方をめぐる再検討」実践成年後見33号110頁～111頁（2010年））。

　なお、以上に触れた権利者への財産の引継ぎとあわせて、管理の計算に関する結果の報告（顛末報告）を権利者に対して行う必要もあります。

　　　　⒞　相続財産管理人、不在者の財産管理人の選任申立て

　相続人がいることが明らかでない場合（民法951条）は、（元）成年後見人は相続財産に関する利害関係人として、家庭裁判所に対して**相続財産管理人**の選任を申し立てることができます（同法952条）。また、相続人の存在自体は戸籍謄本などで確認できたものの、その人の行方が定かではないというケースでは、同様に利害関係人として家庭裁判所に対して**不在者の財産管理人**を選任するよう求めることができるでしょう（同法25条）。いずれの場合でも、家庭裁判所が選任した財産管理人に対して財産を引き継げばよいことに

なります。

(d) **成年後見終了の登記の申請**

　成年後見人および成年後見監督人が成年被後見人の死亡を知ったときは、後見終了の登記の申請を行わなければなりません（後見登記法8条1項）。同様に、任意後見人および任意後見監督人が、任意後見契約の本人の死亡によって任意後見契約が終了したことを知ったときは、嘱託による登記がされる場合を除いて、終了の登記を申請する必要があります（同条2項）。

(e) **家庭裁判所に対する後見事務終了報告**

　成年後見人は、以上に触れたような清算的な事務を終了させた後で、監督機関である家庭裁判所に対して最終的な後見事務終了報告を行うことになります。なお、家庭裁判所は、民法863条1項の監督権限に基づいて、後見終了後の管理の計算に関して、財産目録および管理計算書の提出を求めることができます（東京家裁昭和37年5月28日審判・家月16巻1号127頁（ただし、未成年者の指定後見人に関する事例））。

(5) **人の死亡に関連する公的事務の処理**

　一般に人が死亡した場合、その人の公的な社会関係を清算するために、さまざまな事務処理手続が必要になります。通常、こうした手続は死亡した人の家族が行うことが想定されていますが、専門職後見人が就任しているようなケースでは、利用者のために手続を行ってくれる身内がいないことも珍しくありません。こうした場合、現実問題としては成年後見人が何らかのかかわりを求められることも多いようです。もちろん、以下に触れるさまざまな事務がすべて成年後見人の職務として適切であるというわけではありません。しかし、実務上、対応を求められたときの判断をするためには、身寄りのない利用者が死亡した場合にどのような事務が問題になるかを事前に把握しておくことは必要でしょう。そこで、こうした事務の概要を示しておくことにします。

(A) 死亡届および埋火葬許可申請手続（遺体処理のための手続）

　人が死亡した場合、まず遺体の処理が問題になります。この際、最低限でも遺体の搬送と埋火葬が必要になりますが、法律の手続上、埋火葬を行うためには、市区町村長に対して死亡診断書と**死亡届**を提出して、埋火葬許可申請を行い、**埋火葬許可証**を発行してもらわなければなりません（墓地、埋葬等に関する法律5条）。実は従来、この場面で必要となる死亡届の届出権者の中に成年後見人が含まれていなかったため、身寄りのない利用者の場合、死亡届すらスムーズに提出できないことがありました。しかし、この点については、2007年の戸籍法改正によって「後見人、保佐人、補助人及び任意後見人」が届出権者として追加されることになり（戸籍法87条2項）、立法的に解決されました。ただし正確にいえば、この戸籍法改正は成年後見人に死亡届に関する公法上の届出権限を与えたというにとどまりますから、成年後見人等に死亡届に関する義務までがあるとしたわけではありません。したがって、死亡届に関する私法上の義務の有無については応急処分義務等の解釈によることになると思われます。

(B) 埋火葬行為

　死亡した人に全く身寄りがなく、埋火葬をする人がいない場合には、法律上、死亡地の市町村長がこれを行うことになっています（墓地、埋葬等に関する法律9条1項）。したがって、成年後見人としては、まず市町村に対して対応を求めることになります。実務上では、市町村の対応が鈍いため、（元）成年後見人が対応せざるを得なかったケースもあるようですが、この場合は応急処分義務か、あるいは事務管理によって行為の正当化を図ることになるでしょう。なお、実務上は、後述の葬儀の執行も含めて、事務管理と考える見解が有力なようです（『東京家裁』118頁、社団法人成年後見センター・リーガルサポート編『成年後見教室　実務実践編』（日本加除出版、2009年）125頁～127頁、および、井上・前掲論文106頁～107頁）。

(C) 税務処理手続

利用者の死亡によって、相続税の申告や準確定申告などの税務関連事務も生じます。しかし、こうした税務処理は実質的には利用者のための事務というよりも相続人や受贈者のための事務というべきです。また、申告期限も比較的長期ですから、（元）成年後見人が緊急に対応する必要性も小さいと思われます。したがって、死後の税務処理については、原則として（元）成年後見人が対応する必要はないでしょう。

(D) 公的年金、社会保険等の処理手続

国民年金や厚生年金などの公的年金に関しては、過給付防止等のため、遺族が年金受給権者死亡届などの手続を行うことになっています。また、これにあわせて、遺族は未支給年金や遺族年金の請求、死亡一時金の給付請求等を行うこともできます。国民健康保険などの健康保険に関しても、資格喪失届の提出、被保険者証の返還、死亡見舞金等の請求など同様のさまざまな事務が生じます。こうした事務のうち、純粋に遺族の利益を目的とするもの（遺族年金や死亡一時金の給付請求等）については、いうまでもなく成年後見人の職務性を認める必要はありません。ただし、管理の計算の過程で必要となる手続については、（元）成年後見人が対応すべきことになるでしょう。

(6) 財産の処理に関する事務

人が死亡した場合、その財産の処理は相続法によって規律されることになります。したがって、本来、死後の財産管理や処分は相続人等の領分ですから、成年後見人の職務範囲外のはずです。ところが実務上では、相続権をもたない第三者後見人が、こうした事務処理にまで関与せざるを得ない状況が生じることがあります。この領域に関係する事務は極めて多岐にわたりますが、ここでは代表的な事務を2つだけ取り上げて、問題点を考えてみたいと思います。

(A) 生前の未払債務の支払い

まず利用者の生前にすでに成立していた契約関係上の未払債務について、

成年後見人が請求を受けることがよくあります。たとえば、病院に対する医療費の支払い、福祉施設に対する利用料等の支払い、借地・借家に関する賃料の支払い、電気・ガス・水道・電話等の公共料金の支払いなどです。しかし、こうした債務も相続財産の一部ですから、原則的には相続人が対処すべき事項といえます。したがって、原則的には（元）成年後見人が支払代行を行う必要はなく、財産引継ぎ後に相続人によって対応してもらえば足りることになります。もっとも、専門職後見人が就任しているケースでは、利用者に身寄りがない場合や、いても利用者と疎遠な場合がほとんどであるため、利用者の生前にこれらの債務の支払代行を行ってきた（元）成年後見人が残債務の支払いを債権者から強く要請されることも少なくないようです。こうした場合には、「管理の計算や相続人への財産引継に時間を要して、支払いが長期間遅延すれば遅延損害金等が生じるおそれがあること」、「したがって早期の支払代行は直接の利害関係人たる相続人にとってむしろ有利に働くこと」、「債務の内容がすでに確定したものであり、この場面では単にその履行が問題であるにすぎないこと」、「一般に債権額が少額であること」等の事情を考え合わせれば、（元）成年後見人による支払代行を応急処分義務によって正当化することもできると思われます。実務上でも、たとえば東京家庭裁判所後見センターでは、死亡した利用者の入院代等について、急迫の事情の判断をある程度柔軟に行うなどの工夫を通じて、応急処分義務による正当化を認めているようです（東京家裁・前掲書『後見の実務』99頁）。他方、こうした柔軟な対応を認めていない家庭裁判所の場合は、事務管理として正当化が図られることになると思います（既述のように、この違いは報酬請求権の正当化に影響します）。ただし、後見財産が債務超過の状態にあるような場合には、あくまで支払いの判断は相続人に委ねるべきでしょう。

⒝　居住空間の処理

　利用者が入院中に死亡した場合には入院契約の解除が、福祉施設入所中に死亡した場合には施設入所契約の解除が、それぞれ問題となります。同様に、

独居の利用者が借家に居住していた場合には、当該借家契約の解除やこれに伴う敷金の返還請求なども問題となる可能性があります。この場合には、電気・ガス・水道・電話等の解約手続も必要になります。さらに、こうした住居等の契約解除に伴う原状回復義務を履行するために、利用者の身の回りの品や家財道具類を何らかの方法で撤去（場合によっては処分）する必要も生じます。こうした問題についても、原則的には相続人に対応を委ねることが望ましいといえます。特に財産性のある権利（借家権等）の処分は基本的に相続人が判断すべき事柄ですから、（元）成年後見人が解除等の対応を行ってしまうことには問題があります。ただし、入院契約や施設入所契約については、通常、契約を維持するメリットが利用者以外にはありませんので、（元）成年後見人が応急処分義務によって解除を行う可能性が認められてもよいでしょう。もっとも通常、こうした場合は相手方である病院や施設側にも契約を維持するメリットはありませんので、状況によっては相手方から契約解除の意思表示をしてもらうように働きかけるというのも1つの方策かもしれません。

⒞　金融機関による預金口座閉鎖

　生前の未払債務への対応に代表されるように、利用者の死後に、（元）成年後見人が利用者の資産（正確には利用者の相続人の資産）から一定の支出を行う必要に迫られることは珍しくありません。ところが、現在の金融実務上、非常に多くの金融機関が、預金者の死亡を認識した時点で、口座を凍結してしまう運用を行っています。たとえば、日本弁護士連合会のアンケート調査によると、「被後見人等が死亡したことを知った場合、貴社では被後見人等に帰属する一切の口座を閉鎖する扱いを取っていますか」という設問に対して、回答のあった203社のうち7割を超える144社までが「閉鎖している」と答えています（日本弁護士連合会『成年後見制度に関する取扱いについてのアンケート』集計結果、分析と考察」（2009年10月8日））。このために、現実問題としては、あらかじめ利用者の死亡前に一定の預金を引き出し、手許に預り

金としてプールしておく等の実務的対応をとらざるを得ないと指摘されており、ここでも立法的解決の必要性が強く主張されています（井上・前掲論文108頁）。

(7) 死後の宗教的儀礼に関する事務

(A) 葬儀に関する事務

　一般に、葬儀に関する契約は、本人の死後に家族である喪主ないし施主と葬儀業者との間で結ばれることになります。しかし、身寄りのない利用者の場合、現実には（元）成年後見人に葬儀契約の締結や葬儀の実施が求められることも多いようです。そこで、（元）成年後見人が利用者の死後に葬儀契約を結ぶことは許されるかという点が問題となります。「こうした葬儀契約は、成年後見人がすでに法定代理権を喪失した後に行う新たな法律行為であること」、「葬儀が相続人のための事務ではなく、利用者のための事務である側面を否定できないこと」、「葬儀にかかる費用が一般的にはかなり高額の支出になること」等の要素を強調すれば、成年後見人による利用者死後の葬儀契約の効力は否定すべきことになるでしょう。

　しかし、「葬儀は、社会通念上、人の死に際して最小限保障されてしかるべき行為であること」、「葬儀費用はその特質から相続財産に関する費用（民法885条1項）として、基本的に相続財産から支出すべきと考える余地があること」（伊藤昌司『相続法』209頁〜211頁・355〜356頁（有斐閣、2002年））、「通常、葬儀は死後短期間のうちに行われるものであって、相続人の探索を待っていては時宜を失するおそれもあること」といった点を重視するならば、葬儀費用が利用者の生前の社会的地位からみて相当な範囲にある限り、（元）成年後見人の職務として正当化することもできると思われます。ちなみに、家庭裁判所の裁判官等からも、「人は自己の死亡により親族に負担をかけないよう慮るのが常であろうから、葬儀や墓地・墓石購入費用を遺産から支出することは許されよう。同様に、親族ないし相続人がいない場合でも、成年後見人が、遺体を引き取った上、常識的な限度で葬儀・永代供養の依頼及び

供養に必要な範囲で墓地・墓石の購入を行い、費用を遺産から支出する（相続財産管理人から支払を受ける。）ことは許されてよいのではなかろうか」という見解が示されています（『東京家裁』118頁）。もっとも、この見解は（元）成年後見人の権限の根拠を事務管理に求めていますが、すでに触れたように事務管理からは法律行為に関する代理権の説明がつきませんので、私は応急処分義務を援用するほうがよいのではないかと考えています（もっともこの場合、今度は代理による効果の帰属主体の説明に問題が残ります）。

なお、最近では葬儀契約を本人が生前に結んでおく生前契約（葬儀生前委託契約）が普及してきていますので、葬儀契約をめぐる死後の事務の問題を回避するために、こうした生前契約を、法定代理権を使って、利用者の生前にあらかじめ結んでおくという方策も有効でしょう。ただし、一般に葬儀契約は高額になるケースが多いので、その規模等について、利用者の家族や家庭裁判所等の関係者と協議しながら、契約を進めることが望ましいといえます。また、契約自体は生前に結んだとしても、代金の支払いが利用者の死後（葬儀後等）になる場合には、この代金支払権限については、やはり死後の事務の問題が残ることに留意してください。

⑻　**永代供養、年忌法要に関する事務**

永代供養契約や年忌法要に関する契約についても、基本的には葬儀についての考え方が当てはまると思います。つまり契約内容の規模や費用等が利用者の生前の社会的地位等からみて応分なものである限り、（元）成年後見人がこうした契約を行うことが認められる場合があると思います。ただし、葬儀が１回的な行為であり、利用者の死後短期間内に事務がすべて終了するのに対して、これらの行為（特に永代供養契約）は、利用者の死後、相当長期にわたって継続する性格がある点に留意する必要があります。応急処分義務の性質からいって、この義務が長期間継続すると考えることは難しいですし、成年後見人がこうした義務に長期間拘束されることも妥当ではありません。このため、何らかの事情によって相続人への事務の引継ぎが異常に遅延した

ような場合には、応急処分義務の効力を途中で消滅させるなどの別段の考慮が必要となるように思われます。この点は事務管理を根拠とした場合も同様です。というのも、事務管理にはすでに触れたように開始義務はないのですが、いったん事務を始めてしまうとその事務を継続する法律上の義務（民法700条の**管理継続義務**）が生じることになるからです。

第 8 章　職務権限行使の際の留意点

1　成年後見人の職務権限と義務の関係

　成年後見人には、各事例の類型やニーズに応じて、法定代理権、財産管理権、取消権、同意権という法的な権限が与えられます。ここで注意しなければならないのは、成年後見人の権限は利用者の権利擁護のために与えられたものですから、この権限はあくまでも利用者の利益のために行使されなければならないということです。

　たとえば売買契約から生じる買主の商品に対する引渡債権のような通常の権利は、権利者自身の利益のために行使されます（たとえば新車を購入した場合、買主は売主の自動車ディーラーに対して購入した新車を引き渡すように請求する法的な権利をもちます。これが引渡債権です。この関係を義務の側から説明すると、契約相手方である売主が買主に対して引渡債務を負っているということになります）。このため、権利者がその権利の行使を放棄することも基本的には自由であるということになり、通常、権利者には自分の権利を行使すべき義務はありません（厳密にいえば、信義則上、権利を行使する義務（たとえば買った商品を引き取るべき義務・受領義務）が認められるケースもありますが、一般的にはこれは例外として理解されています）。

　これに対して、成年後見人の権限が適切に行使されない場合、不利益を被るのは権限をもっている成年後見人自身ではなく利用者です。このため、成年後見人の権限は、他の一般的な権利とは違って、その権限行使の有無を権利者の自由意思だけで決めることはできません。その権限の行使の有無とその行使方法は、常に利用者の利益を基準として判断しなければならないのです。つまり、成年後見人の権限は利用者の利益に常に拘束されているわけです。そして、これを法的に担保するための手段が善管注意義務や身上配慮義

務、本人意思尊重義務（民法644条・858条）です。これらの義務は成年後見人の権限を利用者の利益に結び付ける役割を果たしているわけです。

　このように成年後見人の権限は、親権と同様、権利者である自分に対して義務としても作用する（正確には、むしろ権利擁護機関としての義務性のほうが強い）ということに留意しておく必要があります。重要なことは、権限の行使が不適切だった場合はもちろん、権限を行使しなかったことが不適切だった場合についても、成年後見人は利用者に対する法的な責任（たとえば、民法858条違反を理由とする損害賠償責任等）を負うということです。特に、第4章でみたように民法858条が資産活用（消費）型管理を求めていると考えた場合には、法定代理権や財産管理権の活用に対する消極性が義務違反と評価される可能性が高くなることにも留意しておく必要があるでしょう。

2　法定代理権の行使

(1)　利用者の自己決定侵害のリスク

　法定代理権の行使にあたって、まず注意すべきは利用者の自己決定権に対する干渉（侵害）性です。一見したところでは、利用者が行った自己決定を後から強制的に消滅させてしまう機能をもつ取消権のほうが、利用者の自己決定に対する干渉の度合いが大きいように思えます。しかし、法定代理権もまた、利用者自身は全く意図していない（時には利用者の意向に反しさえする）権利・義務を、強制的に、利用者に帰属させるという機能をもっているわけですから、利用者の自己決定あるいは自律に対する外部的な干渉になるという意味では取消権と同様なのです。たとえば、障害者権利条約は「**代理・代行決定から意思決定支援（自己決定支援）へのパラダイム転換**」という理念に基づいて、判断能力不十分者の支援手法としての代理・代行決定をラスト・リゾート（最後の手段）として必要最小限の範囲でのみ例外的に認めるという方向を示していますが、わが国の法定後見制度上の法定代理権もここでいう代理・代行決定に基本的には含まれることに留意する必要があり

ます（条約の公的な解釈指針である「一般的意見」では、さらに踏み込んで代理・代行決定の完全廃止を求めていますが、この点については、その問題点も含めて第11章であらためて説明します）。また、先ほど触れた利用者の利益の遵守を要請する義務を無視して、成年後見人が恣意的に権限を濫用する危険性自体は、取消権も代理権も変わりありません。濫用の危険性は成年後見人がもつすべての権限に潜在しているものであって、権限の性質によって、その度合いが変わるわけではないことに注意しておくべきでしょう（大村敦志『もうひとつの基本民法Ⅰ』46頁～49頁（有斐閣、2005年）参照）。

(2) 本人意思尊重義務との関係

このように、法定代理権にも利用者の自己決定を侵害するリスクが取消権と同じくらいあるということを考えるならば、その行使に際して、本人意思尊重義務の要請への慎重な目配りがとても重要になるということがわかると思います。

そこで、障害者権利条約が要求する意思決定支援（自己決定支援）との関係も含めて、法定代理権の行使に際して考慮すべき本人意思尊重義務の役割について、少し考えてみましょう。

まず最も重要なのは、障害者権利条約の批准によって、「**判断能力不十分者の支援にあたっては、意思決定支援が代理・代行決定による支援に優先する**」という基本原則が、国内法上でも一定の法的な基盤を持ったということです。私は、この背後にある「**理念としての意思決定支援**」は判断能力不十分者とのかかわり方についての社会の基本姿勢を示すものであって、法的な権利擁護者としての成年後見人はもちろんのこと、家族、知人、医療・介護の専門職等、本人の意思決定の場に立ち会うすべての人が共有すべき基本理念であると考えています。したがって、意思決定支援という活動も、たとえば成年後見人の法定代理権や取消権のような特定の法的な権限に基づいて行われるものではありません（カナダの一部の州やチェコ（チェコ民法45条～48条等）などでは、特定の意思決定支援者を選任する法的なしくみがありますが、

こうした「**法制度としての意思決定支援**」は、わが国では未確立です）。

　ただし、成年後見人等の場合は、今後、民法858条の本人意思尊重義務の要請として、ある一定の範囲内において本人に対する意思決定支援の試みが法的に義務付けられていると考える余地が高まったというべきでしょう。たとえば、すでにイギリス2005年意思決定能力法では、後見的支援を行う人がまず実行すべきは、エンパワメントによって本人自身が意思決定できるように試みることであり、代理権の行使といった他者決定の段階に移行できるのは、こうした自己決定支援のあらゆる試みが功を奏さなかった場合に限るという立場が、明確に打ち出されています（同法1条3項・4条4項参照。詳細は、菅富美枝『イギリス成年後見制度にみる自律支援の法理』（ミネルヴァ書房、2010年）、同「『意思決定支援』の観点からみた成年後見制度の再考」菅富美枝編著『成年後見制度の新たなグランド・デザイン』217頁（法政大学出版局、2013年）参照）。これに対して、日本法の本人意思尊重義務は、成年後見人の権限行使に関する義務ですから、基本的には、成年後見人が「他者決定」を行う場面、つまり法定代理権や取消権を行使する場面を想定しています。したがって、厳密にいえば、意思決定支援のための活動を成年後見人に積極的に義務付けるというよりも、たとえば適正な支援があれば本人自身が意思決定できる可能性が十分にあったにもかかわらず、成年後見人が、こうした可能性を安易に無視して、専断的に代理権を行使したときに、この代理権行使の義務違反性を問うという形で、間接的に成年後見人の合理的な意思決定支援のための活動を促すということになるかもしれません。こうした場合、たとえ成年後見人が専断的に結んだ契約の内容が客観的には利用者にとって有益なものであったとしても、それが本人自身による意思決定の可能性を全く無視して行われていれば、状況によっては民法858条違反となりえるでしょう。

　さて、こうした前提に立った場合に、成年後見人として留意すべきは、法定代理権を行使する前にできる限り本人の意向を確認することです。時間的な猶予がない場合や、本人とのコミュニケーションが物理的に不可能な場合

は別として、少なくとも本人に対して、事前に、代理する行為の内容やその意味をできる限りわかりやすく説明したうえで、法定代理権を行使するという姿勢が必要でしょう。仮にこうした説明をしたにもかかわらず、本人の了解がとれなかったとしても、身上配慮義務（本人の客観的保護の必要性）の観点から法定代理権の行使を断行すべき場合があることはもちろんですが、完全に利用者を蚊帳の外においた形で法定代理権を専断的に行使することは避けるべきでしょう。実務的にいえば、たとえば利用者に関する契約を代理権によって結ぶ場合でも、本人の同席が明らかに本人の福祉に反するような場合を除いて、成年後見人と相手方だけで契約書にサインしてしまうのではなく、できる限り本人の立会いの下に契約の締結が進められていくことが好ましいといえます。また、本人意思尊重義務がある以上、法定代理権が濫用された場合（利用者の利益ではなく、成年後見人自身や第三者の利益を図るために代理権を悪用した場合）はもとより、客観的には濫用とはいえない場合であっても、その行使が本人の意思に反していたときには民法858条違反を理由とする損害賠償責任等が生じるおそれがあることにも留意する必要があるでしょう（仮に本人意思尊重義務違反を本人の自己決定権侵害として捉えるならば、エホバの証人の信者による輸血拒否の事件に関する最高裁判決（最高裁平成12年2月29日判決・民集54巻2号582頁）も参考になると思われます）。

　それに加えて、ここで尊重されるべき意思は必ずしも明確な意思の表明といったものに限られないということにも注意が必要でしょう。たとえ、それが漠然とした希望のようなものにすぎなかったとしても、利用者の意思の方向性を指し示す手がかりとなるものである限り、法定代理権の行使にあたって考慮に入れるべきです。さらにいえば、先述の意思決定支援の一環として、成年後見人はこうした利用者の意向を少しでも引き出せるように、職務の遂行にあたって、利用者と密接なコミュニケーションを図っていくことが望ましいといえます（同様の理解を示すものとして、雪富美枝「民法858条における『本人意思尊重義務』の解釈」法政論集250号129頁（2013年）参照）。おそらく、

この場面では、社会福祉の世界でよく語られている**エンパワメント**という考え方が有益な役割を果たすことになるでしょう。また、利用者の特性に配慮したコミュニケーション手段の工夫も有意義です。たとえばオーストラリアにおける実践例として、文字文化をもたないアボリジニとのコミュニケーション手段としてかつて開発された絵文字の技法の応用が、各種の障がいのためにコミュニケーションが困難な人との意思疎通、自己決定の援助に有効であったことが報告されています（金川洋「弱い立場におかれがちな人々へのサービス提供」実践成年後見19号61頁～62頁（2006年））。もちろん、すべての成年後見人にこうしたコミュニケーションスキルを要求することは困難ですから、こうしたスキルをもつ第三者（利用者の知人、親族、施設職員や福祉専門職など）を手配し、活用していくという発想も大切です。

　成年後見人は、法定代理人として、ただ単に利用者の代わりに意思表示をすればよいというわけではありません。結果的に法律的な外形としては、法定代理人である成年後見人が意思表示を行った形になったとしても、少しでも利用者の意向をこの意思表示に反映させていくという姿勢が必要です。たとえ意思表示の法的な主体は成年後見人であっても、その実質ができる限り成年後見人と利用者との協同的な意思表示（意思決定）であることが理想的だといえるでしょう。なお、契約相手方の法的地位の安定性（利用者の意思無能力を理由とする契約無効のリスクを回避すること）に配慮するならば、成年後見人等の適正な意思決定支援の結果として、利用者本人が契約締結に関する実質的な意思決定を行えた場合であっても、契約書面の形式上では、成年後見人が法定代理権に基づいて契約を結んだという形式にしておくほうが無難なこともあるかもしれません。

　保佐人や補助人の同意権行使についても、同様の視点が必要です。同意権は、単に利用者の自傷的な法律行為を抑制するため（本人保護を目的とした同意権の不行使という消極的形態）だけに使うのではなく、文字どおり私的自治の補充、すなわち、本人自身による自己決定権の適正な行使を促して、こ

れを支援するために活用すること（本人の意思決定支援の手段としての積極的な同意権行使の形態）が望ましいからです。代理権や同意権の行使、つまりは自分の意思表示を通して、利用者が少しでも社会に参画できるように心を砕くこと、いわば相手方と利用者本人とのコミュニケーションの架け橋となることも、成年後見人にとって重要な役割の1つなのです。

3　取消権の行使

(1)　日本法の特色

　判断能力が不十分な人のために権利擁護者としての成年後見人を選任すること（**成年後見あるいは後見的支援の開始**）と、この制度を利用する人の法律上の行為能力（契約の締結能力等）を制限すること（**利用者の能力制限**）とは、必ずしも必然的に結び付くわけではありません。

　たとえば、イギリス法にはそもそも制限行為能力制度がありません。また、ドイツ法では、世話人の選任と利用者の行為能力制限を原則的に切り離す形の制度設計が採用されています。つまり、世話人が選任されても利用者である被世話人の能力が自動的に制限されてしまうわけではありません。能力制限には世話人の選任とは別に**同意権留保**という手続が必要になりますが、この手続は、能力制限の対象となる領域を、被世話人のニーズに応じて、個別具体的に確定したうえで行われることになっています（いわゆる**必要性の原則**の帰結です）。

　これに対して、日本法の場合、成年後見と保佐の2類型については、後見の開始に伴って画一的かつ自動的な利用者の行為能力制限が行われるしくみになっています（ただし、民法9条ただし書の「日常生活に関する行為」は例外的に全類型において能力制限の対象外とされています）。条文の形式的な構造から比較する限り、ドイツ法が原則的に利用者の能力を肯定したうえで、必要に応じて例外的・個別的な能力制限を行うにすぎないのに対して、日本法は原則的に利用者の能力を制限する形をとっているため、両者は真逆の発想に

225

〔図表 8－1〕 利用者の能力制限比較（日本法とドイツ法）

```
日本法（成年後見制度）
　┬原　則　→　行為能力の画一的・自動的制限［成年後見・保佐類型］
　└例　外　┬─例外的・個別的能力制限［補助類型］
　　　　　　└─部分的な能力肯定（日常生活に関する行為）
ドイツ法（世話制度）
　┬原　則　→　行為能力肯定
　└例　外　→　例外的・個別的能力制限（同意権留保の対象行為）
```

立っているようにみえます（〔図表 8－1〕参照）。しかし、実際には日本法もドイツ法もともにノーマライゼーションや自己決定の尊重という新しい基本理念を共有しているのです。同じ理念に立ちながら、このように一見正反対のようにみえる制度設計となっている理由はどこにあるのでしょうか。

　この疑問に応えるためには、まず制限行為能力者の行為の法的効果について、両国が立法技術的に異なるスタンスをとっていたことを理解する必要があります。現在の世話法以前のドイツの制度（**行為能力剝奪・制限の宣告**）では、利用者の行為の効果は**無効**とされていました。これに対して、日本法では旧禁治産宣告の時代も含めて、利用者の行為は**取り消しうる（一応は）有効な行為**です。つまり、日本法の場合、実は利用者の行為が当然に無効とされてしまうわけではなく、利用者本人か法定代理人である成年後見人のいずれかが取消権を行使してはじめて無効となるわけです（民法120条・121条。ただし、利用者が意思無能力の状態で行った行為は日本法でも当然に無効とされます。しかし、これは成年後見による能力制限ではないことに留意してください）。利用者の自己決定の結果が尊重されるかどうかは、結局、取消権が行使されるかどうかにかかっていることになりますから、あくまでケース・バイ・ケースであるといえます。この点を考え合わせるならば、日本法の能力制限は見かけ上こそ画一性の高いものですが、実際の運用しだいでは非常に弾力的な対応ができる制度でもあるといえます。逆にいえば、後見実務の中で制度

の基本理念の1つである自己決定の尊重を具体化していくためには、成年後見人による取消権の運用も重要な鍵を握っているといえるわけです。なお、立法論としては、現行の制限行為能力制度の廃止・縮減に向けた検討も必要だといえますが、この点は後述したいと思います（第11章2(7)参照）。

(2) 取消権の謙抑的運用

――《ケース 8 - 1》――

　成年被後見人 X は、子どもの頃から鉄道模型が好きで、多数のコレクションをしてきていた。認知症の進んだ現在でも、月に一度は模型店を訪れ、最新の模型を購入することを楽しみにしている。しかし最近では、新しく購入した模型が箱を空けられることもないまま放置されることも多く、鉄道模型に関心のない成年後見人 A からしてみると無駄遣いとしか感じられない。X には退職金等を含めた預金が十分にあるため、たとえ今後10年以上、今までどおり模型を買い続けたとしても、生活に困る心配はない。

――《ケース 8 - 2》――

　成年被後見人 X は、たまたま自宅に訪れたセールスマン A がとても親身に自分の話を聞いてくれたことに感激して、A の売っている商品を大量に買い込んだだけではなく、自分の全財産を A に贈与するという書面を書いて、A に渡してしまった。

　すでに触れたように、利用者の自己決定権を実質的に保障していくためには、利用者の**試行錯誤権**を積極的に承認することが必要だと、私は考えています（第2章）。この利用者の試行錯誤権という視点から日本法の取消権制度を見直してみた場合、取消権の意義を、単に利用者の能力を制限することでパターナリスティックな保護を図るという従来の消極的な観点からだけではなく、試行錯誤権に関する制度的保障、すなわち本人の自己決定に対する

支援手段という積極的な観点からも再評価することができると思われます。というのも、取消権とは「**失敗してしまった既成行為に対するやり直しの可能性を認める（試行錯誤の可能性を認める）制度**」であると捉えることができるからです。

　このように取消権を試行錯誤権として位置づけた場合、利用者自身による取消権の行使は文字どおり試行錯誤権の行使そのものとして考えることができるでしょう。問題は、成年後見人による取消権の行使です。成年後見人が取消権を行使するということは、少なくとも表面的には、他人である利用者が行った行為に強制的に介入して、これを全否定するわけですから、その使われ方次第では、本人の自己決定の支援どころか、むしろその強烈な侵害になります。この意味で取消権は諸刃の剣だといえます。そこで、本人の自己決定の尊重という視点を打ち出した場合（民法858条の本人意思尊重義務を起点に考えた場合）、「**成年後見人による取消権の行使は利用者の保護のために必要最小限の範囲にとどめるべきである（謙抑的運用のルール）**」という方針が導き出されることになります。しかし、単に取消権の行使を控えれば済むというわけでは、もちろんありません。繰り返し触れてきたように、現行法を前提とする限り、本人の客観的保護（たとえば、悪質商法による不当な経済的搾取から利用者を守る）という旧来からの理念にも重要な意義があり、取消権はこの本人保護のための最強の武器でもあるからです。したがって、問題の要は、試行錯誤権の保障という観点を基軸においたうえで、成年後見人が取消権の行使を控えるべきケースと、逆に積極的に取消権を行使してもよいケースとを区分する点にあるというべきでしょう。理念のレベルでの自己決定の尊重と本人の客観的保護とのバランス調整、職務の具体的指針のレベルでの本人意思尊重義務と身上配慮義務とのバランス調整の問題が、この場面でもこうした形で顔を出してきているわけです。

　さて、それではケースの具体的な区分けについて少し考えてみましょう。取消権の行使を控えるほうがよいのは、どういったケースでしょうか。

3 取消権の行使

　私はこの問題を考える前提として、まずは「ベストの選択肢」という強迫観念から成年後見人を解放してあげることが必要だと感じています。もちろん、法律上、成年後見人は職務遂行にあたって善管注意義務（民法869条）を負っていますから、一般的に要求される十分な注意を払ったうえで権限を行使することが必要です。しかし、これは「利用者が自分で結んだ契約がベストの選択でない限り、成年後見人は必ず取り消さなければならない」ということではないと思われます。その理由は3点ほどあげられます。

　まず1つは、利用者以外の一般人との区別の不当性です。判断能力が十分にあるはずの一般人であっても、契約の締結にあたって、常に客観的にみてベストの選択をしているわけではないでしょう。とすれば、ノーマライゼーションの視点からいって、利用者だけが成年後見人の取消権行使によって常に客観的にベストの選択を強制されるいわれはないといえます。

　2つめは、成年後見人による価値観の押し付けを排除する必要性です。利用者の活動に一定の幅を認めていくため（利用者にとって経済的に多少マイナスとなる行為であっても試行錯誤の範囲内として容認していくため）には、成年後見人個人の狭い価値基準だけによって、利用者の行為の意味を一刀両断に評価してしまうのは危険だからです。趣味の領域を想定すればわかるように、金銭の使い方やモノに対する価値観は文字どおり人それぞれです。たとえば、ヴィンテージジーンズは、興味のない人からみれば、単なる中古品か、場合によっては燃えるゴミにしかみえないでしょう。しかし、マニアの間では時に数十万円、数百万円という値が付いて流通する市場が成立しているのです。利用者個人の価値観や個性を尊重して、その人らしい生活をめざした支援を行うという発想に立つならば、たとえ利用者が結んだ契約が、成年後見人の価値観からみたら非常にもったいない無駄遣いだと思われたとしても、それだけを理由にして取消権を行使してしまうべきではないはずです（《ケース8‐1》）。第2章でも触れたように、成年後見の利用者にも、一般の人たちとできる限り同じレベルで、**愚行権**や**愚行の自由**が認められてよいからです。

最後に3つめは、過度の取消権行使が利用者の自発性に与える悪影響です。成年後見人の取消権行使によって、せっかく自分自身で判断して、自力で結んだ契約が否定されることが度重なってくれば、利用者は自信を失い、契約締結に向けたモチベーションも当然どんどん下がっていってしまうでしょう。子どもに対する過保護が結果的に子どもの能力をスポイルしてしまうように、成年後見人の干渉が度を超した過保護となってしまえば、利用者の現有能力をむしろ奪っていってしまうことになりかねません。これが成年後見の新しい理念の1つである現有能力の尊重と抵触することはいうまでもないでしょう。成年後見は利用者の能力開発や社会参画をできる限り積極的に支援する方向で運用されるべきですから、こうした方向への利用者のインセンティブを削ぐ結果となる、行き過ぎた取消権の行使は慎むことが望ましいといえるのです。

しかし、取消権を謙抑的に運用するということは、利用者の行動を放置し、後見職務の手抜きをしてよいということでは、もちろんありません。利用者のしたい放題を容認して、成年後見人はただ利用者の行為を傍観しているだけというのでは、そもそも成年後見人を選んで取消権や同意権をわざわざ与えた意味がまるでありません。いうまでもなく、成年後見人が積極的に取消権を行使してよい場面も少なからずあるわけです。では、利用者の試行錯誤権の保障という視点を踏まえたうえで、なお積極的に取消権を使う場合とはいったいどういうケースでしょうか。

これはなかなか難しい課題ですが、とりあえず基本的な指針として2つだけ指摘しておきたいと思います。1つめは、利用者の意思表示が利用者の自己決定権保障のための前提条件を著しく欠いている場合です。たとえば、購入した商品の内容を利用者が全く理解していなかった場合のように、その場面での判断（自己決定）に必要な基本的知識を明らかに利用者がもっていなかったケースはこの典型でしょう。ほかにも、利用者に理解できる表現で契約条件や内容の説明がなかった場合のように自己決定に必要な情報提供が十

分に行われなかったケース、契約相手の強引な説得や勧誘によって事実上契約が強要されたようなケース、契約の内容が一定の経験を必要とする場合であるにもかかわらず、利用者が明らかに経験不足であったケースなども取消権を積極的に行使してよい局面だといえるでしょう。たとえば消費者契約法4条によって消費者の取消権が認められるような状況は1つの判断基準となると思われます。ただし、成年後見制度の利用者の特性を考えれば、消費者契約法が一般的に想定している事業者と消費者との能力格差（消費者契約法1条は、「消費者と事業者との間の情報の質及び量並びに交渉力の格差」と表現しています）よりも大きなハンディキャップを利用者は負っているといえますから、成年後見人が取消権を行使すべき場面は、現行の消費者契約法4条が定める枠組みよりも当然広く捉えてよいことに留意してください。たとえば、消費者契約法4条3項1号・2号は事業者の不退去や監禁による契約の強要を想定していますが、利用者が長年施設で暮らしてきており、社会的な接触経験が非常に乏しい場合、一般の人以上に、セールスマンの発言を事実上の強要として受け取ってしまうおそれがあることなどにも配慮する必要があると思われます。

　こうした観点からは、利用者の意思表示が公序良俗違反（民法90条）、錯誤（同法95条）、詐欺・強迫（同法96条）などの民法上の一般規定によって、無効もしくは取消しが主張できる場合も、当然に取消権の積極的行使の場面に含めてよいことになります。先ほどの消費者契約法4条に該当するケースもそうですが、成年後見制度以外の一般的な法規定によって契約の一方的な解消が認められているような場面であれば、成年後見の利用者だけが特別に契約を解消できるわけではないですから、ノーマライゼーションの視点からみても大きな問題は生じないといえるからです。もっとも、厳密にいえば、こうした場合でもあえて「契約を解消しない自由」というのはありえるわけですから、成年後見人の干渉を認める以上、完全に利用者が同等の地位にあるというわけではありません。しかし、この程度の区別であれば、ノーマラ

イゼーションの視点には反しない合理的な程度の区別ではないかということです。

2つめは、利用者の将来の自己決定権の基盤そのものを失わせてしまうような意思決定です。成年後見の利用者の自己決定権について考えた場合、①**個別具体的な自己決定を保障するレベルの問題**と、②**本人の自己決定的なライフプランニングを総体として保障するレベルの問題**とを区分することができます（佐藤幸治「日本国憲法と『自己決定権』——その根拠と性質をめぐって——」法学教室98号11頁以下（1988年）、同『日本国憲法と「法の支配」』137頁（有斐閣、2002年））。このうち、原則的には、②のレベルの要請が①のレベルの要請に優先するとみるべきでしょう。たとえば、その場の思いつきにすぎないような場当たり的な意思表示が、本人の将来における自己決定の可能性や試行錯誤の可能性を著しく危険にさらすことになりかねないような場合（《ケース8-2》）には、②のレベルの自己決定権を保障するために、成年後見人が取消権を積極的に使うべきだといえるでしょう。試行錯誤権の保障という観点は、個別の具体的な行為に対する利用者の主体的な判断をできる限り尊重すべきであるという要請と同時に、利用者が将来にわたって試行錯誤を続け、それによって成長を続けることができるための基盤を確保すべきであるということも要請しているといえるからです。

ところで、取消権を行使すべきかの判断にあたっては、利用者の特性にも留意することが必要でしょう。たとえば、比較的若年の知的障がい者、アルツハイマー型認知症の高齢者、強度の統合失調症の罹患者では、それぞれ成年後見人の対応方針が違っていてよいと思われます。たとえば、年齢が若く能力開発の可能性が高い場合には、あえて取消権の行使を控えて、本人の成功体験を積み重ねさせていくことで、自発的な社会参加へのモチベーションを高めていくという手法をとることもできるでしょう。また、高齢になってから認知症が発生したような人の場合は、個別の具体的な意思決定が、本人意思尊重義務の観点からみて真に尊重すべき希望かどうかを判断するために

も、利用者の従来の生活史等を慎重に踏まえたうえで、取消権行使の是非を決めていくことも必要になると思います。

　いずれにしても、利用者の試行錯誤権保障という観点からは、成年後見人は、本人の自己決定に基づく意思表示に関して、**判断の結果ではなく、判断のプロセスをより重視する**という姿勢が有益でしょう。また、取消権を行使すべき場合であっても、状況が許す限りは、成年後見人が勝手に取り消してしまうのではなく、利用者に取消しの意義を説明して、できる限り自分自身で取消権を行使させるように試みることも望ましい対応だと考えます。少なくとも、できる限り利用者に取消しの必要性を説明したうえで、取消権を行使していくという姿勢が基本であるといえるでしょう。

　なお、2012年4月にリーガルサポートの制度改善検討委員会が実施した取消権の行使状況に関するアンケート調査によれば、実際に取消権が行使されたのは、成年後見類型1.09％、保佐類型4.87％、補助類型13.9％にとどまっています（調査結果の詳細やその分析については、上山泰「制限行為能力制度に基づく取消権の実効性」筑波ロー・ジャーナル14号1頁（2013年）参照）。調査対象が司法書士の専門職後見人に限定されていることや、取消権の存在自体が持つ威嚇効果（**切り札としての取消権**）の評価が難しいことなど、この結果を過度に一般化して過大評価することは危険ですが、それでも、一般的なイメージに比べて、実際に取消権が使われる例はかなり少ないということはいえるでしょう。

4　意思決定支援に向けた運用の重要性

　本書では、その初版時から、上記のような本人意思尊重義務を重視した権限行使の必要性を主張してきましたが、障害者権利条約の批准によって、この必要性はますます大きくなったといえます。近年、リーガルサポートが公表した「後見人の行動指針」（2014年5月15日）は、「本人による意思決定を支援し、その決定された意思を尊重しよう。ただし、本人の身体又は財産に

重大な不利益が生じるおそれのあるときは、そのことを本人に説明し、本人の利益に適う決定がされるよう支援しよう」、「後見人が代理権を行使するときでも、前提となる意思決定は本人にしてもらうよう働きかけよう。本人による意思決定が困難で後見人が本人に代わって意思決定をするときは、本人の意向や希望をくみ取り、推定される本人の意思に沿った決定をしよう」、「事後に取消権を行使することより、事前に同意権を行使することを意識しよう。同意権を行使するときは、十分な情報を本人に理解できるように伝え、本人の意思決定を支援したうえで、同意するか否かを判断しよう。取消権の行使は、本人の身体又は財産に重大な不利益が生じるおそれがあるなど、やむを得ない場合に限定しよう」等の指針を打ち出しました。こうした指針は、本書の従来からの主張と軌を一にしたものといえ、高く評価できます。

　何より大切なことは、こうした指針が実務の中核を担う専門職後見人の側から提起されたことです。仮に将来、わが国の現行法定後見制度が廃止されて、新設された「法制度としての意思決定支援」のしくみへの全面的な転換が、法形式上で果たされたとしても、おそらく、それだけで「理念としての意思決定支援」が名実ともに実現することは難しいでしょう。なぜなら、制度の形式が変わったとしても、支援者の行動様式を含めて、これを支える社会的な環境が十分に準備されていなければ、どんなによい制度もうまく機能しないからです。その意味で、まずは現行法のもとで、後見実務の内実を旧来の支援者中心の代理・代行決定型から、利用者中心の意思決定支援型へと移し替えていく努力が肝心だというべきでしょう。実際には、すでに多くの専門職後見人等による実務の内実は意思決定支援型を基軸としているように見受けられますが、こうしたよき実践例のさらなる積み重ねを通じて、将来の抜本的な法改正を見据えた社会的環境を準備しておくことが大切なのです。

　なお、後見実務上の成年後見人の行動の標準が変化すれば、これに伴って、裁判規範としての民法858条違反の判断基準も変化していくことにも留意してください。簡単にいえば、仮に、法定代理権の行使に先立って、可能な限

りの意思決定支援を行うことが、実務上の標準形態になったとしたら、意思決定支援の可能性を尽くさずに法定代理権を行使してしまったというだけで、直ちに民法858条違反になる可能性が生まれるということです。

第9章　専門職後見人の活用方法

1　専門職後見人の活用

(1)　希少資源としての専門職後見人

　後見の「社会化」の大きな役割の1つは、利用者の家族の後見負担を軽減することにあります。これは、介護保険が**介護の社会化**によって要介護者の介護に対する家族の負担軽減をめざしているのと同じ方向性にあるといえます。介護と同様、従来の枠組みの中ではアンペイドワークとして事実上家族に強制されていた成年後見を「社会化」することで、家族の後見負担を軽減するとともに、利用者が低コストで気軽に成年後見という社会的なサービスを受けることができるようにすること。これが「社会化」の理想のシナリオです。

　家族の後見負担からの解放を考えた場合、最も簡潔な方策は、すべての成年後見を第三者後見にしてしまうことです。しかし、いうまでもなくこのやり方には無理があります。その理由の1つは、単純に第三者後見人の絶対数が足りないということです。第3章で触れたように現在の第三者後見人の大半は専門職後見人ですが、その中核を担ってきた三士会のマンパワーはすでに限界に達しつつあります。今後、法人後見人や市民後見人等の活用がさらに進められてはいくでしょうが、まだしばらくは、現実問題として親族後見人のマンパワーにも一定の期待を寄せざるを得ないでしょう。

　「社会化」の視点が第三者後見人の積極的な活用という政策課題を要求するとしても、それが親族後見人を単純に排除するという意味ではないことに、ここではあらためて留意しておく必要があります。少なくとも当面の目標は、成年後見に関する家族の負担を完全にゼロにすることではなく、家族の後見負担を現在の社会が容認できる合理的な範囲に縮減させることであるといえ

るからです。

(2) 親族後見人の意義

　もちろん、親族後見人の意義は、第三者後見人の不足といった消極的な期待から生まれるものだけではありません。成年後見を顔の見える後見として、利用者の意思を適切に反映できる制度として運用していくためには、支援者である成年後見人と利用者との間に個人的な信頼関係が構築されていることが非常に大事な要素になってきます。ところが実際の専門職後見の実務では、この利用者との信頼関係の構築こそ、ある意味では最も高コストの職務であることが少なくありません。というのも、利用者と信頼関係を構築するためには時間をかけた交流が必要になりますし、そのための費用（交通費や電話料金などの通信費等）もかさみます。一見すると気まぐれとも思える利用者の意思の変化に逐一対応していくうえでの精神的な負担も見過ごせないでしょう。利用者との信頼構築は時間的にも労力的にも、そして経済的にも大きなコストを要する可能性があるわけです。だとすれば、利用者と家族が愛情によって強く結ばれていて、利用者も家族も親族後見を望んでいるような場合であれば、こうしたコストの削減という観点からも、むしろ親族後見という形態こそがベストの選択肢になるケースもあるでしょう。

(3) 親族後見人に対する支援の充実

　他方において、現行法を前提とする限り、親族後見人に対しても、基本的には、第三者後見人と同水準の法的責任が求められているということに留意する必要があります。まず、民事責任についていえば、親権者に適用されている職務遂行に関する注意義務を軽減する規定（民法827条）がないため、親族後見人といえども、第三者後見人と同様に善管注意義務（同法869条・644条）を負うことになります。また、一般市民からみれば、より深刻といえる刑事責任の場面でも、判例（最高裁平成24年10月9日判決・刑集66巻10号981頁）は、親族後見人への親族相盗例の準用を否定したうえ、利用者との親族関係の存在をいわゆる情状酌量の要素としても考慮するのは相当ではないと

して、親族後見人を第三者後見人と同等に扱う姿勢を示しています。こうした事情を踏まえるならば、現状でも重要な成年後見人供給母体である親族後見人を対象とした支援システムの整備こそは、むしろ市民後見人システムの充実以上に、喫緊の政策論的課題というべきでしょう。しかし、残念ながら、基礎自治体をはじめとして、近年の政策的な議論の視線は市民後見人の「育成」のみへと集中しがちであり、親族後見人の活動支援に向けた対応は、かなりおざなりになっている印象があります（市民後見人の育成活動についても、最も肝心な育成後の「活動支援」に対する目配りが不十分なものが多いように見受けられます）。たしかに、成年後見の入口である利用相談や申立支援については、家庭裁判所をはじめとして、地域の後見支援団体や地域包括支援センター等を通じて、かなり丁寧な対応が行われるようになってきています。ところが、いったん成年後見人として選任された後については、本来の監督機関である家庭裁判所の監督がマンパワー上の問題から必ずしも十分に機能していないこともあって、親族後見人にとっては、地域で適当な相談窓口すら探し出すことが困難な状況にあります。こうした状況は、親族後見人の孤立化を招くことになりますし、重い責任を1人で負わされた親族後見人を、結果的には本人に対するネグレクトや経済的虐待、さらには業務上横領といった犯罪行為へ追い込みかねないといえるでしょう。専門職後見人の適正な有効活用によって、こうした現状の親族後見人の過剰負担を軽減していくことも、重要な政策課題になるというべきです。

(4) 有効活用のための工夫

潜在的な成年後見ニーズの大きさを考えると、何の方策もないままに、希少な資源である専門職後見人を消費してしまっていては、「社会化」を今後も円滑に進展させていくことは難しいといえます。そこで、専門職後見人の有効活用を目的とした具体的な方策を考えていかなければなりません。現実的な対策としては、次の2つがあげられます。

1つは、成年後見関係者の地域的・有機的ネットワークの構築と、このネ

ットワークを通じた親族後見人や市民後見人等のバックアップ体制の整備です。すでにこうした取組みに向けた動きは日本各地で始まっているようですが、今後もさらにこの動きを加速させていくことが重要です。地域における専門職の人数や高齢化率、家族に対する価値観など、ネットワーク構築にかかわる要素の中には地域の特性が強く影響するものもあるでしょうから、それぞれの地域の実情にあわせたネットワークモデル（支援体制モデル）を考えていくことも重要な課題です。また、地域における成年後見の運用支援にあたっては、地域包括支援センターのような既存の公的リソースをいかに有効活用できるかということも重要な鍵になると思われます。

　さらに、こうしたネットワーク構築の中で重要な鍵となるのが、地域の基礎自治体（行政）と家庭裁判所（司法）を主要アクターとして位置づけたうえで、後見ネットワークを再整備し直していくことです。そして、ここで特に重要なのは家庭裁判所の役割です。たとえば、家庭裁判所の主催する連絡協議会は、2000年に現行制度がスタートした当初こそ、ある程度有効に機能していた地域もあるようですが、残念ながら、近年では、かなりの地域で形骸化してしまっているという声を耳にします。しかし、地域社会の中で、眠っている成年後見ニーズを掘り起こすとともに、審判前の利用相談から、審判の申立支援や市町村長申立ての実施、選任後の活動支援や後見報酬助成等までを、その地域の実情に根ざした一貫したポリシーに基づいて実現させていくためには、当該地域における成年後見の運用政策にかかわる主要な関係当事者（家庭裁判所、基礎自治体、専門職能団体（弁護士会、リーガルサポート（司法書士会）、ぱあとなあ（社会福祉士会）等）、成年後見支援団体（法人後見活動や後見支援業務等を行っている社会福祉協議会、NPO法人、福祉公社等）等）が、実効的な情報交換の機会を密にもって、地域における成年後見運用上の問題点に関する認識を共有しておくことが必要です（市町村長申立てを含めて、地域の成年後見運用に直接関与するのは基礎自治体なので、こうした情報交換の場を実効性のあるものにするためには、行政サイドの参加者は、都道府県レ

ベルではなく、市町村レベルの担当者とすることが望ましいといえます)。

　そして、地域で実働している成年後見(特に法定後見)の情報が最も集中しているのは家庭裁判所ですから、こうした情報交換の場に家庭裁判所の姿が見えない(あるいは、その影が薄い)とすれば、その意義が大きく損なわれてしまうおそれがあります。たとえば、先述の親族後見人の支援などは、その典型です。というのも、地域における親族後見人の実数やその氏名、住所等の基礎情報は、その性質上、家庭裁判所が独占しており、基礎自治体ですら、その掌握は不可能です。逆にいえば、家庭裁判所の協力がない限り、たとえ行政が本腰を入れたとしても、地域における親族後見人を十分に組織化して(地域の成年後見ネットワークの中に取り込んで)、その孤立化を防ぎ、適正な後見職務支援へと結びつけていくことはできないのです。さらに、市民後見推進事業の流れを受けて2015年(平成27年)度から導入された地域医療介護総合確保基金(介護分)に基づく権利擁護人材育成事業は、各市町村が広く地域の市民後見人等の活動支援体制を構築することを事業の対象に含めていますが、この事業評価にあたっては、市町村ごとの法定後見人の活動実態に関するデータが必要になります。しかし、現在のところ、最高裁判所が公表しているデータは、他の司法統計と同様、裁判所の管轄ごとに集計されたものだけなので、市町村からは不満の声も聞かれます。

　もちろん、地域の成年後見情報に関する司法と行政の完全な情報共有化には、これを正当化するための法的整備を含めて、慎重な検討が必要ですから、直ちに実現できる話ではありません。しかし、家庭裁判所と市町村との連携は今後の法定後見の健全な運用の要となるべきものですので、少なくとも、上述した基本統計に関する市町村ごとの集計・開示に向けた最高裁判所のアクションを期待したいと思います。

　有効活用に関する第2の方策は、親族後見人と第三者後見人による後見事務の分掌です。専門職後見人、法人後見人、市民後見人、親族後見人といった後見人類型がもっているそれぞれの特性を最大限に生かす形で後見事務の

分掌を行うことによって、全体としての負担を軽減しようというわけです。このためには各種の後見人類型がもっているメリットとデメリットをよく考えたうえで、利用者の支援に最適な現有資源の組合せを探っていくことが、最も合理的で、しかも現実的な選択肢だと思われます。そこで、この点については、項を改めて、もう少し詳しく解説していきましょう。

(5) **ドイツのタンデム世話方式**

こうした各種の後見人類型の組合せ方法について、私はこれまでもいくつかのモデルを提示してきました。たとえば、①縦型分掌形態、②横型分掌形態、③専門職後見人離脱型の横型分掌形態、といったモデルです（上山泰「『成年後見の社会化』の進展と新たな立法課題──社会化の日独比較を含めて──」青柳幸一編『融合する法律学　上巻』207頁～244頁（信山社、2006年））。

さらに最近では、ドイツの世話法実務にみられるタンデム世話（2人乗り自転車式の世話）という方式も紹介されています（田山輝明『成年後見法読本』162頁～164頁（三省堂、2007年））。このタンデム世話とは複数後見の一種で、職業世話人と名誉職世話人を組み合わせる方法を指します。ドイツの名誉職世話人は無報酬で行われるボランティアの世話人、つまり本書でいう親族後見人と市民後見人をあわせたものにほぼ相当することになります（ただし、日本法の場合、報酬請求権の付与は、成年後見人からの申立てに応じて、家庭裁判所の裁量によって判断されるしくみになっていますので、親族後見人や市民後見人の報酬請求が認められるケースもあります）。したがって、このタンデム世話の形態は日本での後見人類型の組合せにも大きなヒントになるでしょう。

ちなみに、ドイツではタンデム世話のメリットとして、次の4点があげられています（田山・前掲書162頁～164頁参照）。1つめは、**①名誉職世話人のOJT（オン・ザ・ジョブ・トレーニング）としての機能**です。成年後見に関する専門知識や経験の豊富な職業世話人とチームを組んで活動することを通じて、成年後見人としてのスキルを上げていくことができるというわけです。2つめは、**②名誉職世話人の職務開始初期段階における負担の軽減機能**です。

これは後に触れるように日本の場合も全く同様ですが、一般的な成年後見事例では後見の開始時に最も多くの業務が集中します。そこで、このいわば繁忙期に限定して職業世話人のサポートを受けて、この山場を乗り切ってしまえば、以後の比較的定型的な業務については名誉職世話人だけで対応できるという場合も少なくありません。このように、①と②のメリットは希少資源である職業世話人を期間を区切って投入するという発想につながっていくことになります（後に述べる離脱型ケースへの展開）。3つめのメリットは、③**親族世話人の支援機能**です。ドイツでも成年後見人である世話人の最大の供給母体は家族で、全体の半数以上を占めています。こうした親族世話人に過度の負担を与えないように職業世話人が事務を分掌するわけです。最後の4つめは、④**職業世話の導入機能と支援機能**です。すでに触れたように、本人意思を尊重した後見活動を行うためには利用者との信頼関係が不可欠ですが、第三者後見のケースではこのための作業に大きなコストがかかります。そこで、後見開始時に、たとえば本人の趣味や価値観に精通している親族世話人等の協力が得られれば、職業世話人は短時間で本人の意向を把握することができるので、後見の導入がスムーズになります。もちろん、利用者と密接なコミュニケーションがとれる親族世話人等の協力は、後見の導入時だけではなく、その後の継続的な支援にあたっても職業世話人にとって大きな武器になるでしょう。また、利用者が家族にしか信頼をおいておらず、見知らぬ専門職をなかなか信用しようとしないケースでも、職業世話人とのタンデム世話はメリットを発揮します。

　こうしたドイツのタンデム世話方式のメリットは、日本の専門職後見の活用モデルにも重要なヒントを与えてくれます。そこで本書では、このドイツの視点（特に時間軸の視点）を加えることによって、私がこれまで提示してきたモデルをさらに精密化させていこうと思います。

(6)　組合セモデルの概要

　各種の後見人類型を組み合わせて、その有効活用を図っていくために、本

書では3つの基本視点を設定してみたいと思います。最初の2つは、従来から私が強調してきた事務の性質（領域）に応じた分掌方式と、後見監督人制度を活用した分掌方式です（①**縦型分掌形態**と②**横型分掌形態**の視点）。もう1つは、時間軸の視点を取り入れた**時間的な事務分掌（分業）**の方式です。実はこの点についても、③専門職後見人離脱型の横型分掌形態というモデルをすでに提案していたのですが、本書ではこの時間軸による分業の視点（通時的な視点）をもう少し掘り下げてみたいと思います。

　この理由は、タンデム世話の紹介でも触れたように、一般的な後見事案では後見開始の初期段階に最も仕事量が集中することが多いという事情があるからです。たとえば、成年後見人に就任した場合の最初の大仕事は、以後の財産管理のために利用者の全財産を把握することです。法律上でも、成年後見人は就任後直ちに利用者の財産調査に着手して、原則として1カ月以内に財産目録を作成することが求められています（民法853条1項）。ところが現実には、利用者が自力では十分に財産管理できなかったために後見が開始されたわけですから、預金通帳や土地の権利証などの重要財産の所在が不明であったりして、この作業に手こずることも珍しくありません。また、遺産分割や悪質商法による被害の救済、あるいは利用者の施設入所のための手続といった具体的な目的を念頭において成年後見が開始された場合は、この当初の課題がひとまず一段落してしまえば、あとはルーティン・ワークに近い日常生活の支援が職務の大半を占めることになるケースも珍しくありません。さらに、これもすでに触れましたが、特にこれまで利用者との親交があったわけではない第三者後見人の場合、後見職務をスムーズに進めていくための基盤となる利用者との信頼関係の構築が大仕事となるわけです。そして、これもその性質上、後見の開始当初に最も大きなエネルギーを要することになります。これと関連して、一般的な見守りのための利用者との面会についても、おおむねどのようなケースでも後見開始当初は高い頻度が要求されるものと思われます。このように後見職務の忙しさに時間的な波があるのであれ

ば、希少資源である専門職後見人は、繁忙期に集中投下する形で有効活用を図るという戦略が有益でしょう。

　そこで本書では、まずこうした時間軸の視点から、**協働型事務分掌方式（共時的な事務分掌）とリレー型事務分掌方式（通時的な事務分掌）**という2つの大枠を設定します。前者は複数の成年後見人が時を同じくして事務を分掌

〔図表9-1〕　専門職後見人活用のための後見人類型の組合せモデル

```
1　協働型事務分掌方式（共時的事務分掌）
　①　縦型分掌形態
　→後見監督制度を利用した事務の分掌
　　・親族後見人、市民後見人→成年後見人
　　・専門職後見人→成年後見監督人
　　・後見監督人離脱型（応用ケース）
　②　横型分掌形態
　→複数後見人制度を利用した事務の分掌
2　リレー型事務分掌方式（通時的事務分掌）
　①　単純引継型分掌形態
　→単独後見人から別の単独後見人へのリレー
　　・専門職後見人→親族後見人
　　・専門職後見人→市民後見人
　　・専門職後見人→（別の）専門職後見人
　　・親族後見人→（別の）親族後見人
　　・親族後見人→市民後見人
　　・親族後見人→専門職後見人
　　・市民後見人→親族後見人
　　・市民後見人→（別の）市民後見人
　　・市民後見人→専門職後見人
　②　離脱型分掌形態
　→複数後見人の一部が辞任するパターン
　　・複数後見→単独後見
　　・複数（3名以上）後見→複数後見
　③　補強型分掌形態
　→既存の成年後見人に追加して他の成年後見人が選任されるパターン
　　・単独後見→複数後見
　　・複数後見→複数（3名以上）後見
```

する方式、後者は活動時期をずらして事務を分掌する方式（いわば時間的な分業方式）です。そして、さらにこの2つの大分類を後見実務の観点から、いくつかの下位類型に区分します。具体的には、前者の協働型を縦型と横型の2つに、後者のリレー型を**単純引継型**、**離脱型**、**補強型**の3つに分けます（〔図表9-1〕参照）。理論上はもっと細かな分類も可能なのですが、あまり複雑化してもかえってわかりにくくなるだけですので、本書ではとりあえずこの5つのモデルに整理してみました。後見実務上では、この基本となる5つのモデルをベースとしたうえで、これを事案に則して応用していくことができるでしょう。以下では、各モデルの具体的な内容について説明していきます。

2　協働型事務分掌（共時的事務分掌）

(1)　縦型分掌形態

　縦型分掌形態とは、後見監督人制度を活用して、親族後見人あるいは市民後見人が具体的な後見事務を、専門職後見人あるいは法人後見人が後見監督事務を担当する方式です。簡単にいえば、後見監督人制度を活用して事務の分掌を図るやり方といえます。なお、近年では、市民後見人活用の一形態として、当該市民後見人の養成に関与した後見支援団体が、自ら後見監督人に就任して、市民後見人の活動支援と監督を担当するというスキームも一般化しつつあります（東京の世田谷区成年後見支援センターや品川成年後見センターがその代表例です）。

《ケース9-1》
　Xの認知症が進んだため、Xの妻Yは成年後見の利用を考えた。しかし、Xには預金のほか、大量の土地や株式といった資産があることもあって、Yとしては自分1人できちんと財産を管理できるか不安に感じている。そこで、Yは弁護士か司法書士に成年後見人を引き受けてもらうことを考え、Xにも相談してみた。しかし、Xは、妻のYならばと

もかく、赤の他人は信用できないから、通帳を渡すわけにはいかないと言い出し、成年後見の利用自体に難色を示し始めてしまった。

―《ケース9－2》――――
　重度の認知症があるXに遺産分割手続への参加が必要となったことをきっかけとして成年後見が申し立てられ、Xの子Yが成年後見人に就職した。この際、裁判所は分割の対象となる遺産がかなりの高額であるうえ、この分割をめぐって相続人間に熾烈（しれつ）な争いがあったことを考慮して、弁護士AをXの成年後見監督人として選任した。この1年後、無事に遺産分割は終了した。介護保険の利用や日常の生活支援のために今後も成年後見を継続する必要はあるが、遺産分割が終わったため、現時点ではすでに特別な法的知識を必要とする職務はなくなっている。

　専門家を効率的に運用するという観点からは、専門職後見人を、直接的な支援を行う成年後見人としてではなく、監督・監査業務を通じて適正な後見事務を間接的に支援する後見監督人の形態で活用することが考えられます。法定後見の場合、後見監督人は必置の機関ではありませんので、実務上、原則的には困難事案を中心に利用されています。専門職後見人にはその専門知識を生かした職務遂行が期待されているわけですから、日常的なルーティン・ワークが中心の事案よりも、職務遂行上の課題が多く、その遂行に専門的知識を必要とする困難事案に用いることが望ましいといえます。この意味で、困難事案の多い後見監督事件で監督人として真価を発揮してもらおうというのが、縦型分掌形態の基本的な意義です。

　これに加えて、《ケース9－1》にみられるように、客観的には専門職後見人による支援が好ましいにもかかわらず、利用者が家族以外の支援を拒んでいるため、専門職後見人が直接的に事務に関与することが難しいケースなどでも（これもある意味で困難事案ですが）、直接的な後見事務は利用者が信頼

している親族後見人に任せ、専門職後見人は監督人としての立場から親族後見人を支援するという場合も想定できるかもしれません。もちろんこのケースでは、より端的に専門職後見人が複数後見人の1人として親族後見人と事務を分掌する形でも対応できます（(2)で触れる横型分掌形態）。

こうした縦型の事務分掌による専門職後見人の活用という方向性は、実務上でも確認することができます。たとえば〔図表9-2〕〔図表9-3〕〔図表9-4〕は最高裁判所の統計をまとめたものです（最高裁判所は2000年（平成12年）度から2003年（平成15年）度までについては、「成年後見関係事件の概況（続）」という形で、後見監督の内容等に関する詳細なデータを公表していましたが、残念ながら2004年（平成16年）度以降はこうしたデータが公表されていません。

〔図表9-2〕 後見監督人の選任総件数

	平成12年度	平成13年度	平成14年度	平成15年度
成年後見監督人	53件	80件	162件	133件
保佐監督人	3件	8件	6件	10件
補助監督人	2件	1件	3件	4件

〔図表9-3〕 専門職監督人の選任比率

＊（ ）内は選任件数

	平成12年度	平成13年度	平成14年度	平成15年度
専門職監督人	65% (26)	75% (60)	88% (129)	89% (118)
家族監督人	35% (14)	25% (20)	12% (18)	11% (15)

〔図表9-4〕 後見監督人の選任内訳

＊法人にある（ ）内はリーガルサポート

	平成12年度	平成13年度	平成14年度	平成15年度
弁護士	18件	36件	46件	47件
司法書士	6件	15件	59件	31件
法人	1件 (1件)	3件 (1件)	17件 (12件)	38件 (37件)
その他	1件	8件	9件	8件
親族	14件	18件	16件	11件

このため、この点に関する本書での分析も、やや古いですが2003年（平成15年）度までのデータによって行っていることをお断りしておきます）。これをみると、現行制度が実施された2000年（平成12年）度の時点では、専門職監督人の割合は65％にとどまっていましたが、その後、この割合は増加を続け、2003年（平成15年）度の時点では89％を占めるまでに至っています（最高裁判所事務総局家庭局「成年後見関係事件の概況（続）──平成12年4月から平成13年3月──」家月54巻1号141頁（2001年）（以下、「続概況①」という）、同「成年後見関係事件の概況（続）──平成13年4月から平成14年3月──」家月54巻12号192頁（2002年）（以下、「続概況②」という）、同「成年後見関係事件の概況（続）──平成14年4月から平成15年3月──」家月55巻12号101頁〜112頁（2003年）（以下、「続概況③」という）、同「成年後見関係事件の概況（続）──平成15年4月から平成16年3月──」家月56巻12号169頁〜179頁（2004年）（以下、「続概況④」という））。このデータは端的に監督人が主に専門職後見人によって担われている事実を示すものです。

また、最高裁判所によると、専門職監督人が選任された事例における成年後見人の大半が家族または知人となっています（続概況①145頁、続概況②196頁、続概況③106頁、続概況④173頁）。

さらに事案の内容面からみると、縦型の事務分掌が行われたケースは、①本人の財産が多額で管理に適正を期す必要がある場合、②遺産分割協議、不動産売買等の法律行為が予定されており後見事務に専門的な知識が必要な場合、③財産管理をめぐって本人の推定相続人を中心に親族間紛争が現に発生している場合または将来発生する可能性がある場合、④成年後見人等の財産管理について助言・指導が必要な場合、⑤遺産分割で成年後見人等と本人が共同相続人となっていて利益が相反する場合、などとされています（続概況④173頁〜174頁）。つまり、実務上、後見監督人が選任されるのは、⑤の利益相反事例を含め、後見事務の内容として、高度の法律的専門知識が要求される場合といえます。実際、専門職監督人の内訳をみると、ほぼ弁護士・司法

書士・法人で占められていますし、しかも法人の大半は司法書士と司法書士法人を構成員とするリーガルサポートです（〔図表9‐4〕参照）。このデータを踏まえるならば、現在の後見実務上、法定後見監督人制度は、主に法的困難事案を対象として、親族後見人をサポートするために、法律家の専門職監督人を選任するという形で機能しているといってよいでしょう。この形態には、利用者にとって実は経済的なメリットもあります。というのも、専門職後見人に対する報酬は利用者の資産から支出されることになりますから（民法862条）、いくら難易度の高い事案といっても、成年後見人と後見監督人の両方を専門職に委ねてしまうと、利用者の経済的負担も倍増してしまうからです（また、後見監督人の報酬は後見報酬よりも低額なのが一般的なので、有償を前提とする専門職は監督人として活用するほうが、利用者にとっては安上がりにもなります）。

　さらに、リレー型の基軸である時間的分業の視点をここに取り入れれば、この縦型の応用形態として、**後見監督人離脱型の縦型分掌**を想定できるでしょう。つまり、たとえば遺産分割のような法的な専門知識が必要な事務が終了した時点で、専門職である後見監督人が辞任し、以後は一般的な親族後見の形で後見を継続していくという方法です（《ケース9‐2》）。

　ちなみに、近年では後見監督人の選任件数が飛躍的に増加しています。司法統計によれば、現行制度が開始した2000年（平成12年）度の成年後見監督人の選任数（既決・認容事件数）はわずかに27件でした。しかし、直近の2013年（平成25年）度には2446件に達しています。この背景の1つには、専門職監督人の活用が、親族後見人の横領事件の頻発に対する裁判所側の対応策の中に含まれていることがあげられます。現在、横領が容易である預貯金等の流動資産が一定額を超えている場合には、主に親族後見人の不正を防止するために、①専門職後見人の選任、②**後見制度支援信託**の利用、③専門職監督人の選任のいずれかの対応がとられているからです。しかも、こうした対応は新規選任事案に限らず、（当該親族後見人の職務に特段の問題がなかった

場合まで含めて）既存の親族後見事案も対象となってきています。注目すべきは、こうした対策が基本的に家庭裁判所の監督機能を外部化する形となっている点です。つまり、①では候補者名簿を家庭裁判所に提出している専門職能団体（弁護士会、リーガルサポート、ぱあとなあ等）による内部的監督、②では受託者である信託銀行等による直接管理、③では専門職監督人による監督等を通じて、制度上は家庭裁判所の役割である法定後見事件の個別的な監督機能の一部を外部機関に委託しているわけです。家庭裁判所のマンパワーの現状を考えれば、こうした運用による監督機能の外部化にはやむを得ない側面が強いといえます。しかし、家庭裁判所による公的監督は法定後見制度の扇のかなめというべき重要な要素ですから、上記のような裁判所の運用上の工夫だけで対症療法的に対処するのではなく、本筋である家庭裁判所の人員強化はもちろんのこと、法定後見の運用に関する家庭裁判所と市町村の適正な分業体制のための法的な環境整備といった根本的な対策にも、国が積極的に取り組むべきでしょう（第11章２⑸参照）。

　ところで、近時、親族後見人の横領について、弁護士である専門職監督人の損害賠償責任が認められた事件がありました（大阪地裁堺支部平成25年３月14日判決・金商1417号22頁）。実はこの事件では、３年以上にわたって直接の監督（成年後見人に対する裁判所への報告や財産目録・収支計算書の提出の督促等）を実施していなかった家庭裁判所についても、成年後見人の選任・監督の違法を問う国家賠償が請求されたのですが、こちらは否定されています。その理由の１つが、親族後見人の監督強化のために弁護士を専門職監督人として選任していたことでした。こうした裁判例の登場によって、専門職監督人の選任数は今後さらに加速すると思いますが、任意後見監督人を通じた間接的なコントロールを基本とする任意後見制度とは異なり、法定後見制度は国家機関である家庭裁判所が直接的な監督を実施するという基本構造を採用しているわけですから、専門職監督人に家庭裁判所の監督機能をすべて丸投げするような運用は、本来であれば認めるべきではないと思います（この点

で、家庭裁判所の責任を全面的に否定した先の判決には疑問が残ります）。

(2) 横型分掌形態

---《ケース9-3》---
　重度の認知症があるＸに遺産分割手続への参加が必要となったことをきっかけとして成年後見が申し立てられた。Ｘは今まで事実上の面倒をみてきてくれていた長男のＹに成年後見人になってもらいたいという強い希望をもっていた。しかし、遺産分割をめぐってＸの親族間に熾烈（しれつ）な争いがあったため、ＹだけではＸの後見職務を適切に遂行するのは難しいと判断した裁判所は、Ｙに加えて、司法書士のＡも成年後見人として選任し、遺産分割を含めたＸの財産管理をＡに委ねることとした。

　横型分掌形態とは、複数後見人制度を活用して、親族後見人あるいは市民後見人と専門職後見人とが後見事務を分掌するという方式です。

　最もオーソドックスな使い方としては、利用者の日常生活支援を中心とした身上監護事務を親族後見人に委ね、法的な専門知識を必要とする財産管理事務を弁護士や司法書士等の専門職後見人に任せるケースが想定できます（《ケース9-3》）。基本的には、先ほどの縦型分掌形態と同様の機能を果たすわけですが、縦型では専門職後見人が後見監督人を引き受けるのに対して、この横型では親族後見人らとともに成年後見人の1人として活動することになります。実際の事案でどちらを活用するかはケース・バイ・ケースだと思いますが、一般論としていえば、紛争性が非常に強いケースのように、専門職後見人がより直接的な形で後見職務に関与する必要性が高い場合は横型を利用するべきでしょう。

　また、縦型で触れたのと同様、横型の場合も専門的能力へのニーズがなくなった段階で専門職後見人が離職し、以後のルーティン・ワーク的職務は親族後見人に委ねる場合が出てくるでしょう。この場合、後に触れる**リレー型**

事務分掌の中の離脱型ということになります。なお、専門的能力のニーズが1つの特定の事務に限られたごく短期間のものであるような場合については、地域の親族後見人等への公的な活動支援体制（市町村や社会福祉協議会、地域の専門職後見人等のネットワークによる相談・助言等の支援体制）が今後確立していけば、あえて横型分掌形態をとるまでもなく、親族後見人等が法定代理権を使って、特定の事務を専門職に委任すること（訴訟に関する弁護士への委任等）でも十分に対応できることにも留意すべきでしょう。

　先ほどの縦型分掌形態と同様、横型分掌形態の実務についても、最高裁判所のデータは興味深い事実を示しています。複数後見による事務分掌のパターンは、理論的には、①**複数親族後見人分掌型**（a型）、②**親族後見人・第三者後見人分掌型**（b-1型）、③**複数第三者後見人分掌型**（b-2型）の3類型に分かれます（〔図表9-5〕参照）。

　複数親族後見人分掌型（a型）は、複数の家族が複数後見人として協力して活動する形態です。最高裁判所によると、実務上、このパターンは「複数の親族が本人の財産管理及び身上監護にあたっている現状にあわせて選任する場合」、「本人の配偶者が高齢または健康に不安があるなどの事情により、配偶者に加えて本人の子又は兄弟姉妹等が配偶者を補佐するために選任され

〔図表9-5〕　複数後見人制度の活用パターン

```
(a)　複数親族後見人型
　①　複数親族後見人分掌型（a型）
　→親族後見人＋親族後見人パターン
(b)　第三者後見人介在型
　②　親族後見人・第三者後見人分掌型（b-1型）
　→親族後見人＋専門職後見人パターン［理念型］
　　親族後見人＋市民後見人パターン
　③　複数第三者後見人分掌型（b-2型）
　→専門職後見人＋専門職後見人パターン［理念型］
　　市民後見人＋専門職後見人パターン
　　市民後見人＋市民後見人パターン
```

る場合」等で利用されています（続概況②194頁）。

　親族後見人・第三者後見人分掌型（b-1型）の典型は、本書でいう横型分掌形態のパターンです。つまり、複数後見人制度を利用して利用者の家族と専門職後見人とで事務を分掌する方法です。ただし、今後さらに市民後見人の進出が進んでくると、利用者の家族と市民後見人による事務分掌のパターンも登場する可能性があります。

　複数第三者後見人分掌型（b-2型）の典型は、複数後見人制度を利用して複数の専門職後見人が後見事務を分掌する形態です。現行成年後見制度の導入にあたって立法担当官が想定していた財産管理事務を法律専門職、身上監護事務を福祉専門職が分掌するというパターンがこれです。このケースでも、今後市民後見人の進出が進んでくると、市民後見人と専門職後見人が事務を分掌したり、複数の市民後見人が事務を分掌するという新しいパターンも生まれてくるでしょう。先ほどのb-1型のケースも含めて、市民後見人を複数後見人制度の中でどのように活用していくべきかということは、今後の成年後見の運用をめぐる大きな政策的課題といえます。なお、ここでは、個人後見を前提に説明していますが、法人後見の「器」を利用して、法人後見内部の実務担当者として専門職後見人や市民後見人を活用していく場合も、機能的には、このb-2型に類似するものといえるでしょう。たとえば、専門領域の異なる専門職や、専門職と市民後見研修の修了者などをペアリングして、チーム後見の形で、法人後見の実務を遂行することが考えられます（法律専門職、福祉専門職、事務局職員の3名でチームを作り、1つの案件に対応する「北九州成年後見センターみると」の実践例等もあります（日本成年後見法学会市町村における成年後見制度の利用と支援基盤整備のための調査研究会「平成21年度報告書」67頁（2010年）参照）。

　さて、最高裁判所のデータについて、まず注目すべきは複数成年後見人の選任件数が確実に増加していることです（〔図表9-6〕参照）。もっとも、少なくともデータのある4年間をみる限りでは、第三者後見人が関与するb

〔図表 9 - 6〕 複数成年後見人の類型別選任状況

	平成12年度	平成13年度	平成14年度	平成15年度
総　数	108件	301件	361件	502件
複数親族後見人型（a型）	68件 （62％）	113件 （42％）	184件 （53％）	152件 （44％）
第三者後見人介在型（b型）	42件 （38％）	156件 （58％）	164件 （47％）	195件 （56％）

〔図表 9 - 7〕 第三者後見人介在型（b型）の内訳

	平成12年度	平成13年度	平成14年度	平成15年度
親族後見人・第三者後見人分掌型（b-1型）	39件	120件	139件	145件
複数第三者後見人分掌型（b-2型）	3件	36件	25件	50件

型の割合はおおむね5～6割程度で推移しているため、一見したところ、先ほどの縦型分掌形態の場合と違って専門職後見人の役割の明らかな増大をみることはできません。しかし、b型の内容を詳しく分析していくと、実は興味深い事実が浮かび上がってくるのです。

1つには、複数の専門職後見人が後見事務を分掌するb-2型の件数が増加傾向にあることです（〔図表9-7〕参照）。最高裁判所によると、「本人と親族間の関係が疎遠で後見人の引き受け手がない場合」、「市町村申立てで本人の親族がいない場合」、「親族間に財産を巡る争いがあり、親族による身上監護にも問題がある場合」、「本人や申立人の意向に基づく場合」等で、実務上このパターンが利用されています（続概況②195頁、続概況③104頁、続概況④171頁）。こうしたケースはすべて「社会化」に対するニーズが強力に現れる場面ですから、b-2型の件数が増加しているという事実は、「社会化」進展の1つの指標として評価できるといえるでしょう。

もう1つ興味を引く事実は、a型とb型との間で事務分掌の有無に関して大きな違いがあるということです。複数の成年後見人が選任された事案の全

〔図表9－8〕 事務分掌の有無

	平成12年度	平成13年度	平成14年度	平成15年度
事務分掌有	45件 (41%)	126件 (47%)	132件 (38%)	135件 (39%)
事務分掌無	65件 (59%)	143件 (53%)	216件 (62%)	212件 (61%)

〔図表9－9〕 複数成年後見人の類型と事務分掌の有無

	平成12年度		平成13年度		平成14年度		平成15年度	
分掌の有無	有	無	有	無	有	無	有	無
複数親族分掌型（a型）	13件 (12%)	55件 (50%)	18件 (7%)	95件 (35%)	21件 (6%)	163件 (47%)	13件 (4%)	139件 (40%)
第三者介在型（b型）	10件 (9%)	32件 (29%)	108件 (40%)	48件 (18%)	111件 (32%)	53件 (15%)	122件 (35%)	73件 (21%)

体でみると、事務分掌がある場合とない場合との割合はほぼ4：6の割合で推移していて、事務分掌のないケースのほうが多くなっています（〔図表9－8〕参照）。ところが、専門職後見人が関与するb型に限定すると、この割合が逆転し、事務の分掌があるほうが多くなっています（〔図表9－9〕参照）。他方、複数の家族だけで後見を行うa型では圧倒的に事務分掌がないケースが多く、事務が分掌されるのは例外のようです。また、家族と専門家による横型分掌形態であるb-1型が使われるパターンについて、親族後見人が日常的な後見事務、第三者後見人が専門性あるいは複雑性の高い財産管理事務を分担することが多いと、最高裁判所は指摘しています。専門職後見人を関与させる場合、その専門能力の有効活用のために専門領域に応じた事務分掌をするのが合理的ですから、こうした事務分掌の方法に関する実務の運用実態は、「社会化」の視点からも十分に評価できるといってよいでしょう。

3 リレー型事務分掌（通時的事務分掌）

《ケース9－4》
重度の認知症があるＸに遺産分割手続への参加が必要となったこと

をきっかけとして成年後見が申し立てられた。裁判所は分割の対象となる遺産がかなりの高額であるうえ、この分割をめぐって相続人間に熾烈な争いがあったことを考慮して、弁護士Ａを成年後見人として選任した。１年後、無事に遺産分割は終了し、今後は介護保険の利用や日常の生活支援といった、ごく一般的な後見職務だけが必要な状況に至った。Ｘには近所に住む長男Ｙがいるが、Ｙはこれまでのａの後見職務にも協力的であり、今後の後見職務の内容を考えると、Ｙに事務を委ねることが望ましいと考えられる。

《ケース９－５》
　Ｘの認知症が進行し、日常的な財産管理にも支障が出始めたため、夫のＹが成年後見を申し立て、自ら成年後見人に就任した。Ｙはその後10年ほど特に問題なく後見職務を遂行してきたが、最近に至り、Ｙにも少し認知症の気配が見え始めてきている。ＸＹ夫婦に子どもはなく、２人を支援してくれそうな親族も見当たらない。

⑴　単純引継型（時間的分業による複数後見）

　今までみてきた事務分掌の方法は、複数の成年後見人（および後見監督人）が同時に働くという共時的な分業パターンです。ここに、新たに時間的な要素を持ち込むと、複数の成年後見人が、活動する期間をずらして事務を分掌する方式（いわば時間的な分業方式）を考えることができます。このパターンは複数の成年後見人が後見職務という名前のバトンを受け継ぐリレーに例えることができますので、とりあえず**リレー型事務分掌**と呼んでおきます。

　このパターンの最も単純な形態は**単純引継型**です。これは後見開始当初に単独で就任した成年後見人が、途中で別の成年後見人と交替して職務を引き継ぐ方法です。たとえば紛争性の高い事案について、当初は専門職後見人が就任し、専門的な能力を必要とする問題が解決された時点で利用者の家族と

職務を交替するようなケースが典型です（《ケース9‐4》）。これとは逆に、当初は利用者の配偶者が単独で成年後見人に就任して活動し、その後、たとえば高齢で職務遂行が難しくなったような場合に専門職後見人や市民後見人と職務を交替するというパターン等もあり得るでしょう（《ケース9‐5》）。この単純引継型は複数の成年後見人による時を超えた分業体制、いわば**時を超えた複数後見**といえます。

単純引継型の大きな利点の1つは、希少な資源であり、利用には一定の経済的コストもかかる専門職後見人を、活動期間を狙って機動的かつ効率的に運用できることです。成年後見は長期間継続するケースが多いわけですが、その間ずっと後見職務に専門家の能力が必要になるというわけではありません。そこで、専門職後見人を利用する期間を、それが本当に必要な期間に限定することが得策といえます。後見事務に専門性が不要となった事案に、専門職後見人を拘束し続けることは、社会全体のコストからいっても、利用者個人のコストからいっても不合理だからです。むしろ希少な専門職後見人資源の効率的運用という視点からすれば、後見職務の難易度が低くなった事案については、専門職後見人の速やかな辞任を認めて、これを親族後見人や市民後見人にバトンタッチし、辞任して身体の空いた専門職後見人を別の困難事案で再び登用していくこと（いわば**専門職後見人のリサイクル活用**）が望ましいわけです。

こうした単純引継型を実務で実践するためには、成年後見人の辞任をある程度柔軟に認めていくことが必要になります。この点、解釈論上は民法844条の「正当な事由」の該当性が問題となるため、本書旧版等では、単純引継型については、成年後見人の交替が利用者の保護にとってマイナスにならない限り、「正当な事由」を認めて、辞任の許可を与えるという柔軟な対応が望ましいことを指摘してきました。実務上でも、たとえば東京家庭裁判所では、専門職後見人からの引き継ぎについて、すでに柔軟な「正当な事由」の判断を実施しているようです（東京家裁後見問題研究会編著『後見の実務』97

頁～98頁参照）。

(2) 後見制度支援信託

　近時、急速に利用が進む後見制度支援信託（以下、「支援信託」といいます）は、単純引継型のある種の応用形となっています。これは、後見制度の利用者（成年被後見人および未成年後見人が付いた場合の未成年者）の財産のうち、日常的な支払いに必要十分な金銭を預貯金等の手元金として後見人が管理する一方で、通常は使用しない金銭を信託銀行等に信託しておくというしくみです。信託された財産を大きく動かす行為（信託財産の一部の払戻しや信託契約の解約による全額の取戻し）には、事前に家庭裁判所が発行する指示書が必要となるため、親族後見人による多額の横領防止を目的として、利用者が一定額以上の流動資産を持っている場合に、その適用が検討されることになっています（ただし、裁判官の独立の原則との関係上、基準額は裁判所ごとに異なります。たとえば、東京家庭裁判所では500万円が基準ですが、数千万円というところもあります。一般的には1000万円を検討の目安とする裁判所が多いようです）。

　さて、こうした基準額を目安に家庭裁判所が支援信託の利用を検討すべきと判断した場合には、家庭裁判所は弁護士・司法書士等の専門職後見人を選任したうえで、その利用の適否を検討させます。ここで専門職後見人が支援信託の利用を相当だと判断したときには、利用する信託銀行や信託する財産額、親族後見人が日常的な支出にあてるための額などを設定して、家庭裁判所に信託契約締結に関する報告書を提出します（逆に、利用不相当と判断した場合も、その旨を記載した報告書を提出します）。この報告書に基づいて、家庭裁判所は専門職後見人に信託設定に関する指示書（民法863条2項、家事事件手続法81条1項参照）を発行し、専門職後見人がこの指示書を信託銀行等に提示したうえで信託契約（元本補填付き指定金銭信託の設定契約）を締結することになるわけです。そして、この支援信託が設定された後は、専門職後見人は速やかに辞任して、以後は親族後見人が本人の財産管理を全面的に引き継ぐことになっています。したがって、支援信託の基本的な枠組みは、リレ

一型事務分掌の単純引継型をモデルにしているということができます（もう1つの運用パターンとして、当初から専門職に加えて親族を複数後見の形態で選任しておく複数選任方式がありますが、こちらは後述するリレー型事務分掌の離脱型をモデルにしているといえます）。

近時、家庭裁判所は支援信託の利用を急激に推し進めており、2012年（平成24年）の支援信託契約の締結数98件に対して、翌2013年（平成25年）には締結数533件と5倍以上の伸びとなっています。この背景には親族後見人による横領事件の頻発があります。最高裁判所の調査（杉山春雄「後見制度支援信託の運用状況」月報司法書士497号66頁（2013年）参照）によれば、2011年（平成23年）1月から2012年（平成24年）12月までの2年間に限っても、後見人の不正が発覚した事件数は935件、このうち被害が特定された906件の被害総額は約81億5000万円に上っています。ところが、この中で専門職後見人の不正事案は24件（全体の約2.6％）、被害総額は約4億4000万円（全体の約5.4％）にとどまるため、被害の大半は親族後見事案に集中しているわけです。こうした実情を踏まえるならば、親族後見人には横領が容易な多額の金銭を自由に管理させないという支援信託の基本的な発想は、必ずしも理解できないわけではありません。しかし他方で、現在の支援信託の運用スキームには、本人の自己決定（権）を過剰に制約する側面があるうえ、過度に抑制的な財産管理に結びつきやすいため、現代型の成年後見制度の基本理念や障害者権利条約の要請に逆行するのではないかという重大な懸念が残っています。たとえば、親族後見人が推定相続人である場合、本人のQOL向上のために資産が活用されずに、死に金となってしまうリスクが大きいといえます。紙幅の都合上、問題点の詳細は別稿（上山泰「後見制度支援信託をめぐる疑問点」週刊社会保障2794号44頁（2014年））に譲りますが、この制度の構造的な欠陥である「信託財産の積極的な使用に向けた親族後見人のインセンティブ確保の仕掛けの不在」を補うためにも、たとえば社会福祉士等を見守り用の専門職後見人ないし専門職監督人として並置させるなどの運用上の工夫を検討す

ることが必要でしょう。そして、繰り返しになりますが、何よりも肝心なことは、現状の家庭裁判所の過重な監督負担の軽減は、家庭裁判所の人員強化と、地域の市町村と家庭裁判所の連携による広義の後見人の監督・支援体制の構築といった王道的な環境整備を通じて実現していくことだと考えます。

(3) 離脱型

―《ケース9-6》―

重度の認知症があるXに遺産分割手続への参加が必要になったことをきっかけとして後見開始の審判が申し立てられた。裁判所は、遺産分割をめぐってXの親族間に熾烈な争いがあったことを考慮し、Xの長女Yに加えて、司法書士Aを成年後見人に選任した。1年後、無事に遺産分割は終了し、今後は介護保険の利用や日常の生活支援といった、ごく一般的な後見職務だけが必要な状況に至った。この1年間の成年後見人としての活動経験を通じて、今後の後見職務はYだけで十分に対応できる状況にある。

リレー型事務分掌の2つめは**離脱型**です。これは、すでに複数選任されている成年後見人の一部が成年後見人を辞任するという形態です。このパターンの最も典型的なケースは、これまで私が専門職後見人離脱型の横型分掌形態と呼んでいたケースです。たとえば、事案の紛争性が高いために、後見開始当初は専門職後見人と親族後見人による複数後見の形態でスタートし、その後、専門職後見人を利用する必要性がなくなった段階で専門職後見人は辞任によって離脱し、以後は親族後見人による単独後見に移行するという形が典型例でしょう（《ケース9-6》〔図表9-10〕）。

〔図表9-10〕 離脱型の機能

① 親族後見人や市民後見人のためのOJT機能
② 後見職務開始時点における負担軽減機能
③ 専門職後見の導入支援機能

この場合の離脱型のメリットとして、先ほどの単純引継型と同様、まずは**専門職後見人のリサイクル活用**があげられます。さらに、ドイツのタンデム型世話について紹介した利点が離脱型にも当てはまります。1つは親族後見人や市民後見人の**OJT機能**（オン・ザ・ジョブ・トレーニングとしての機能）です。成年後見の職務を初めて行う素人の成年後見人にとって、経験豊富で専門知識に富んだ専門職後見人と協力して仕事をしていくことは、何物にもかえがたい訓練（実践的な能力開発の手段）になるでしょう。この意味で離脱型は、親族後見人や市民後見人の育成という、「社会化」にとって非常に重要な政策課題の解決手段にもなるわけです。ただし、こうしたOJT機能は地域の公的な活動支援体制の強化によっても代替できますので、各市町村が権利擁護人材育成事業を積極的に活用して、親族後見人等の活動支援のための環境整備に取り組んでいくことも大切です。

同様に、一般に最も繁忙期となる後見職務の開始時点における負担の軽減機能も離脱型に当てはまります。仕事に不慣れな親族後見人や市民後見人にとって、この負担軽減の効果が大きいことはいうまでもありませんが、一緒に仕事をする専門職後見人にとっても少なくとも一部の職務を分担してもらえるわけですから、やはり有益だといえるでしょう。

この点で特に重要なのが、専門職後見人にとって非常に高コストとなる利用者との信頼構築と利用者の個人情報の入手において、複数後見のパートナーである親族後見人が果たす役割です。繰り返し触れているように、本人意思を尊重した後見活動を実現していくためには、何よりも本人の気持を知ることが必要です。しかし、たとえば利用者が自閉症であるような場合、特に法律家の専門職後見人が本人の真意を短期間に把握するのは非常に難しいでしょう。こうした場合に、本人をよく知る親族後見人が本人とのパイプ役となってくれれば、専門職後見人の活動をスムーズに立ち上げることができるはずです（**専門職後見の導入支援機能**）。複数後見の意義は関与する成年後見人がそれぞれの持ち味を生かすことによって相乗効果を生み出していくこと

にあるわけですが、持ち味というのは単に専門職後見人の専門知識や専門能力だけではなく、こうした家族特有のスキルや能力も含まれることに留意しなければなりません。

なお、この離脱型のケースでも、先ほどの単独引継型と同様、民法844条の「正当の事由」について柔軟な解釈をしていくことが必要になります。

(4) 補強型

――《ケース9-7》――
　Xの認知症が進行し、日常的な財産管理にも支障が出始めたため、夫のYが後見開始の審判を申し立て、自ら成年後見人に就任した。Yはその後3年ほど特に問題なく後見職務を遂行していた。しかし最近、Yが買物に出ているスキを狙ってやってきた悪質なリフォーム詐欺に、Xがひっかかってしまった。この業者は暴力団ともつながりがあるような非常にたちの悪い業者で、Yが必死に交渉を試みたものの自力で解決することは難しい状況であった。そこで、Yは裁判所に成年後見人の追加選任の申立てを行い、裁判所は新たに弁護士のAを成年後見人として選任した。

補強型とは、すでに選任されている成年後見人にさらに追加して別の成年後見人を選任するというパターンです。最も典型的なのは、単独の親族後見として始まった事案に、必要に応じて専門職後見人を追加選任して複数後見に移行するという場合でしょう。たとえば、当初は日常生活の支援だけが必要であったため、利用者の家族を成年後見人として選任したが、その後、この親族後見人だけでは対応しきれないような問題が生じたために、専門職後見人を追加選任するというケースが想定できます（《ケース9-7》）。簡単にいえば、既存の成年後見人だけでは十分に対応できない問題が生じた場合に、これを解決するための強力な助っ人を補強するというわけです。

もちろん、この場合も離脱型と同様、助っ人である専門職後見人の役目が

終わったときには速やかな辞任を認めて、再び元の日常的な支援体制に戻すことまで考慮に入れておくべきでしょう。また、横型分掌形態のところでも触れましたが、おそらく補強型の事案の多くは、地域の公的な活動支援体制が充実していけば、親族後見人等の法定代理権の活用で十分に対応できることになると思います。

第10章　市民後見人

1　市民後見人の位置づけ

(1)　新しい第三者後見人類型

　成年後見の利用件数の増加とこれに伴う専門職後見人の供給限界問題（第3章2参照）を背景として、近年、大きな注目を集めているのが市民後見人です（大貫正男「市民後見人を考える」実践成年後見18号61頁～70頁（2006年））。個人としての選任実績は直近の2013年（平成25年）で167件（新規選任の0.5％）とまだ非常に少ないですが、2011年（平成23年）度から2014年（平成26年）度の4年間にわたって実施された厚生労働省による市民後見推進事業等を通じて、その理解は全国的な広がりを見せ始めています（2015年（平成27年）度以降は、地域医療介護総合確保基金（介護分）に基づく権利擁護人材育成事業の枠組みの中で、全国の市町村に対象を拡大した形で地域の市民後見人等の育成・支援事業が展開されることになります。ただし、事業主体は市町村ですが、基金の交付は都道府県単位となるため、市民後見人等の育成に取り組む市町村は都道府県が当該事業メニューを採用するように働きかけを行う必要があります）。市民後見人はもはや単なる机上の概念ではなく、専門職後見人に続く、新しい第三者後見人類型の地位を占めつつあるといえるでしょう。

　しかし、この一方で、市民後見人の明確な定義はまだ完全に確立しているとはいえず、市民後見人の活用方法や活用場面、市民後見人の育成・支援・監督の方法、報酬付与の是非等、市民後見システムの有効かつ適正な運用をめぐって検討すべき課題は、まだまだ山積みだといえます。

　こうした中で、今後、専門職後見人は、たとえば、時には育成研修の講師として、時には後見事務分掌のパートナーとして（第9章）、さらには地域の市民後見人の支援者として、さまざまな場面で市民後見人とかかわりをも

つことがあるでしょう。そこで、本書の中心テーマからはやや外れることになりますが、市民後見人の現状と課題について、少し触れておきたいと思います。

なお、本書では、市民後見人の一応の定義として、「利用者の家族以外の第三者が、地域における公益活動として、無報酬もしくはごく低額の報酬によって成年後見人等に就任するケース」としておきます。まずは、この定義をめぐる課題から検討しておきましょう。

(2) 従来の定義

これまで市民後見人については、「自治体、NPO 法人等が研修等を通じて育成した一般市民による成年後見人等（候補者）」であり、「単なるボランティアや臨時的なものではなく、研修等により後見活動に必要な法律・福祉の知識や実務対応能力を備え、成年被後見人等の権利を擁護するために継続的に活動を行う者」（新井誠「第三者後見人養成の意義」実践成年後見18号6頁(2006年)）であるとか、「弁護士や司法書士などの資格はもたないものの社会貢献への意欲や倫理観が高い一般市民（であり）、成年後見に関する一定の知識や技術・態度を身に付けた良質の第三者後見人等の候補者」（日本成年後見法学会市町村における権利擁護機能のあり方に関する研究会「平成18年度報告書」11頁（2007年））といった定義づけが試みられてきました。

ここには、①専門職後見人の除外、②後見職務に対する一定の資質の具備、という2つの要素が含まれています。そして、後者を担保するために、③組織的育成体制（育成研修等）、④組織的支援体制（活動支援、継続研修等）、⑤組織的監督体制等の整備が必須であると、一般に主張されています。おそらく、こうした要素については、市民後見人を論じる関係者の間でほぼ異論なく共有されているといえるでしょう。しかし他方で、⑥報酬請求の是非のように意見が分かれる論点も存在しています。

また、育成・支援・監督等の具体的な方法やその体制作りについても、問題によっては立法等による環境整備を視野に入れる必要もあり、現状では、

必ずしも明確な理念型が確立しているわけではありません。市民後見に関する議論はいまだ途上にあるというべきでしょう。

(3) 報酬請求の位置づけ

現行法上、法定後見の報酬に関する取扱いは、完全に家庭裁判所の裁量に委ねられています。したがって、市民後見人であれ、あるいは親族後見人であれ、報酬付与の申立てを行うこと自体は、民法上は全く自由です（民法862条）。しかし、東京の世田谷区成年後見支援センターや品川成年後見センター等のように、市民後見人の報酬請求を容認するケース（**有償型市民後見人**）がある一方で、大阪市成年後見支援センターのように、市民後見を無償のボランティア市民活動と位置づけ、報酬付与の申立てを内部的な規約で排除しているケース（**無償型市民後見人**）もあり、先進地域における実務の対応は分かれています。

おそらく、報酬を認める最大のメリットは、市民後見人への就任とその職務継続に対するインセンティブの調達にあるといえるでしょう。しかし、他方において、こうした経済的動機づけの側面を強調しすぎると、市民後見の美点の一つでもある地域社会におけるボランタリーな利他的支え合いという理念が損なわれるおそれも否定できません。もちろん、専門職後見とは異なり、市民後見の場合、報酬付与による動機づけの核心は単なる経済的利益（後見活動に対する経済的対価性）にではなく、裁判所による報酬付与を通じた自らの後見活動に対する社会的承認（評価）の獲得にあるといえますので、報酬額の多寡は、必ずしも決定的なものではないでしょう。とはいえ、報酬付与の有無や報酬額算定基準が全く不透明な現行の後見報酬システムの下では、類似の事案間で報酬額のバラツキが生じる可能性が高く、不公平感を生み出すリスクもあります。こうした報酬面に関する不満が募れば、報酬付与によるインセンティブは相殺され、むしろ報酬付与が適正な後見活動を阻害する逆効果をすら生み出しかねません。こうしてみると、市民後見人の報酬問題を解決する前提として、まずは、そもそも法定後見一般の報酬体系の整

備（報酬付与・報酬額に関する決定基準の透明化と低所得者層への公的支援制度の拡充）こそが、やはり先決というべきでしょう。そこで、この点は、より大きく後見報酬一般をめぐる問題として、あらためて後述したいと思います（第11章2(4)参照）。

(4) 市民後見人の積極的意義

　市民後見人は、既存資源（親族後見人、専門職後見人、法人後見人）の不足を補うための、いわば消去法的な補充手段として捉えられがちです。そして、そこでは、生活保護受給者等を含む低所得者層の利用増加と専門職後見人の供給限界問題を背景として、「安価な第三者後見人の供給母体」としての側面が、特に強調されてきた印象があります。たしかに、制度の運用コスト削減という要素は市民後見人活用のメリットの1つといえます。しかし、この面の強調が、本来、国ないし地方自治体の担うべき公的後見（判断能力不十分者の地域生活におけるセーフティー・ネットとしての成年後見制度）の整備に関する議論をうやむやにしてしまうおそれがあることにも留意すべきです。わが国では、これまでもプロボノ型専門職後見（序章3参照）や法人後見が、事実上、諸外国における公的後見制度の代替物として機能させられてきた経緯がありますが、市民後見人をまたもや安価な公的後見の代用物へと矮小化してしまうべきではありません。そのためにも、親族後見、専門職後見、法人後見、公的後見に固有の意義を明らかにするとともに、わが国の制度全体における、それぞれの位置づけを明確にしていくという政策論（新たな成年後見のグランドデザイン）の必要な時期がきているというべきでしょう。

　こうした視点から、先進地域における市民後見人の活動実績を見返してみると、単なる経済的なメリットとは異なる、市民後見人固有の意義が浮かびつつあることがうかがえます。その1つが、手厚い見守りの実行可能性です。一般に市民後見人は、利用者の生活圏域周辺で生活（居住または勤務等）する者であることが想定されています。また、市民後見人候補者の多くが、定年退職等をきっかけに、第2の人生の質的充実をめざす人々であることから、

専門職後見人と比べると、活動時間にある程度余裕があることが多いといわれています。こうした利点（支援者と利用者の生活圏域の近接性と、支援者の時間的余裕）をうまく活用すれば、後見活動の基盤である見守りについて、より充実した支援（必要に応じた頻繁な訪問等を通じた、きめ細かな「顔の見える後見」活動）が期待できるでしょう。もちろん、この点は、度を超した頻回な接触による過干渉のリスクとも裏腹であるので、留意も必要ですが、孤立した生活を送りがちな判断能力不十分者に対して、社会参加（他者とのより広いコミュニケーションの可能性）への窓口を開くという意味でも重要な価値があるといえるでしょう。また、利用者と支援者の生活圏域の近接性は、後見活動にあたっての両者の利便性に資することはもとより、支援に関する時間的・経済的コスト（特に移動コスト）の削減にもつながります。

　さらに、市民後見人としての活動が支援者側の喜びや生きがいにつながっているという指摘も見逃せません（田邊仁重「市民後見人選任の現場から──世田谷区区民成年後見人の活動について──」実践成年後見24号80頁（2008年））。市民後見人を持続的にリクルートしていくうえで、インセンティブの調達は最大の課題ですから、後見報酬という経済的インセンティブにあまり多くを望めない市民後見の場合、後見活動それ自体に伴う満足感や充実感が市民後見人就任へのモチベーションになるとすれば、極めて重大な意義があるからです。

　マクロな視点からみて、市民後見を地域福祉（地域権利擁護）活動の一環として捉えるならば、成年後見の領域を越えた波及効果として、当該地域の市民一般における認知症・障がい等への理解や、権利擁護のしくみへの理解の深化に対する寄与も指摘できるでしょう。すなわち、市民後見の進展が地域福祉推進の大きな一助となるわけです（日本成年後見法学会・前掲報告書14頁）。

2　活用上の課題

(1)　任意後見における活用可能性

　現状では、市民後見人は法定後見の受け皿として一般に構想されています。先進地域の実践例でも、法定後見人としての活用が中心であり、任意後見人としての活用には否定的な見方が有力です。たとえば、「市民後見人を任意後見人として使用するのは適当ではない。任意後見は、本来、将来判断能力が減退したときのための備えであり、現に支援や権利擁護が必要となっている者に対する制度ではない。市民後見人は、社会貢献、福祉的役割という性格上、現に権利擁護支援を必要とする者に対する支援の制度とするべきである。また任意後見においては、任意後見契約により報酬を定めることができることから、市民後見人が任意後見を営業として行うことにつながるおそれもある。これは社会貢献という趣旨にも反するであろう」（日本成年後見法学会・前掲報告書61頁～62頁）と主張されています。

　たしかに、利用面での間口が最も広い法定後見は、判断能力不十分者にとっての最後のセーフティー・ネットといえるので、市民後見人活用のプライオリティーは、少なくとも当面の間は法定後見におかれるべきでしょう。しかし、任意後見人も判断能力不十分者の権利擁護機関であることに変わりはありません。したがって、市民後見人が低廉な対価で適正な任意後見活動を行えるならば、これもまた、極めて有益な社会貢献であり、法定後見活動と同様、地域福祉の実現という政策目的に十分かなうものと評価できるはずです。さらにいえば、自己決定尊重の理念に基づく任意後見優先の原則（任意後見契約法10条）からみても、適任の任意後見受任者不足のために、その利用が阻害され、結果的に多くの者が法定後見を利用せざるを得ないという状況が生じることは、好ましいことではありません。したがって、市民後見人による適正な任意後見活動を担保する環境が整備されること（たとえば、後述の後見支援機関等が任意後見監督人として有効に機能するなど）を条件に、少

なくとも将来的には、市民後見人を任意後見の領域でも積極的に活用することを模索していくことが必要なのではないでしょうか。

　もっとも、より差し迫った当面の課題は、むしろ今の議論とは逆の側面にあります。つまり、そもそも現時点において、市民後見人による任意後見人就任を実効的に排除することが本当に可能なのかという疑問です。任意後見は、基本的に契約自由の原則に基盤をおくシステムですから、契約の締結それ自体と契約相手方（すなわち任意後見受任者）の選択は、制度上、利用者の自己決定に完全に委ねられています。また、法定後見と同様、任意後見人についても、現行法上、一定の欠格事由（任意後見契約法4条1項3号）を除けば、特別な資格制限はありません。このため、決して好ましい話ではないのですが、たとえば複数の法定後見受任の実績を看板として、営利性の高い任意後見の受任を目論む市民後見人が、将来登場しないという保証はどこにもないのです（実際、同質の問題として、任意後見を営利目的で濫用している疑いのある団体の存在が一部で指摘されています。家庭裁判所の選任という公的なスクリーニングを経由しない任意後見は、法定後見以上に、いわゆる貧困ビジネスの温床となりやすいことに留意する必要があるのです）。しかし、他方において、規制による任意後見人の質の担保は、理念上、自己決定を基盤とする任意後見制度の本質に背反する側面もあるため、規制の是非やその手法を含めて、ここでも立法的な政策論を含めた慎重な議論が必要になると思われます。

(2) 市民後見の対象とすべき事案

　親族後見人、専門職後見人、法人後見人等の特性との比較を踏まえながら、市民後見人を活用すべき対象事案を絞り込んでいく作業は、市民後見の適正かつ有効な運用にとって、非常に重要な課題といえます。この点について、従来の議論では、市民後見に親和的な事案のファクターとして、①施設入所、②低資産・低所得、③利用者の障がいの軽微性、④後見職務の非専門性・定型性、⑤紛争性の不存在、⑥適任の親族後見人候補者の不在といった要素があげられています。

まず利用者の生活拠点について、施設入所者の場合、「基本的な日常生活上の支援は施設により一元化されており、また金銭管理も後見人等から施設に委任することも可能であるので、通常の後見人等の職務としては、定期的な訪問による見守り、施設ケアのチェック等が中心」であり、「時間に余裕があり、必要に応じて頻回の訪問も可能である市民後見人のほうが、本業を持つ専門職よりふさわしいといえるかもしれない」と指摘されています。他方、在宅生活者の場合は、「軽度の認知症・知的障害者であって、財産は高額でなく日常の金銭管理が中心で、身上監護に困難性がない事例」、たとえば「近隣との関係が友好で介護等の支援チームが既に編成されている場合」が親和的であるとして、他のファクターによる、さらなる絞り込みが必要なことが示唆されています（日本成年後見法学会・前掲報告書11頁・13頁・58頁参照）。この視点はおおむね妥当だと感じますが、あくまでも入所施設への信頼性が大前提であることが重要です。逆にいえば、虐待や管理の失当が疑われるような施設には全く当てはまらないということです。また、小遣い銭レベルの金銭管理に関する施設への復委任は、事務処理の効率性などからみて、実務上やむを得ない対応であるとは思いますが、入所施設による入所者の金銭管理が本質的には利益相反性をもつものであることを考えれば、市民後見人による適切な監督が必須条件であることもあわせて強調しておくべきでしょう。

　職務内容との関連では、主に財産管理の視点から管理財産が比較的少額にとどまること、主に身上監護の視点から利用者の障がいが比較的軽度であること（特に利用者—支援者間の信頼関係構築の基礎となるコミュニケーション面での困難性が少ないこと）が、また、事案の特性として紛争性がないこと等があげられています。この背景には、市民後見人に対しては、職務遂行が比較的容易な事案を割り振るべきであるという政策的配慮があります。専門職後見人や法人後見人との役割分担という視点も踏まえて、職務遂行について、一定の専門性が必要な事案については当該領域の専門職後見人に、個人単独

では支援の困難な事案については法人後見人にそれぞれ委ね、市民後見人は主として特別な専門的スキルの不要な事案で活用するというわけです。一言でいえば、**「見守りと日常的な金銭管理を中心とした利用者の地域生活のための日常生活支援」**が、市民後見人の主たる活動領域としてイメージされているといってよいでしょう。

　こうした議論の方向性は、私も基本的には正しいと思いますが、他方で、市民後見人の役割イメージをあまりに固定化したり、その活動場面を限定しすぎたりすることなく、その活用に一定の柔軟性を認めることも必要でしょう。市民後見人を難易度の低い事案中心に活用しようとする発想の裏には、①市民後見人のリクルートの円滑化と、②市民後見人の非専門家性という2つの動機があります。しかし、前者についていえば、ある程度チャレンジングな職務のほうが市民後見人就任のモチベーションを高める場合もあり得るでしょう。また、既述のように（序章3参照）、現状におけるわが国の専門職後見の「専門性」というのは、基本的には各資格職の専門性（法律、福祉、税務経理等）にとどまっており、必ずしも後見職務全体に対する専門性を保証しているわけではありません。こうした成年後見職務の一部に関する「個別的専門性」ということであれば、専門職後見人と同水準の市民後見人も十分に存在するでしょう。というのも、退職後の社会貢献活動として市民後見人を志す人々の中には、専門資格者や退職前の仕事で高度の専門性を発揮していた人たちが、かなり含まれているからです。したがって、市民後見人の個性次第では、本人の専門性を生かした市民後見活動を実現できる可能性も十分にあるといえるでしょう。

(3)　事案の困難化リスクへの対応

　さらに、**「事案の困難化リスク」**の問題がある以上、そもそも市民後見人の運用を低難易度の事案に完全に限定することはできないということも忘れてはなりません。たとえば、十分な財産管理能力を欠くという利用者の性質上、審判申立ての時点ではほとんど資産がないと思われていたにもかかわら

ず、成年後見人等就任後の財産目録作成の過程で、多額の資産の存在が判明することは、必ずしも稀ではありません。こうした場合、少なくとも一時的には、市民後見人が高額の財産管理を担うべきことになります。しかも、こうしたケースでは、想定外の高額報酬が市民後見人に与えられてしまうという、さらに別の問題が生じる可能性もあります。

　また、そもそも生老病死が人間にとって不回避の事態である以上、実はあらゆる後見人が、現行の第三者後見実務上最大の難題とされる医療同意や死後事務に直面する可能性をもっているわけです。実際、市民後見の現場からも、「（市民後見人のいずれのケースでも）就任後3～5カ月の間に、当初予定していなかった後見事務や、特別養護老人ホーム入所時の身元引受け、医療同意書の提出など、対応困難な問題が生じている」ことが報告されています（田邊・前掲論文79頁）。

　したがって、市民後見の適正な運用を確保するためには、低難易度事案への事前の振り分け以上に、こうした事案の困難化リスクを踏まえた、市民後見人の活動に対する地域的な支援体制の充実こそが重視されるべきです。具体的には、後述の後見支援機関による職務支援や、専門職後見・法人後見との連携確保（協働型事務分掌やリレー型事務分掌の活用：第9章参照）といった環境整備が政策論上の重要課題であるといえます。

　特に重要なことは、地域の専門職後見人や専門職能団体が市民後見人の活動支援体制の構築に積極的にかかわっていくことです。なぜなら、市民後見人が直面する事案の困難化リスクへの対処について、現状で最も経験とスキルを積み重ねてきているのは、同じ第三者後見人の先達である専門職後見人だからです。

(4) 市民後見人の活動区域

　市民後見を地域福祉活動の一環として位置づけるという政策論的視点から、一般に、市民後見人は利用者の生活圏域の周辺から選任することが想定されています。もっとも、利用者のプライバシー保護の問題等を考慮するならば、

第10章　市民後見人

利用者と支援者の生活圏域が完全に重なること（両者の生活空間の物理的距離が近すぎること）もあまり好ましくないでしょう。

　また、この活動区域の問題と関連して、たとえば施設入所等の事情により、利用者と市民後見人の生活圏域が遠く離れてしまう事態も想定できます（たとえば、東京都杉並区が静岡県南伊豆町に特別養護老人ホームを開所する計画を公表しています）。こうした場合について、成年後見人の機動的な交替を行うなど、十分な対応を図るためには、基礎自治体の枠を越えた、全国的な枠組みでの環境整備が必要になるでしょう。

(5)　育成をめぐる課題
(A)　適正な育成研修プログラムの確立

　市民後見人の質を担保するためには、適正かつ実効的な育成研修プログラムを確立したうえで、こうした研修の受講を選任の前提条件とすべきであると、一般に考えられています。実際、市民後見人の選任が進んでいる先進地域では、地域の後見支援団体が、行政の支援も受けながら、それぞれに工夫を凝らしたプログラムを策定し、そのさらなる改善に努めています（各地の実践状況等の詳細については、池田惠利子＝小渕由紀夫＝上山泰＝齋藤修一編『市民後見入門』（2011年）参照）。もちろん、現実の後見事案はまさに千差万別ですから、職務遂行上必要な知識を研修プログラムの中にすべて網羅することは不可能です。したがって、研修プログラムの力点は、①「自己決定の尊重」等の制度の基本理念を正確に理解すること、②身上配慮義務、本人意思尊重義務等の民法上の職務遂行指針に基づいて、具体的な場面における職務内容を自ら考えて決定できる訓練を行うこと（理念を手がかりとした「考え方」を学ぶこと）、③自己の価値観の押し付けを防止するため、自己の価値観を相対化する訓練を行うこと、④問題解決のための「調査方法」の習得、⑤職務遂行に必要な資源の把握とその活用方法の習得などにおかれるべきでしょう。こうした学習目標を実現するためには、講義形式の座学に加えて、双方向性ないし多方向性をもつ演習型の事例検討やロールプレイ等の学習形式

を用いることが有効です。また、すでに市民後見人として活動している者を、こうした演習型のプログラムに参加させることも、研修受講者のモチベーション涵養（かんよう）や市民後見人自身の継続研修的効果といった視点から、有益といえるでしょう。

(B) 実務研修の功罪

市民後見人の育成研修に関して、実務研修の必要性が強調されています（日本成年後見法学会・前掲報告書64頁）。しかし、私は、ここでの実務研修の具体的内容が、成年後見実務現場への同行やそこでの補助者的活動を意味するのであれば、その実施にはむしろ慎重であるべきではないかと考えています。なぜなら、成年後見職務は、その性質上、利用者の財産・身上両面のプライバシー情報に深くかかわるものであるため、法律上の正式な権限がないのみならず、成年後見人としての適正評価すら未定な者（家庭裁判所の選任による公式の評価手続はもとより、育成研修すら終了していない者）を積極的にかかわらせることは、決して好ましいとはいえないと考えるからです。特に在宅生活者の場合、第三者の訪問それ自体が、利用者のプライベートな生活圏域への侵犯であることに留意すべきです。また、利用者の障がいの性質によっては、見知らぬ研修受講者の同行が、精神面の安定性を含む利用者のQOLを増悪させる危険性すらあるといえるでしょう。

実は、実務研修を推進する先の見解も、利用者の個人情報開示の問題を考慮して、研修対象とすべき事案を利用者本人の承諾を得られる事案、つまり利用者に一定の判断能力がある保佐ないし補助事案に、原則として限定すべきことを提言しています。

しかし、実務研修は第一義的には市民後見人の利益（広くいえば市民後見システムの円滑な実施という公益）のために実施されるものであり、利用者に直接的な利益を与えるものではありません。こうした構造は、医療分野における臨床実験（治験）に近いわけですが、そこでは、患者本人にとって直接的な利益を目的とする通常の治療行為の場面と比較して、より慎重なインフ

ォームド・コンセント手続が必要であると一般に考えられていることを思い起こすべきでしょう。判断能力が不十分な利用者の承諾のみを理由として、利用者のリスクにおいて、後見実務研修を強行することに、躊躇を覚える理由はここにあります。

　また、一般論としていえば、保佐・補助類型における支援は、後見類型に比べて、はるかに難易度が高いことが多いといえます。しかし、既述のように、仮に市民後見人の主たる活動領域を難易度の低い事案にするならば、自然と後見類型が中心になるはずですから、実務研修の対象事案と実際に担当する事案との齟齬が生じる蓋然性が大きくなり、実務研修の実践性・実効性という点でも疑問が残る気がします。判断能力不十分者等と直接的に接触するという経験が実務研修の要であるというのであれば、後見実務現場への参加ではなく、福祉施設等でのより一般的な訪問研修等の代替措置でも、十分にその目的を達成できるのではないでしょうか。

　さらに、実務研修における研修受講者の法的地位は、研修指導者である保佐人等の履行補助者であり、その法的責任は保佐人等にあると考えられているようですが、市民後見人育成を担当する半ば公的な後見支援団体自体による法人後見ケースならともかく、専門職後見人が個人として研修委託を受けているような場合には、いささか責任過剰になるのではないかという危惧もあります。この場合も、成年後見人が自分の利益（職務負担の軽減）のために補助者を使う場合とは違って、ある種の公益的目的のために補助者の同行等を引き受けたという地位にあることに配慮する必要があると思うからです。

　こうしてみると、育成研修のレベルでは、直接的な実務研修を実施するよりも、むしろ既述の演習型の事例検討やロールプレイ、さらには福祉施設の訪問研修等の代替的手段の活用といった方向を模索するほうが好ましいのではないでしょうか。もちろん、成年後見の実務的なスキルの涵養にとって、最も効果的な手段が後見職務の実践であることを否定するわけではありません。しかし、その機会は入口の育成研修の一環としてではなく、たとえば複

数後見を活用したオン・ザ・ジョブ・トレーニング(当初は、専門職後見人や経験豊かな市民後見人との複数後見で協働型事務分掌を行い、一定期間経過後に新人市民後見人の単独後見へと移行させる方式等)や、成年後見人就任後の継続研修の中でこそ、確保されるべきだと考えます。

(C) **現実の就任との連動(就任可能性の担保)**

　将来の親族後見人候補者やより広く市民一般を対象とした、成年後見制度の一般的な啓発講座等とは異なり、本来、市民後見人の育成研修は、当該地域で現実に市民後見人として活動する、いわば即戦力の成年後見人候補者の育成を目的にするべきです。時間的にも内容的にも濃密な、受講者にとって負担の大きいカリキュラムが要求されている理由も、まさにここにあります。特に、何らかの形で公的な資金を利用して、研修を実施している場合には、研修目的を明確に設定することとあわせて、研修の効果をできる限り具体的に検証できるしくみとなっていることが望ましいはずです。逆にいえば、ただ漠然と研修を実施するだけで、その後の現実の成年後見人就任に向けた具体的なフォローや、成年後見人就任後の活動支援環境の整備(たとえば、後述の後見支援機関の設置等)もないまま、研修受講者を単に放置してしまうような研修体制では、かえって害のほうが大きいというべきです。そもそも現行法上、法定後見人の選任は家庭裁判所の専権事項ですから、単なる育成研修の修了という事実は、たとえ当該研修に行政がかかわるようなものであったとしても、成年後見人への現実の就任を何ら保障するものではありません。実際、市民後見人の十分な活動実績と支援体制をもつ先進地域の育成現場においてすら、研修を修了したものの実際の受任には至っていない受講者の数はかなり多く、その継続的なモチベーション維持に苦心しているようです。こうした事情を研修受講者に十分説明せず、あたかも研修の修了後には直ちに市民後見人として活動できるかのような誤解を残す形で、有料の研修を実施したとすれば、それはもはや資格商法に類したものであって、市民後見人育成の本質であるはずの公益の促進に、むしろ逆行する活動というべきです。

したがって、行政が養成に関与する際には、最初に育成研修から始めてしまうのではなく、まずは地域における後見人の活動支援体制を整備し、家庭裁判所が安心して市民後見人を選任できる環境づくりに取り組むべきでしょう。

(6) 支援・監督体制の整備

　市民後見人による後見活動の適正を担保するためには、後見支援団体の整備をはじめとする組織的なバックアップ体制の構築が必須の要素であるといえます。具体的には、市民後見人が活動する各地域において、①相談・助言機能、②執務管理支援機能、③監督機能等を果たせる組織の整備が必要でしょう。先進地域で活動している、世田谷区成年後見支援センター、品川成年後見センター、大阪市成年後見支援センター等は、こうした試みのパイオニアとして位置づけることができます。なお将来的には、市町村等の行政が最終的な責任を負う活動支援の対象を、市民後見人から親族後見人を含む地域の法定後見人全体へと広げていくことによって、日本型の公的後見制度の構築へと結び付けていくことも必要でしょう（成年後見制度の運用に行政がかかわることの重要性については、第11章であらためて詳しく論じます）。

第11章　「社会化」の現在と未来

1　「社会化」の現在

(1)　申立件数の増加

　本書の最後となる本章では、専門職後見人を生み出した「社会化」の現状を振り返るとともに、「社会化」をさらに推し進めていくための政策的な課題を考えていこうと思います。「社会化」は制度の広い普及をめざした動きですから、「社会化」の現状を考えるうえで現実の成年後見の利用状況を確認することは欠かせない作業といえます。そこで、まずは申立件数の推移をみておきましょう。

　〔図表11-1〕を見てください。直近のデータである2013年（平成25年）の後見申立件数は2万8040件に及んでいます。過去最高の数字を記録した2006年（平成18年）の2万8887件よりは少ないものの、同年以降、ずっと2万件を超える申立てが行われており、**禁治産宣告**時代に比べると、利用はかなり進んできていると評価できるでしょう。保佐もまだ絶対数は少ないですが、ここ数年の伸び率は非常に高く、1995年（平成7年）度の**準禁治産宣告**の申立件数671件に比べると、4510件と約7倍弱に増えています。こうしてみると、旧制度を新しい理念によって衣替えした2つの制度はそれなりの成功を収めているといえそうです。

　ところが、新設された補助類型については導入当初から利用数の低迷が指摘されていましたが、残念ながらその後もこの傾向はあまり変わっていません。2000年（平成12年）度の621件から、2013年（平成25年）は1282件とようやく2倍程度の伸びを示しているにすぎないのです。この低迷の原因は現在の法定後見制度全体にかかわる要因もあるかもしれませんが、成年後見や保佐類型の増加傾向をみる限り、補助には何か固有の問題点があると考えざる

〔図表11-1〕 申立件数・認容件数等の推移

(単位:件)

平成 \ 類型	後見申立て	保佐申立て	補助申立て	任意後見監督人選任申立て	任意後見登記
7年度	2,973（禁治産宣告）	671（準禁治産宣告）	—	—	—
12年度	7,451	884	621	51	80
13年度	9,297	1,043	645	103	1,106
14年度	12,746	1,521	737	147	1,801
15年度	14,462	1,627	805	192	2,521
16年	14,485	1,634	790	220	3,602
17年	17,002	1,890	925	287	4,732
18年	28,887	1,998	889	351	5,420
19年	21,151	2,235	916	425	6,669
20年	22,532	2,539	947	441	7,095
21年	22,983	2,837	1,043	534	7,809
22年	24,905	3,375	1,197	602	8,904
23年	25,905	3,708	1,144	645	8,289
24年	28,472	4,268	1,264	685	9,091
25年	28,040	4,510	1,282	716	9,219

（データ出典：最高裁判所事務総局家庭局「成年後見関係事件の概況」、および法務省登記統計「種類別 成年後見登記の件数（平成16年〜25年）」より）
＊平成7年から15年までは年度（4月〜3月の集計）、平成16年以降は暦年（1月〜12月）の統計である。

を得ません。この点は後ほど、あらためて考えてみたいと思います。

　なお、最高裁判所によれば（最高裁判所事務総局家庭局「成年後見関係事件の概況――平成25年1月〜12月――」）、2013年（平成25年）12月末日時点の任意後見を含む成年後見制度全体の利用者数は、17万6564人となっています（前年比約6.2％の増加）。その内訳は、後見類型14万3661人（前年比約5.3％の増加）、保佐類型2万2891人（前年比約12.1％の増加）、補助類型8013人（前年比約6.7％の増加）、任意後見1999人（対前年比約7.0％の増加）です。

〔図表11-2〕 第三者後見人の選任率
(単位：％)

	7年度	12年度	13年度	14年度	15年度	16年度	17年度	18年度
親族後見人	95.6	90.9	85.9	84.1	82.5	79.5	77.4	82.9
第三者後見人	4.4	9.1	14.1	15.9	17.5	20.5	22.6	17.2

	19年度	20年*	21年*	22年*	23年*	24年*	25年*
親族後見人	72.2	68.5	63.5	58.6	55.6	48.5	42.2
第三者後見人	27.7	31.5	36.5	41.4	44.4	51.5	57.8

(データ出典：最高裁判所事務総局家庭局「成年後見関係事件の概況」より)
＊なお平成20年以降は暦年（1月〜12月）の統計である。）

(2) 第三者後見人の選任状況

「社会化」を示す指標として、私が特に重視しているのは、①第三者後見人の選任率と②市町村長申立ての利用状況の2つです。まず、第三者後見人の選任率は「後見の担い手の脱家族化＝社会化」を端的に示すデータだといえます。この点はすでに第3章でみたように、旧制度下の1995年（平成7年）度ではわずか4.4％にとどまっていましたが、2012年（平成24年）には過半数を超え、直近の2013年（平成25年）にはついに6割近くに至っています（〔図表11-2〕参照）。現状では第三者後見人のうちの約85％（親族を含む法定後見人全体でもおよそ5割）が弁護士・司法書士・社会福祉士のいわゆる三士会で占められていること、しかし、すでに全国的にも三士会の供給限界に達しつつあるため、裁判所側も社会福祉協議会等の法人後見人、三士会以外の他の専門職、市民後見人等の新たな第三者後見人の供給源の開拓に取り組み始めていることは、第3章でみたとおりです。

(3) 「社会化」の縮図としての市町村長申立て

行政による地域の法定後見の運用に対する協力体制の整備と充実は「社会化」の必須条件の1つです。市町村長申立ての実績は、行政の関与の度合いを測る最もわかりやすいデータの1つといえるでしょう。また、市町村長申立てを通じて法定後見の運用の一端に関与することで、行政はその問題点や

デメリットまで含めた現在の成年後見の実情をはじめて正確に理解できるようになります。こうしたことから、私は、「**行政にとって市町村長申立ては成年後見の学校である**」と言っています。

　さて、現在の実務上、市町村長申立ては親族による成年後見の申立てが現実に期待できないケースを中心に運用されています。たとえば、民法上の申立権者である４親等内の親族がそもそもいない場合、親族はいても音信不通の状態だったり、申立てに非協力的だったりする場合がそうです。このように市町村長申立ての事案では、比較的負担の軽い申立てを担ってくれる家族すらいない状況にあるわけですから、ほとんどの場合、より負担の重い成年後見人の適任者を利用者の家族の中から探すのは困難です。このため、市町村長申立事案では必然的に第三者後見人が選任される割合が高くなります。つまり、この場面での利用者は「社会化」に対して最も強いニーズ（成年後見の入口段階から社会的な支援を必要とするニーズ）をもっている人たちといえるわけです。

　さらに市町村長申立事案は、行政をはじめとして成年後見の申立てに関与する可能性のある人たち（地域包括支援センター担当者、関連専門職、ケアマネジャー、ホームヘルパー、施設関係者、民生委員、警察官等）の連携・協力が最も要求される場面でもあります。なぜなら、利用者の身近に支援に協力的な家族がいない以上、成年後見ニーズの発見から具体的な申立手続への移行といった後見開始の最初期の時点から行政やこうした関係者等の積極的なかかわりがなければ、成年後見を開始すること自体が実現できないからです。こうした点から、私は市町村長申立ての事案は**成年後見の社会化に関する縮図**であると考えています。

　それでは、実際に市町村長申立ての件数の推移をみてみましょう。市町村長申立ての件数は制度導入以降、順調に右肩上がりで件数を増やしており、最高裁判所の統計によれば、直近の2013年（平成25年）には5046件に達し、比率でも約15％を占めるまでになっています（〔図表11-3〕参照）。しかも、

〔図表11-3〕 市町村長申立件数と比率

(単位:件、%)

	12年度	13年度	14年度	15年度	16年度	17年度	18年度
件数 [比率]	23 [0.5]	115 [1.1]	258 [1.9]	437 [2.5]	509 [3.3]	666 [3.1]	1,033 [3.1]
	19年度	20年*	21年*	22年*	23年*	24年*	25年*
件数 [比率]	1,564 [6.1]	1,876 [7.0]	2,471 [9.0]	3,108 [10.3]	3,680 [11.7]	4,543 [13.2]	5,046 [14.7]

(データ出典:最高裁判所事務総局家庭局「成年後見関係事件の概況」より)
＊なお平成20年以降は暦年(1月～12月)の統計である。

〔図表11-4〕 平成25年の申立人と本人の関係

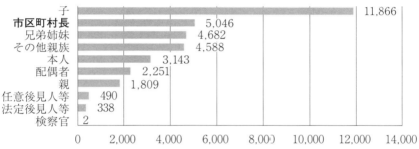

(データ出典:最高裁判所事務総局家庭局「成年後見関係事件の概況」より)

　直近の2013年(平成25年)の場合、実は申立人の類型の中で市町村長は子に次いで2番目に多い状況なのです(〔図表11-4〕参照)。したがって、現在の法定後見制度の運用上、市町村長申立てはもはや確固たる地位を持っているというべきでしょう。

　こうした後押しをしたのが、2006年4月1日に施行された高齢者虐待防止法と2012年10月1日に施行された障害者虐待防止法です。この2つの法律では、養護者らによる虐待の防止と被虐待者の保護のために市町村がとるべき措置の1つとして、老人福祉法32条(高齢者虐待事案)、精神保健福祉法51条の11の2および知的障害者福祉法28条(障がい者虐待事案)が定める成年後見の市町村長申立てを位置づけています。このため、虐待の通知を受けた市

町村では適切に市町村長申立てを行うことが義務付けられています（高齢者虐待防止法9条2項、障害者虐待防止法9条3項）。また、高齢者もしくは障がい者が「財産上の不当取引」の被害を受けているか、あるいは、受けるおそれがある場合も、市町村は適切に市町村長申立てを行う義務を負っています（高齢者虐待防止法27条2項、障害者虐待防止法43条2項）。このように、高齢者や障がい者に対する虐待防止対策という国の福祉施策の中で、市町村長申立ての役割が明確に位置づけられたことは、市町村が地域の法定後見制度の適正な運用に公的な責任を負っていることを明言したものといえるでしょう（高齢者虐待防止法28条と障害者虐待防止法44条が、国と地方公共団体に対して成年後見制度の利用促進を義務付けたことも重要です）。こうした国の施策の動向を受けて、今後も市町村長申立ての件数はさらに伸びていくことが予想されます。実際、統計上からも、特に2007年（平成19年）以降、市町村長申立ての伸び率が著しいことが見てとれ、高齢者虐待防止法導入の効果が大きかったことをうかがわせています。

　なお、現在の厚生労働省の通達（平成17年7月29日厚生労働省障障0729001、障精0729001、老計0729001）では、「市町村長申立てに当たっては、市町村長は、あらかじめ2親等以内の親族の有無を確認すること」とされていますが、市町村によっては、現在でも4親等内の親族がいる場合には市町村長申立てをためらうところがあるようです。また、自治体の財政事情や前例がない等の他の要因も重なってか、市町村長申立ての実施状況については、かなりの地域間格差が進んでいます（たとえば、近時のNHKのアンケート調査によると、山梨県内で申立て実績のある市町村は約55％程度と半数を超える程度にとどまるようです（2015年3月3日放送のNHKニュース「おはよう日本」））。しかし、上述のように虐待事案では、もはや市町村長申立ては単なる権限ではなく、市町村の義務となっています。こうした現在の法定後見制度の社会保障的な性格を考えれば、行政としてはニーズの高い利用者を放置することは許されないというべきですし、極端な地域格差を認めるわけにもいきませんか

2 「社会化」の未来像

(1) 課題としての補助の活用

　成年後見制度の利用促進という側面から現状をみた場合、成年後見と保佐の2類型については制度改正の一定の成果が見受けられるのに対して、補助の利用件数は制度導入以来ずっと低空飛行を続けたままです。また、後述するように、補助は障害者権利条約との親和性が最も高い類型であるといえます。したがって、補助の利用促進は今後の後見実務にとって非常に大きなテーマであるといえるでしょう。そこで、「社会化」の未来像については、まず補助の活用の話から始めることにしましょう。

　補助は利用者の行為能力を原則的には制限しないうえ、その申立てや補助人への権限（同意権、法定代理権）付与についても利用者本人の同意を要件とするなど、新理念である自己決定の尊重を最も体現した制度です（民法15条2項・3項・876条の9第1項）。その意味では、補助の利用状況は制度の新しい理念が後見実務にしっかりと浸透しているかを確認するためのバロメーターとなってもおかしくないものです。ところが後見実務の現場からは、まさにこの本人の自己決定を保障するためのしかけである利用者の同意制度が、結果的に補助の利用促進の足かせになってしまっている場合があるという声も聞こえてきます。客観的には補助の利用が望ましい状況にあるにもかかわらず、要支援者の同意を取り付けることができなかったり、ようやく同意を得ても申立手続の途中で考えを翻されてしまったりして、結局補助を開始できなかったというケースがあるわけです。

　たとえば、札幌高裁平成13年5月30日決定（家月53巻11号112頁）のケースでは、補助について、本人以外の者が申立てをした場合の補助の開始には本人の同意が必要である以上、たとえ本人の財産管理状況について申立人が危惧するような事情があったとしても、補助を開始することはできないとして

います。このケースの場合、補助の申立てを行った本人の弟は、本人の預貯金の出し入れに不明な点があること、本人が28万円で買ったと話しているステレオが東京の安売り家電店では4万5000円程度であったことなどをあげて、本人の財産管理状況には問題があり、補助による支援が必要だと主張していました。しかし、これに対して、本人は家庭裁判所調査官との面接や補助開始審判における本人審問の中で、申立てや同意の意味や効果について理解したうえで、財産管理を援助する人を法的に選任する必要がないことを明確に述べたようです（ちなみに、本人の判断能力について裁判所は、「精神発達遅滞及び接枝分裂病が認められ、鈴木ビネー式知能検査による知能指数は48で、言語の力にやや不十分な面も認められるが、対人面接における親和的対応をきちんとすることができ、簡易作業を理解して概ね正確に作業することができる」と認定しています）。この裁判所の決定を額面どおりに受け取るならば、本人の補助開始に関する同意能力がある限り、本人の判断能力の不十分さに起因する財産管理等のリスクは本人が負担すべきだということになります（ただし、本件で裁判所は、本人の判断能力は不十分ではあるものの、入所施設での生活状況は安定しているということも認定しています）。

　要支援者の自己決定と客観的保護のバランス調整の問題は、本書で繰り返し触れてきた成年後見制度の本質にかかわる難題ですが、補助利用の低調さの一因が仮に補助開始に対する本人の同意の制度とも関連しているとするならば、この問題は制度の利用開始後にかかわるだけではなく、すでに制度への導入の時点から大きな課題を私たちに提示していることがわかります。

(2)　自己決定支援型の後見活動とソーシャルワークの意義

　さらに踏み込んでいえば、補助利用の低迷は、**自己決定支援（意思決定支援）型の後見活動**のための方法論やスキルがまだ十分に発展していないことを示しているように思われます。一般的にいって、本人の自己決定と客観的保護のバランス調整は本人の現有能力の程度によっても左右されます。つまり、現有能力が高いほど自己決定重視に、低いほど客観的保護に天秤の針は

傾きやすくなるということです。この意味で補助は最も利用者の現有能力が高い類型ですから、他の類型以上に自己決定支援型の職務遂行が望まれることになります。ところが、おそらくは旧制度がずっと**客観的保護型の後見活動**を求めてきたこともあって、成年後見人は悪質商法への取消権での対抗といった保護的な介入スタイルでの後見活動には慣れていても、利用者の現有能力を効果的に発揮させる方向での後見活動には、まだ戸惑いも大きいのではないでしょうか。特に被補助人の現有能力は旧制度が想定していなかったほど高い状況にあります。というのも、立法担当官によれば、**禁治産制度下**の被後見人と現在の成年被後見人、**準禁治産制度下**の被保佐人と現在の被保佐人とは、その判断能力の程度に関する限り全く同じ水準です。つまり、被補助人に相当する程度の現有能力がある人たちは、旧制度では成年後見の対象者とはされていなかったわけです。

　おそらくはこうしたことも背景にあってか、後見実務が旧制度の発想を色濃く引きずってしまっている限り、被補助者のような高い現有能力を保持している人たちを成年後見によって支援していくための方法論は生まれてきづらいのかもしれません。逆にいえば、補助をうまく活用していくためには、従来からある客観的保護型の後見活動の方法論を洗練していくだけではなく、新しい理念である本人の自己決定の尊重に根ざした新しい方法論、つまり自己決定支援型の後見活動のための方法論を開発し、発展させていくことが必要なのではないでしょうか。さらに、こうした自己決定支援型の運用を実務に着実に根付かせておくことは、「代理・代行決定から意思決定支援へのパラダイム転換」のための将来の抜本的な法改正に備えた環境作りとしても、極めて重要な意味を持つはずです（第9章）。おそらく、このためのヒントの1つはエンパワメントのような社会福祉援助技術（ソーシャルワーク）の有効活用の中に隠されているような気がします。「社会化」を通じて、成年後見が法制度のレベルで民法の枠組みを踏み越え、社会福祉法制とのリンクを果たしてきていることはすでに触れたとおりですが（第1章3参照）、もし

かしたら後見実務の次元でも、従来からの法的な支援手法と社会福祉的な支援手法の相互乗り入れが必要になりつつあるのかもしれません。

(3) 低所得者に対する公的な利用支援

(A) 低所得者による利用の実態

「社会化」の促進に対する最も大きな壁の1つが、低所得者層に対する公的な利用支援手段の未整備です。たしかに立法担当官の見解に従う限り、2000年（平成12年）の成年後見制度導入は、身上監護に関する成年後見人の職務を財産管理権や法定代理権の行使指針という視点（善管注意義務具体化説）から体系化しようとしたものでした。こうした見方を理論的に徹底させていくと、「民法がかかわるのは、原則としてあくまで自己の財産を有する者（有産者）の取引行為であり、介護を要する無産の高齢者や障害者に対しては何らかかわらないのである（成年後見事務の処理に必要な費用は本人が負担するし、事情によっては報酬も支払わなければならない）。これは改正法の限界ではなく、民法の限界であり、高齢者や知的障害者の福祉政策に関して、民法に過大な幻想を持つべきではない。逆にいえば、民法の外で、このような福祉に対する国家の責任が果たされなければならないのである」（内田貴『民法Ⅰ　総則・物権総論〔第4版〕』119頁（東京大学出版会、2008年））という成年後見の捉え方が出てくることになります。これは、たしかに成年後見制度に対する政策決定として1つの有力な考え方ではあるのですが、しかし同時にさまざまな疑問も浮かんできます。

まず、現実問題として、すでに数多くの低所得者が、第三者後見の形態で成年後見の利用をしているという事実に目をつぶるわけにはいかないでしょう。たとえば、専門職後見人の中で最も低所得者層に対する支援を行っている社会福祉士の状況をみると、法定後見の場合、受任している1万947件のうち、1337件（約12％）が生活保護世帯、7654件（約70％）が住民税非課税世帯と、驚くべきことに全体の8割までが低所得者となっています（日本社会福祉士会「ぱあとなあ受任状況（2012年8月報告書）」参照）。

しかも留意すべきは、こうした多数の低所得者層による利用は、既述の民法学上の通説的な理解とは異なり、必ずしも単なる病理現象とは言いきれないということです。

　まず、後述するように法律レベルでも、生活保護法と高齢者虐待防止法・障害者虐待防止法の規定は低所得者による成年後見制度の利用を認める方向を示しているといえます。

　また、政策レベルでみれば、厚生労働省の成年後見制度利用支援事業による申立費用・報酬助成は、まさに生活保護受給者を含めた低所得者層を対象とした公費による利用支援制度です。

　さらに、低所得者層による成年後見利用の重要な背景として、わが国の社会福祉制度が申請主義の原則に基づいていることを指摘できます。生活保護の受給申請をはじめとして、各種年金の受給申請、障害者手帳制度の利用申請、介護保険における要介護認定の申請等、わが国の公的な福祉サービスは、原則として、利用者側の行政への申請を待ってはじめて提供されることになります。このため、介護保険制度や障害者総合支援制度の領域に限らず、広く判断能力不十分者が社会福祉サービスによって自分のニーズを満たそうとする場合一般について、申請の代理あるいは代行を担う支援者が必要になるわけです。ところが、わが国では、現実にこうしたアドボカシー機能をもつ支援機関は民法上の成年後見人等しかいないため、たとえ低所得者のための公法上の申請代理が目的であったとしても、成年後見を利用しなければならないわけです。実際、後見実務上、就任当初の成年後見人等にとって最も大きな比重を占める仕事の1つが、各種公法上の申請行為に関する代理あるいは代行であることは、よく知られている事実です。

　ちなみに、実は立法担当官も、成年後見法改正の背景となった社会福祉基礎構造改革による社会福祉サービス供給手段の「契約化」との関係で、「……本人の財産の多寡や、同意権・代理権を有しない親族が事実上保護を行っていることによって保護の必要性は左右されない（財産をほとんど有し

ない者であったとしても、社会福祉基礎構造改革が進めば、福祉サービスを受給するためにも契約等の法律行為を行うことが要求されることになろう。）というべき……」と指摘しており（『解説』97頁）、むしろ低所得者層による利用可能性を認めていたことも見落とせません。

　⒝　**低所得者の成年後見利用に関する理論的基盤**

　先ほど紹介した民法学者の通説的な理解は、民法と社会福祉法制の機能領域を、利用者の資産の有無をメルクマールとして、理念的に完全に分断するという前提に立っています。たとえば判断能力不十分者に対して全く同じ内容の社会福祉サービスを提供する場合であっても、利用者にサービスの対価を支払うだけのお金があれば、民法の領域の問題として成年後見制度によって対応するが、お金がない人には成年後見制度を利用させずに社会福祉法制の中で（たとえば従来どおりの行政による措置を通じて）対処すればよいというわけです。しかし、こと成年後見が関連する領域に関する限り、近年の社会福祉法制の動向は民法との分断というよりも、むしろ民法との融和（成年後見制度の社会福祉法制への再付置）という方向へ動いているような印象を受けます。

　たとえば、高齢者虐待防止法28条と障害者虐待防止法43条は、国と地方公共団体が高齢者と障がい者に対する虐待の防止や虐待からの保護、さらには財産上の不当取引による被害の防止と救済を図るために、成年後見制度の周知のための措置、成年後見制度の利用に係る経済的負担の軽減のための措置等を講ずることで、成年後見制度が広く利用されるようにしなければならないと規定しています。この２つの規定を素直に読む限り、両法が掲げる成年後見制度の利用促進の目的は、単に高齢者や障がい者の経済的虐待（高齢者や障がい者を対象とした「財産上の不当取引」）の防止だけではなく、身体的虐待、心理的虐待、性的虐待、ネグレクト等を含む虐待一般の防止にあるように思われます。とすれば、成年後見は資産の有無にかかわらず虐待を受けている判断能力不十分者一般の権利擁護のために利用できるシステムであると

考えることもできるのではないでしょうか（もちろん、成年後見の利用のみであらゆる虐待の防止や救済ができるというわけではありません）。近時、社会保障法学の立場からも、「管理すべき多額の財産がなくても、一定の場合、身上監護も含めた支援が成年後見制度の役割として求められるべきものと考える。それは先に述べたように、成年後見制度が果たし得る権利擁護の側面を重視するということでもある。こうした捉え方をしなければ、虐待と成年後見との関連については、いわゆる経済的虐待を中心に論じればよいということになりかねず、問題の捉え方として狭すぎるように思われる」という有力な主張が現れています（菊池馨実「虐待防止と成年後見・権利擁護」成年後見法研究6号6頁（2009年））。

　また、成年後見の新しい理念であるノーマライゼーション（さらには、障害者権利条約が求める社会的包摂（ソーシャル・インクルージョン））との関係も問題となります。たしかに、「ノーマライゼーションは経済的不平等の是正とは全く無関係であり、成年後見の中にある種の所得保障施策の視点を持ち込むことは民法（財産法）の体系的破綻を来すことになるから許されない」と割り切ってしまうのも1つの考え方でしょう。しかし、その一方でこうした割り切りをしてしまうと、せっかく新たな理念として導入されたノーマライゼーションの機能が現実問題としてはかなり狭い領域でしか発揮できなくなってしまうおそれも出てきます。たとえば、現状では知的障がい者らが福祉作業所等から得られる収入だけで経済的自立を達成することは事実上不可能ですから、こうしたカテゴリーに属する人たちは親の遺産などでもない限り、みんな成年後見の蚊帳の外におかれてしまうという状況も想定できます。たしかに、財産のあるなしで自己決定の選択の幅が大きく異なること（たとえば、ランチをおにぎり1個で我慢するか高級フレンチを食べにいけるかは、その人の懐具合によって当然に変わります）は仕方のないことですが、お金のない人たちは成年後見による自己決定の支援を受ける機会を全く得られなくなってしまう（自己決定に関するノーマライゼーションの土俵から完全に排除さ

れてしまう）というのは、少し次元が違う問題のようにも感じられます。

　さらにいえば、管理対象となる財産をもたない無資力者を成年後見制度の利用対象者から外すという制度設計は、民法の制度設計としても唯一無二というわけではありません。ヨーロッパの多くの国では、国家後見等の公的後見制度を整備したり、無資力者の利用を公費で賄ったりするなど、資産の有無にかかわらず法定後見人による支援が受けられる法的環境が整っています。たとえば、ドイツ法は民法典の中で利用者の無資力を具体的に定義したうえで、無資力者も世話制度（ドイツ法上の法定後見制度）を当然利用する権利があるという前提に立ち、無資力者の世話人（ドイツ法上の法定後見人）はその利用にかかる費用と報酬を国庫に対して請求できるようにしています（ドイツ民法1835条〜1836e条）。もちろんドイツの世話制度は、そもそも利用者の財産管理権を原則的に制約しないこと、医療同意権・居所指定権といった財産管理権限から独立した身上監護権限を世話人に認める場合があることという肝心な２点において、日本の現行制度と決定的に異なっているので、単純に両者を比較することはできません（簡単にいってしまえば、ドイツ法上の成年後見制度は他の多くの欧米諸国の制度と同様、単なる財産管理制度ではありません）。しかし、成年後見制度の本体を民法上におきつつ、なお無資力者による成年後見の利用を認める（無資力を理由とする利用制限を行わない）方向で制度設計することも十分に可能であるということは、ドイツ世話法の存在を指摘するだけでも明らかでしょう。つまり、今後も成年後見制度を、財産のある人たちだけを対象とした財産管理制度として維持していくか、それとも判断能力不十分者全員に対する権利擁護制度として位置づけ直していくかを、私たちは選択することができるわけです。たとえば、成年後見制度を社会福祉法制にかかわる権利擁護サービスの法として位置づけていくならば、所得の多寡とは無関係に、成年後見による契約締結等の支援サービスを必要とする判断能力不十分者全員に対して、その利用を保障する制度を構築していくという政策を選択することも十分に可能だといえるでしょう（たとえば、

河野正輝『社会福祉法の新展開』（有斐閣、2006年）は、こうした視点から、法改正による市町村長申立ての義務化を提唱するほか、成年後見の利用経費に関する補助について、「成年後見制度利用支援は基礎的必需なサービスであって、そのニーズを有する人々は誰でも利用できるようにするために公費負担を行うのである」と指摘しています（同書234頁〜237頁））。

(C) 公的利用支援の方策

今ここで、仮に後者の道を私たちが選択し、低所得者層にも成年後見制度の利用可能性を保障することを決断したとしましょう。この場合、政策的にはいくつかの方策があります。最もシンプルで直接的な方法は、制度利用に関する経済的負担（後見費用と後見報酬）を公的負担として金銭的に給付するやり方です。現状では成年後見に対する唯一の公的な経済的支援制度である成年後見制度利用支援事業は、一応このスタイルをとっています。しかし、残念ながら、この事業を活用した申立費用や報酬の助成については、自治体間でかなりの温度差があるといえます。特に、後見報酬助成までを積極的に実施している自治体はまだ少ないようです。

おそらく、この背景には市町村の福祉予算の厳しさがあるのでしょう。そこで、まずは法定後見制度を利用することの市町村にとってのメリットを理解してもらうことが重要になります。実例はたくさんあります。成年後見人による適正な財産管理によって税や水道料金などの滞納がなくなることは当然ですが、成年後見人の財産調査によって、利用者本人が忘れていた預貯金等が発見されて、生活保護の利用を回避できたということも、実はそれほど珍しい話ではありません。さらに、利用者の生活環境が安定することによって、近隣とのトラブルが解消されて、市町村の種々の負担が減ったということもよく耳にします。たとえば、ゴミ屋敷問題や空き家問題が成年後見人の差配で解決することで、近隣からの役所に対するクレーム等がなくなったというのは典型例だといえます。加えて、市町村が利用支援事業によって助成した申立費用については、実は多くの事案で、その後、本人の資産から回収

（求償）できているということを市町村に知ってもらうことも効果的だと思います。成年後見人が年金等の受給調整をはじめとした適正な財産管理を続けることで、通常、本人の資産状況は安定していきますので、分割払いの形ではあるものの、最終的には申立費用の求償が完済されることのほうがむしろ多いようです。つまり、申立費用に関する限り、決して市町村の持ち出しに終わっているわけではないのです。特に、市民後見人の育成等の地域の後見環境の基盤作りに携わっている専門職後見人は、こうした実情を地元の市町村役場に理解してもらい、市町村が利用支援事業の活用や市町村長申立ての活性化に前向きに取り組むように後押ししていくことが大切だと思います。

(D)　生活保護における「後見扶助」の創設

運用上の工夫という意味では、既存の成年後見制度利用支援事業の利用をさらに拡充して、すべての市町村が報酬助成までを実施するように促していくことが大切です。しかし、現代の法定後見制度の社会的機能を踏まえるならば、たとえば生活保護費の1つとして「後見扶助」の創設を認めるといった、より踏み込んだ公的な経済的支援策の採用を検討すべきではないでしょうか。なぜなら、虐待防止施策との関連で確認したように、現在の法定後見制度は判断能力不十分者に安心・安全な地域生活を保障するための公的なセーフティー・ネットとしての意義を併有しているからです。特に、社会保障の目的を「個人が人格的に自律した存在として主体的に自らの生き方を追求していくことを可能とするための条件整備にあると捉える」という見解（菊池馨実『社会保障法』107頁（有斐閣、2014年））に立つならば、現代の法定後見制度は社会保障の実現に欠くことのできない道具の1つとして位置づけることも可能でしょう。だとすれば、低資力者の後見コストは社会保障の一環として何らかの公費負担の道を模索するべきだといえます。

実際、生活保護法81条（後見人選任の請求）は、「被保護者が未成年者又は成年被後見人である場合において、親権者及び後見人の職務を行う者がないときは、保護の実施機関は、すみやかに、後見人の選任を家庭裁判所に請求

しなければならない」と規定しています。この条文を素直に読む限り、生活保護受給者による成年後見の利用可能性を当然に想定していると読めるのではないでしょうか。この点、実務上では、2009年（平成21年）度から、生活保護受給者が長期生活支援資金利用のために成年後見制度を利用する必要がある場合について、当該制度の利用に要する費用を一時扶助として保護費に認定することを認めるなど、一定の柔軟な対応がとられているケースもあるようです。まずは、こうした運用レベルで、生活扶助を柔軟に活用していくというのも1つの有効な対策でしょう。しかし、成年後見の利用が生活保護受給者にとっても当然の権利であると考えるならば、将来的にはさらに進んで、生活保護法の改正によって、後見扶助類型を新たに創設し、第三者後見人に対する後見報酬まで含めた全面的な利用支援の枠組みを正面から保障していくことが望ましいのではないかと思います。ただし、このように生活保護の枠組みを拡張して後見利用に対する公的な経済的利用支援を保障していくためには、生活保護制度の基本理念とされる、いわゆる他法他制度優先の原則との関係上、現在の成年後見制度利用支援事業との関係を体系的に整理し直す必要性も生じるでしょう。

(E) 公的後見制度と後見支援組織

もう1つの重要な公的支援策として、いわゆる**公的後見制度**（公後見人制度：たとえば、行政が直接に成年後見人の役割を果たすなど、公的な責任による成年後見システム）の導入が考えられます。現在のところ、一部の法人後見人（リーガルサポートのような専門職後見団体や一部の社会福祉協議会、NPO法人などによる法人後見）が事実上、公後見人としての役割を肩代わりしていますが、これはかなりイレギュラーな状態であるというべきでしょう。なお、公的後見制度は単に生活保護世帯のような低所得者層の成年後見活動の引き受け手としてだけではなく、暴力団がらみの被害事案や触法精神障がい者のための成年後見など、いわゆる困難ケースの担い手としても重要な意義がありますので、たとえ低所得者層を成年後見の対象外とする政策をとった場合

第11章 「社会化」の現在と未来

でも、何らかの形でその導入を検討する必要は残るというべきです。

　もっとも、一口に公的後見制度といっても、欧米諸国にはさまざまな形態のしくみがありますし、わが国で具体的にどのようなシステムを構築していくべきかについては、必ずしも意見の一致があるわけではありません。そこで、まずは日本型の公的後見制度構築の方向性について、政策的な議論を煮詰めていく必要があるというべきです（以下については、日本成年後見法学会市町村における成年後見制度の利用と支援基盤整備のための調査研究会「平成21年度報告書」130頁〜131頁（2010年）参照）。

　たとえば、最もシンプルな方法は、「基礎自治体による法人後見人就任（行政直轄型公的後見）」の可能性を検討することでしょう。地方自治法2条1項が「地方公共団体は、法人とする」と規定していることからすれば、現行法の解釈論としても、全く不可能というわけではないかもしれません（加えて、専門職後見人はおろか、市民後見人の候補者を探すことすら困難な過疎地域では、行政直轄型公的後見が、実はコスト面では最も合理的な可能性もあります）。しかし、日本型の行政人事システム（頻繁な人事異動等）に伴う支援者の継続性担保の難しさや、行政区域外での活動制約（たとえば、利用者の施設入所に伴い住所地が変更された場合など）といった技術的な問題が数多く残るほか、そもそも基礎自治体の本来業務との理念的な整合性（1人の市民の法定代理人として活動することの適否等）についても、きちんとした検証が必要というべきでしょう。したがって、現状で直ちに基礎自治体を法定後見人として選任することを家庭裁判所に求めることは、現実問題としてはかなり難しいといえます。

　そこで、当面の方向性としてとりうるのは、「既存の準公的な後見支援団体への公的支援を通じた間接型公的後見システム運用」の可能性を模索することではないでしょうか。具体的には、既存の準公的な後見支援団体に対して公費による経済的支援を強化するとともに、こうした公費による支援の枠組みを恒常的な制度として位置づけていくことによって、まずは間接的な形

での公的後見のスキームを構築しようということです。ちなみに、ここにいう準公的な後見支援団体とは、「法形式上の設立基盤は民間に置くものの、種々の形態での公費投入等、地域の基礎自治体と密接な協力・協調関係をもっている後見支援団体」を想定しています。たとえば、社会福祉協議会を基盤とする団体（「小樽・北しりべし成年後見センター」（北海道小樽市）、「世田谷区成年後見支援センター」（東京都世田谷区）、「品川成年後見センター」（東京都品川区）、「福祉サポートまちだ」（東京都町田市）、「大阪市成年後見支援センター」（大阪府大阪市）、「権利擁護・市民後見センターらいと」（福岡県北九州市）等）、NPO法人の形態をとる団体（「せんだい・みやぎ成年後見支援ネット」（宮城県仙台市）、「あさがお」（滋賀県大津市）、「知多地域成年後見センター」（愛知県知多市、半田市）、「宝塚成年後見センター」（兵庫県宝塚市）等）、一般社団法人の形態をとる団体（「北九州成年後見センターみると」（福岡県北九州市））、福祉公社の形態をとる団体（「武蔵野市福祉公社」（東京都武蔵野市））等、現在、すでに日本の各地で先駆的な実践例が誕生しています（たとえば、成年後見に限らず広く地域の権利擁護活動を推進する諸団体が集まる「全国権利擁護支援ネットワーク」の参加者（正会員）は86団体に上っています）。

　もっとも、公的資金を投入していくからには、その投入基準は公正で明確なものでなければなりません。また、税金を投入するにふさわしい一定の資質をもつ組織であることを担保するために、たとえば認証手続等を立法によって確立しておくことが大前提というべきでしょう。ただし、こうした認証手続等は、既存の準公的な後見支援団体を、できる限り取り込める柔軟なものであることが望ましいと思います。たとえば、後見支援団体の法人格の取得形態については、現状ある多様性（社会福祉協議会型、NPO法人型、公社型等）をそのまま容認できるしくみであることが好ましいといえます。さらに、もう1つの重要な視点として、こうした認証手続等は「支援の自発性（自生的組織化）」を担保できるものであることが必要というべきでしょう。現在、各地で活発に活動している既存の後見支援団体の沿革はまさに多種多

様といえますが、私がみる限り、うまく機能している組織に関する重要な共通点として、活動地域の中で自発的・自生的に出現してきた自生的組織であるということを指摘できます。そして、まさにこの事実こそ、これらの組織が地域の独自性（独自的ニーズ）にうまく適応しながら、地域のコミュニティの中で実効的に活動できていることの一因であるように思えるのです。もちろん、一般論としていえば、認証手続等のスキームには一定の形式性・画一性が必要となりますから、これと同時に、対象組織の自発・自生性や多様性を尊重していくことは必ずしも簡単なことではないでしょう。しかし、「自生的後見支援団体の活動環境整備」という視点は、今後の政策論にあたって、極めて重要な意義をもつのではないかと思うのです。

(F) **後見支援団体の経済的基盤整備の重要性**

ところで、後見支援団体を地域で育てていく場合、安定的な経済基盤の確立という課題に注意する必要があります。過去に私自身が関与した調査でも、現状では、各地で準公的な後見支援活動を行っている団体の大半が、その年間予算（団体の運営費）のうち、正規の後見報酬によって賄えているのは、せいぜい5割から6割程度にすぎないという事実が示されました（日本成年後見法学会・前掲「平成21年度報告書」129頁）。この背景には、後述するように、そもそも現在の後見報酬に関する法的整備が極めて未成熟であるということを指摘できます。加えて、後見支援団体による法人後見等の活動に対して、直接的な形で助成等の公的な経済支援を行うしくみが、少なくとも国レベルでは存在していないという事情があります。

近年、市民後見人育成との関連で、その活動を支える地域の後見支援団体の重要性に対する認識が進んだこともあって、2013年（平成25年）度からは障害者総合支援法の必須事業として、成年後見制度法人後見支援事業が新たに導入されました。この事業は市町村が行う地域生活支援の事業の1つに位置づけられており、その内容は、①法人後見実施のための研修、②法人後見の活動を安定的に実施するための組織体制の構築（地域の実態把握、法人後見

推進のための検討会等の実施）、③法人後見の適正な活動のための支援（専門職の活用によって、法人後見団体が困難事例等に円滑に対応できるための支援体制の構築）、④法人後見を行う事業所の立ち上げ支援等の法人後見の活動推進に関する事業等となっています。こうした政策の方向性は、本書の従来からの主張に沿ったものですので、個人的には高く評価できるのですが、唯一残念なのは、最も肝心な法人の後見活動それ自体の運用コスト（人件費等）への助成は含まれていないという点です。したがって、今後さらに、この方向の施策を拡充して、十分な予算措置を行い、適正な公益活動を実行している後見支援団体の経済基盤を公的に保障するしくみを確立していくことが求められるでしょう。そして、このためには、法定後見が持つ公的なセーフティ・ネットという性格からいって、単なる営利事業として成立するものではなく、その健全な財政運営を確保するためには一定の公的資金の投入が必要であるということを、あらためて社会的に合意する必要があるように思います。

　さて、私がこのように後見支援団体の財政基盤の保障を強調する理由の1つとして、後見人の欠格事由の問題があります。というのも、民法が破産者を欠格事由としているため（民法847条1項3号等）、仮に法人後見人として実際に活動している後見支援団体が破産してしまった場合、その団体は、破産の時点で担当しているすべての事案について、後見人としての資格を自動的に失うことになります。この場合、法律的に、家庭裁判所が各事案について新たな成年後見人等を追加選任することになるわけですが、そもそも後見支援団体が担当している件数が非常に多い場合があることや、後見支援団体が担当している事案の多くはもともと他に地域で引き受け手が見つからなかったものであること（後見支援団体が「地域の後見の担い手の最後の受け皿」となっている場合が多いこと）を考えると、すべての事案について、直ちに代わりの成年後見人等を選任することは、現実には不可能に近いといえます。また、仮に早期の追加選任が実現できたとしても、成年後見人等の突然の交

替が利用者本人の精神面に与えるダメージはけっして小さくはないでしょう。このように、後見支援団体の財政破綻は、地域の成年後見の運用基盤を完全に掘り崩してしまうような重大な悪影響を与えるおそれがあるので、その財政基盤を安定化させるための政策的対応はとても重要なのです。また、このように特定の組織がいったん地域の後見の最後の担い手として機能し始めると、もはや容易にはその組織を潰すことはできなくなりますから、それぞれの地域でこうした組織を立ち上げていく際には、将来の持続的な活動を担保できるように、慎重に対応する必要があるといえるでしょう。

(4) 報酬システムの整備

(A) 現行法での報酬付与の問題点

民法862条は、「家庭裁判所は、**後見人及び被後見人の資力その他の事情**によって、被後見人の財産の中から、相当な報酬を後見人に与えることができる」と規定しています（下線筆者）。このため利用者の資力は、そもそも成年後見制度の対象者になれるかどうかという今までみてきた問題のほか、制度を利用した場合の成年後見人への報酬決定の場面でも重要なファクターになることに留意してください。

ここでまず問題となるのは、民法862条は報酬算定のファクターについて「後見人及び被後見人の資力その他の事情」としか触れていないため、後見報酬の算定について明確な基準が現行法上全くないということです。このことは、特に専門職後見人にとっては致命的な問題だといえるでしょう。そもそも現在の法律上では、報酬をいくらにするかという報酬額の算定の問題以前に、報酬付与の有無自体が家庭裁判所の裁量に委ねられていますので、現行制度上、後見報酬については家庭裁判所の全面的な裁量権に依拠しているといえます。このため、同じような仕事をしていても、受け取ることのできる後見報酬にはかなりばらつきがあるといわれてきました。それどころか、後見実務の現場からは、裁判官ごとに報酬算定基準が大きく異なっているのではないかとの疑念も多く提起されていたのです。実際、私がかかわった

2 「社会化」の未来像

「日本成年後見法学会・市町村における成年後見制度の利用と支援基盤整備のための調査研究会」によるヒアリング調査の中でも、後見業務の質と量がほとんど同じであるにもかかわらず、裁判官や裁判所書記官等の人事異動に伴って、付与される報酬額が大きく変動した経験があることを、調査対象となった法人後見を行っている後見支援団体のほとんどが指摘していました（日本成年後見法学会・前掲「平成21年度報告書」132頁）。もっとも、近年では、こうした現場からの不満の声を受けとめる形で、家庭裁判所側が「成年後見人等の報酬額のめやす」を策定して、公表するようになってきています。詳細は後述しますが、まだ課題もあるとはいえ、この点は大きな進歩であったと思います。

　ところで、後見報酬に関する規定は、現行法には先述の民法862条しかないので、報酬を付与する時期や回数等も、実は明文上で決まっているわけではありません。ただし、支払時期については、禁治産宣告時代の審判例ですが、「本来後見人の報酬なるものは、その行つた後見事務に対して報酬の支給の是非および額を決定するを本則とすべき」として、報酬後払いの原則を明示し、将来分の報酬請求（つまり報酬の先払い）を否定したものがあります（東京家裁昭和48年5月29日審判・家月26巻3号63頁）。

　いずれにしても、そもそも現状の後見報酬請求権は成年後見人としての職務を果たせば当然に発生するというものではなく、家庭裁判所の裁量によってはじめて認められるものですから、報酬請求を成年後見人がするためには、まずは家庭裁判所に対して報酬付与の審判の申立てを行う必要があるのです。ちなみに実務上では、この申立ては年1回程度行われる家庭裁判所への事務顛末報告にあわせる形でされることが多いようです（ただし、不動産売却や遺産分割等の重要性の高い特別な事務を行った場合には、その事務処理が完了した時点で、申立てが行われているようです。杉山春雄「報酬システムの明確化へ向けて」実践成年後見33号81頁（2010年））。報酬は基本的に、1年分程度の仕事についてまとめて後払いで支払われているというわけです。

他方、後見費用に関する規定も、「後見人が後見の事務を行うために必要な費用は、被後見人の財産の中から支弁する」とする民法861条2項があるのみです。この条項は、現行制度が専門職後見人等の第三者後見人選任の可能性を大きく広げたことを踏まえて、1999年の改正時に後見費用を利用者負担とすることを法律上明確にするために新設された規定です。つまり、通信費や交通費といった後見事務に関する必要経費は、成年後見人が利用者の財産から直接支出できるほか、成年後見人が立替払いをした場合には利用者に求償できる（費用償還請求権がある）ことを明らかにしたわけです（『解説』291頁～292頁）。もっとも、費用の具体的な費目や費用の算出方法等までが決められているわけではありませんので、たとえば、成年後見人が自家用車を利用している場合、一度に複数の利用者宅を回ったり、他の業務の途中で利用者の入所施設に立ち寄ったりしたときに、実際に実費としていくらの請求が可能かは解釈に委ねざるを得ません。ここでも報酬と同様、具体的な額の決定について不明瞭な部分が少なくないということです。

　⑻　**報酬付与の実情**

　上述のように、近年では、各家庭裁判所が「成年後見人等の報酬額のめやす」を示すことで、民法上の構造的な欠陥を運用によって改善しようと試みています。そこで、ここでは、主に東京家庭裁判所の運用を例にとって、現在の実務で後見報酬がどのように算定されているかを確認しておきましょう（東京家庭裁判所・東京家庭裁判所立川支部「成年後見人等の報酬額のめやす」（平成25年1月1日）参照）。ただし、これはあくまでもめやすにすぎないことと、憲法76条3項が定める「裁判官の職権行使の独立」との関係上、こうしためやすは必ずしも全国的に統一化されたものではないことに留意する必要があります。

　東京家庭裁判所のめやすによれば、具体的な報酬額は「対象期間中の後見等の事務内容（財産管理及び身上監護）」と「成年後見人等が管理する被後見人等の財産の内容」等を総合考慮して算定されていますが、専門職後見人に

対する標準的な報酬額は以下のとおりとなっています。

　まず、基本報酬（成年後見人等が、通常の後見事務を行った場合の報酬）は月額2万円です（成年後見人・保佐人・補助人の類型による区別はありません）。ただし、管理財産額（預貯金および有価証券等の流動資産の合計額）が高額な場合は財産管理事務が複雑・困難になることが多いという前提のもとで、その額が1000万円〜5000万円の場合には月額3万円〜4万円、5000万円を超える場合は月額5万円〜6万円に基本報酬をアップしています。

　さらに、事案に応じて、付加報酬が認められることがあります。1つは、成年後見人等の後見等事務において、身上監護等に特別困難な事情があった場合であり、先の基本報酬額の50％の範囲内で相当額の報酬が付加されます。もう1つは、成年後見人等が、たとえば報酬付与申立事情説明書に記載されているような特別の行為をした場合であり、このときも相当額の報酬が付加されることがあります。具体的には、①訴訟・非訟・家事審判、②調停・訴訟外の示談、③遺産分割協議、④保険金請求、⑤不動産の処分・管理などに関する成年後見人等の権限行使（代理権・同意権の行使）によって、利用者が経済的な利益を取得したケースが想定されています。なお、後者に関する実際の付加額について、横浜家庭裁判所のめやすには次のような例示があります（横浜家庭裁判所「成年後見人等の報酬額のめやす」（平成23年4月1日）参照）。訴訟については、「被後見人が不法行為による被害を受けたことを原因として、加害者に対する1000万円の損害賠償請求訴訟を提起し、勝訴判決を得て、管理財産額を1000万円増額させた場合」に約80万円〜約150万円の付加、遺産分割調停については、「被後見人の配偶者が死亡したことによる遺産分割の調停を申し立て、相手方の子らとの間で調停が成立したことにより、総額約4000万円の遺産のうち約2000万円相当の遺産を取得させた場合」に約55万円〜約100万円の付加、居住用不動産の任意売却については、「被後見人の療養看護費用を捻出する目的で、その居住用不動産を、家庭裁判所の許可を得て3000万円で任意売却した場合」に約40万円〜約70万円の付加といった

具合です。
　複数後見の場合は、基本報酬と付加報酬の双方について、分掌事務の内容に応じて、適宜の割合で按分されることになります。また、親族後見人の場合は、上記のめやすを参考としたうえで、事案に応じて減額されることがあるようです。
　なお、成年後見監督人等の基本報酬（成年後見監督人が、通常の後見監督事務を行った場合の報酬）は、管理財産額が5000万円以下の場合には月額１万円〜２万円、5000万円を超える場合には月額２万5000円〜３万円とされています（保佐監督人、補助監督人、任意後見監督人も同様）。

　　(C)　残された課題
　こうしためやすの公表は、成年後見人の理念型が親族後見人から第三者後見人（特に現状では専門職後見人）へと転換した現在の実情にかなったものといえ、第三者後見人の安定した活動を支える環境整備の１つとして、大きな前進だといえます。ただし、現状のめやすには、まだ検討の余地も残っているように思います。
　１つは、現行の基準の中核が利用者の資産額にある点です。たしかに、現行法上、報酬の原資が利用者の資産であり、既述のように報酬に関する公的助成が未整備な現状からすると、低資力者事案で高額の報酬を付与したとしても、現実には受け取るすべがないわけですから、これがやむを得ない対応であることはわかります。しかし、成年後見人等の負担は、必ずしも利用者の資産額と正比例するわけではありません。それどころか、事情は全く逆であることが多いといえるでしょう。私たち自身の生活を思い浮かべてもすぐに想像がつくことですが、一般的には、手持ちの資金が多ければ、その分、行動の選択肢も増えることになりますし、資金がなければ、選択肢は限られてしまうことになります。たとえば、利用者が在宅生活の継続に強い意欲を持っていたとしても、これを実現するための環境整備（バリアフリーのための改装や、失火防止のためのガス調理器からIH調理器への交換等）に要する費

用との関係で、やむなく施設入所を選択することもあるでしょう。また、施設入所の場面でも、資産に余裕があれば、特別養護老人ホームの入所待ち等をせずに、より環境のよい有料老人ホーム等を選沢することもできるはずです。一般論としていえば、むしろ利用者の資産が乏しいほど、そのわずかな資産を使って、利用者のQOLを少しでも向上させるためにどうすればよいか、頭を悩ませる場面が多くなるわけです。逆にいくら資産が高額であったとしても、その構成が預貯金等を中心とした単純なものであれば、特に法律家系の専門職後見人にとっては、それほど管理が大変だという印象はないはずです（しいていえば、ペイオフ対策に配慮が必要な程度でしょう）。こうした結果、現在の資産額基準の報酬のめやすは、専門職後見人の現実の苦労の程度を必ずしも反映していないという不満がどうしても残ってしまうわけです。

　もう1つは、今の問題とも関連しますが、資産額基準のめやすでは、身上監護面の成年後見人等の努力を報酬に反映させにくいことです。既述のように、現状のめやすでも付加報酬の算定の中で一定の加算ができるような配慮は行われているわけですが、見守り等の身上監護面の活動こそが、むしろ日常的な後見業務の中では中核を占めていることを考えると、基本報酬額の50％の範囲内での付加報酬の加算では不十分と感じる専門職後見人のほうが多いように思われます。たとえば、利用者との信頼関係構築に関するコストを報酬面に反映させることは非常に難しいわけですが、この信頼関係の構築こそ、専門職後見人のような第三者後見人にとって最もコストがかかる職務の1つといえます（第9章1参照）。というのも、専門職後見人の場合、法定後見が開始されるまでは利用者と個人的な交流をもっていないケースがほとんどなので、本人の意思を尊重した後見職務を行っていくために、本人との密接なコミュニケーションを通じて、本人の個性や意向を理解していくことが必要になるわけですが、これは非常に時間と手間を要するものだからです。特に、統合失調症や自閉症スペクトラム障がいの事案のように、利用者が一般的なコミュニケーション自体に困難を覚えている場合はなおさらでしょう。

もっとも、繰り返しになりますが、そもそも現状では報酬の原資となる資産が利用者になければ、身上監護の困難さを理由にいくら高額の付加報酬を認めたところで、それは絵に描いた餅にすぎません。また、先ほどの信頼関係の構築に向けた努力などは、そもそも客観的な算定が極めて困難だと言わざるを得ません。

　こうしてみると、専門職後見人に適正な報酬を確保するためには、今後何らかの形で法整備を行っていく必要があると思われます。最も望ましいのは、後見報酬と後見費用に関する算定基準を明確化する立法を行うことでしょう。あわせて、現行法では報酬と費用の区分も不明瞭なので、両者の正確な定義も行うべきです。つまり、親族後見人、市民後見人、専門職後見人、法人後見人等、種々の後見人類型の政策論的な位置づけを確認したうえで、法定後見人一般に対する包括的な報酬体系の整備を行うことが必要な時期が来ているのではないかと考えます。

　⑷　世話人の報酬システム

　こうした法整備にあたって参考になるのが、ドイツの報酬システムです。ドイツの世話人に関する現在の報酬システムは、2005年の第二次世話法改正によって構築されたものであり、その詳細は「後見人及び世話人の報酬に関する法律」という特別法によって規律されています。

　報酬額は、３段階の資格（能力）別の時間給を基礎に算出されることになっていますが、それぞれの資格ごとに請求できる月あたりの時間の上限が、さらに「利用者の資力（無資産か否か）」、「利用者の居所（在宅か施設入所か）」、「世話開始からの経過期間」という３つの要素を基準として、細かく決められています。

　まずベースになる３段階の資格別時間給ですが、当該職業世話人が、①特別の専門知識を持たない場合は27ユーロ、②職業専門教育もしくはこれと同等の養成専門教育に基づく専門知識を修得している場合は33.5ユーロ、③大学教育もしくはこれと同等の養成専門教育に基づく専門知識を修得している

2 「社会化」の未来像

場合は44ユーロとなっています（後見人及び世話人の報酬に関する法律3条1項）。たとえば、弁護士の場合、大学の法学部を卒業しているはずなので、基礎となる時給は、③の44ユーロになるわけです。

次に請求時間数（〔図表11-5〕）については、利用者に資力がある場合（この場合、日本と同様、報酬は利用者の資産から拠出されます）、在宅生活ならば、①世話開始から3カ月までが8.5時間、4カ月から6カ月までが7時間、7カ月から12カ月までが6時間、それ以降（1年を超えた場合）が4.5時間とされています。他方、施設入所の場合は、①世話開始から3カ月までが5.5時間、4カ月から6カ月までが4.5時間、7カ月から12カ月までが4時間、それ以降（1年を超えた場合）が2.5時間です（後見人及び世話人の報酬に関する法律5条1項）。

これに対して、利用者が無資産である場合（この場合、報酬は公費負担となり、州の司法省予算から拠出されることになります）は、在宅生活ならば、①世話開始から3カ月までが7時間、4カ月から6カ月までが5.5時間、7カ月から12カ月までが5時間、それ以降（1年を超えた場合）が3.5時間とされ、

〔図表11-5〕 専門職世話人の報酬請求時間数
（後見人及び世話人の報酬に関する法律5条）

	被世話人が介護施設（Heim）に居住している場合		被世話人が介護施設以外に居住している場合	
	被世話人が有資産の場合	被世話人が無資産の場合	被世話人が有資産の場合	被世話人が無資産の場合
世話開始から3カ月まで	5.5時間	4.5時間	8.5時間	7.0時間
4カ月から6カ月まで	4.5時間	3.5時間	7.0時間	5.5時間
7カ月から12カ月まで	4.0時間	3.0時間	6.0時間	5.0時間
世話開始から13カ月以上	2.5時間	2.0時間	4.5時間	3.5時間

施設入所ならば、①世話開始から3カ月までが4.5時間、4カ月から6カ月までが3.5時間、7カ月から12カ月までが3時間、それ以降（1年を超えた場合）が2時間となっています（後見人及び世話人の報酬に関する法律5条2項）。

このように、世話人の報酬は、当該世話人の主観的要素（資格別時間給）と当該世話の客観的性質（利用者の資力等の3要素）に応じて、画一的に決定されることになります。たとえば、弁護士が在宅の有資産者の世話人となった場合、就任時から3カ月までの月額報酬は、44×8.5＝374ユーロ（1ユーロ130円換算で4万8620円）となるわけです。こうした報酬規定の体系化・統一化によって、世話人側としては現実の業務時間に関する裁判所への報告とその立証の手間が省けることになり、他方、世話裁判所側としても業務内容の妥当性や業務実態の有無（申告された業務時間と世話人の勤務実態が適合しているか否か）等に関するチェックコストも大きく削減されたといわれています。実際、従来非常に多かった世話人報酬に対する不服申立ての件数も減少しているといわれています（ベルント・シュルテ（訳・伊佐智子）「ドイツ世話法における最近の改正動向」成年後見法研究5号79頁（2008年））。ただし、一方で職業世話人の側からは、こうした報酬の「定額化」が、同時に報酬の「低額化」につながってしまっているとの批判も小さくないようです。

(5) 司法と行政の連携の必要性

ヨーロッパの多くの国では、成年後見制度を司法機関と行政機関とが連携して運用する形態をとっています。たとえば、ドイツの場合、当該地域にある世話裁判所と世話官庁（さらには、当該地域にある民間の世話社団（後見支援団体））とが適切な役割分担のもとに地域全体の成年後見制度を運用しています（詳細については、上山泰「日本における公的成年後見制度の導入について──ドイツの運用スキームを参考に──」大原社会問題研究所雑誌641号44頁（2012年）参照）。これに対して、わが国の場合、成年後見人の選任と監督のすべてを、基本的に家庭裁判所、つまり司法機関が単独で担う形になっています。このことは、家庭裁判所の後見業務に関する過重負担の構造的な原因

の1つでもあるように思われます。逆にいえば、わが国でも、制度の運用にあたって、家庭裁判所と市町村役場（司法と行政）とが適正に連携できるスキームを構築できれば、現状の家庭裁判所の過重負担をある程度改善することが期待できそうです。

　しかし、成年後見制度の運用に行政が積極的に関与することの意義は、単に家庭裁判所の仕事の量的な過重負担の緩和に役立つということにはとどまりません（そもそも、この点は家庭裁判所の人員増強によって対処すべきでもあります）。より本質的なことは、現代における成年後見人の監督・支援体制は、裁判所本来の役割である司法判断的な監督機能（解任権を中核とした後見人の違法行為のコントロール機能）だけでは不十分であり、むしろ行政的な後見人の活動支援機能にウェートをおいて構築するべきだという点にあります。たとえば、後見職務の遂行にあたって必要となる相談や助言の内容は、通常の事案では、法律的に高度な判断を要するものよりも、むしろ、地域の入所施設や利用可能な介護保険サービスについての情報といった地域の福祉的なリソースに関するもののほうが多いといえます。しかし、後者に関する相談・助言機能を家庭裁判所に負わせることは、司法機関という組織本来の性格上、明らかに筋違いでしょう。おそらく、こうした機能に最適な地域の組織は市町村役場（もしくはその委託を受けた後見支援団体等）ですから、市町村と家庭裁判所が連携することで、はじめて適正な後見人の活動支援環境を整備することが可能になるはずなのです。

　こうしたスキームの構築にあたって、これまで大きな障害となっていたのは、民法上のしくみである成年後見の運用に行政が正面からかかわるための法的な根拠でした。しかし、この状況は、市町村長申立ての円滑な実施のために地域の成年後見の体制整備を市町村に義務付けた規定（老人福祉法32条の2、精神保健福祉法51条の11の3、知的障害者福祉法28条の2）の導入によって、大きく変化したといえます。これらは努力義務ではありますが、行政の役割を、成年後見の単なる入口にすぎない審判申立段階への関与だけから、

制度の運用上、最も重要な選任後の後見人に対する活動支援の領域にまで大きく拡張したわけです。そして、これによって、地域の成年後見制度の運用全体に対して、市町村役場と家庭裁判所が連携して共同責任を負うための最低限の法的基盤が確保されたといってよいでしょう。今後は、これを足場として、両者の連携がさらに進められていくことに期待したいと思います。

(6) 成年後見制度の転用問題

(A) 転用問題の定義

成年後見制度は、本来、民法とその特別法である任意後見契約法に基盤をおく私法上のシステムです。ところが、わが国の法体系をマクロの視点から観察してみると、成年後見制度が、民法の外部（行政法上の各種特別法や政令、省令、ガイドライン等）で、種々の法領域における判断能力不十分者の位置づけのための画一的・形式的な基準として、二重に「転用」されていることに気づきます。つまり、一方では、当該法領域での「利用者＝成年被後見人等」の権利・資格要件の喪失事由のための「転用」が、もう一方では、当該法領域における「支援者＝成年後見人等」への代理・代行権限付与のための「転用」が、広範に存在しているのです。前者がいわゆる「欠格事由問題」（利用者側の資格・権限の剝奪・制限問題）であり、後者は「成年後見人等の権限拡張問題」（支援者側の権限拡張問題）です。近時、私は、こうした「**成年後見制度が、他の法領域における特別法等の規定を通じて、利用者の資格・権限の剝奪・制限や支援者の権限拡張等のための画一的・形式的な基準として、機械的に援用されている状況**」一般を、「**成年後見制度の転用問題**」と名づけて、その問題性を検討しています（私見の詳細は、上山泰「成年後見制度の転用問題(1)(2)」月報司法書士510号48頁（2014年）・511号46頁（2014年）参照）。

この転用問題の中心となるのが、民法典以外の種々の法律や政省令に基づく転用です。後述の「**事実上の転用問題**」と区別するために、さしあたり、これを「**法令上の転用問題**」と呼んでおきましょう。従来、この問題につい

ては、後述の公務員就任権の制限に象徴される欠格事由問題がクローズアップされてきたといえます。しかし、これはいわば、ことの半面にすぎません。なぜなら、成年後見制度の利用という事実を、他の法領域における画一的・形式的な判断基準として、機械的に「転用」するという法政策は、支援者である成年後見人等に対しても適用されているからです。しかも、欠格事由も含めて、成年後見開始に関する審判手続上、こうした転用に関する告知はほとんど行われていません。まさにデュー・プロセスを欠いたまま、不意打ち的に過剰な法的負担（私法上の財産管理機能を超えた権限・義務の付加）が成年後見人等に負わされているという深刻な現実があるのです。これは、専門職後見人にとっても、非常に大きな問題です。

(B) 成年後見人等の権限拡張問題

　転用問題による成年後見人等の権限・義務の拡張の多くは、実は、利用者の身上監護に関する決定権限の領域で生じています。たとえば、既述の心神喪失者等医療観察法による「保護者制度」を通じた拡張や、「代諾者制度」を通じた臨床試験領域での拡張はその典型といえます（第7章2(3)・3参照）。これらの概念を経由する形で自動的に成年後見人等に与えられている「身上監護に関する代行的決定権限（医療同意権、居所指定権）」の存在は、これを一般的に否定しているはずの民法の立場と重大な体系的矛盾を引き起こしているといえます。

　また、同質の問題として、個人情報の管理に対する「法定代理人」の地位があります。つまり、利用者の精神的人格権（プライバシー権）にかかわる個人情報の管理に対する法領域でも、先の身体的人格権にかかわる医事法領域におけると同様に、成年後見人等の権限拡張を内容とする転用問題が生じているのです。

　まず、個人情報保護法29条3項は、政令で定める代理人による開示請求を認めるとともに、個人情報の保護に関する法律施行令（平成15年政令507号）8条が、この代理人として「成年被後見人の法定代理人」、つまり成年後見

人を明示しています。さらに、行政機関の保有する個人情報の保護に関する法律は、「成年被後見人の法定代理人」に対して、成年被後見人の個人情報に関する開示請求権（同法12条2項）、訂正請求権（同法27条2項）、利用停止請求権（同法36条2項）について代理行使を認めています。独立行政法人等の保有する個人情報の保護に関する法律もまた、開示請求権（同法12条2項）、訂正請求権（同法27条2項）、利用停止請求権（同法36条2項）について、同じ規定をしています。

　このように個人情報管理の領域でも、本来は私法上の法定代理人にすぎないはずの成年後見人に対して、広範な代理ないし代行決定権限が法律を通じて与えられているのです。おそらく、この原因は、現行の個人情報保護の基本スキームが、本人の苦情を起点とする事後的コントロールの手法をとっていることにあるのでしょう。既述の社会福祉領域における申請主義の場面と同様の問題が、ここにもあるわけです（前掲(3)(A)参照）。つまり、判断能力不十分者のために権利擁護機能を果たす個人情報の代行的コントロール機関が必要になるわけですが、わが国では、こうしたアドボカシー機能（およびこれを裏づける法的権限）をもつ者は、事実上、成年後見人しかいません。そこで、ここでもまた機械的な成年後見人の権限拡張によって、いささか安易な形で綻びが取り繕われているわけです。

　しかし、厳密にいえば、こうした個人情報のコントロールの問題は、純粋な財産管理職務とは異質の性格のものなのではないでしょうか。この点については、かねてから「そもそも、民法において定められる法定代理は財産的行為に限って認められる制度であり、人格権ないしそれに準じる利益に係る個人情報の取扱いについて、なじむ制度ではない。民法にいう法定代理でない法定代理であるというならば、そのための法律が何であるのかを明らかにすべきであるし、そうした法律がなければそのための新たな法律を策定する必要があろう」と指摘されていますが、私もこれは非常に重要な問題提起だと思います（新美育文「個人情報保護法成立の意義と課題」法律のひろば56巻9

号25頁（2003年））。

　もう1つの権限拡張問題として、刑事事件手続上の成年後見人等の位置づけについて触れておきましょう。実は刑事事件手続においても、法定代理人の概念を経由することで、成年後見人等に一定の権限が認められています。まず、刑事訴訟法28条によって、刑法39条（心神喪失および心神耗弱による刑の減免）を適用しない罪に当たる事件について、被告人または被疑者である成年被後見人が意思能力を有しないときは、法定代理人である成年後見人が、その訴訟行為を代理することになります。また、同法42条によって、被告の法定代理人と保佐人はいつでも刑事手続上の補佐人となることができるとされていますが、この補佐人は、被告人の明示した意思に反しない限り、被告人のできる訴訟行為を行うことが可能となっています。さらに弁護人選任権に関して、同法30条2項は、被告人または被疑者の法定代理人と保佐人にも、独立して弁護人を選任することを認めています。このほかにも、法定代理人と保佐人には、勾留理由の開示請求（同法82条2項）、上訴（同法353条）、再審請求（同法439条1項3号）等、刑事事件手続のさまざまな場面において、成年被後見人等の権利擁護のために行動する権限が与えられているのです。逆に成年被後見人が犯罪被害者の立場にある場合も同様で、同法231条は、被害者の法定代理人は独立して告訴ができる旨を規定しています。

　成年後見人と保佐人が、刑事事件手続の領域で、利用者の権利擁護者としての役割を広く期待されていることは、既述の心神喪失者等医療観察法上の保護者としての転用の場面でもみたとおりです。しかし、このこと自体の政策的な是非はさておくとして、ここで成年後見人等に求められている役割や、そのために拡張的に付与されている法的権限が、単なる私法上の財産管理人の域を大きく逸脱したものであることには異論は少ないのではないでしょうか。

　(C)　**成年被後見人の選挙権**

　転用問題のもう一つの側面が、欠格事由問題です。この欠格事由制度につ

いては、現行制度の新理念であるノーマライゼーションの観点から、1999年の法改正時に、従来のさまざまな欠格条項について全面的な見直しが行われました。その結果、整備法と整備法令を通じて、合計44件の欠格条項が削除されましたが、その一方で118件の欠格条項はなお存置されました（『解説』545頁。欠格事由制度の問題点については、村田彰「特別法との関係」須永醇編『被保護成年者制度の研究』73頁〜106頁（勁草書房、1996年）に詳細な説明があります）。たとえば、資格職をみても、弁護士（弁護士法7条4号）、司法書士（司法書士法5条2号）、行政書士（行政書士法2条の2第2号）、弁理士（弁理士法8条9号）、公認会計士（公認会計士法4条1号）、税理士（税理士法4条2号）、社会保険労務士（社会保険労務士法5条2号）、社会福祉士（社会福祉士及び介護福祉士法3条1号）、介護福祉士（同号）等、主要な士業のほとんどには欠格条項が残っています。これらの資格職については、成年被後見人と被保佐人を欠格事由としてすべて一括して排除するしくみが維持されているわけですが、ノーマライゼーションの理念からすれば、公証人の場合と同様に、業務遂行能力に関する個別的審査による判断を行うほうがより望ましいといえるでしょう。制度の運用コスト等、政策的に考慮すべき課題はあると思いますが、欠格条項削除の可能性は今後とも継続的に検討を続けていくべきだと考えます。

　これらの現存する欠格条項のうちで、社会問題となったのが成年被後見人の選挙権でした。2013年に改正される前の公職選挙法旧11条は「次に掲げる者は、選挙権及び被選挙権を有しない」と規定し、その1号で「成年被後見人」をあげていました。このため当時の規定では、成年被後見人が仮に投票日当日に意思能力を回復していたとしても、選挙権の行使は認められなかったわけです。しかし、この問題については、利用者の勇気ある一連の違憲訴訟の提訴を通じて、立法的な解決が実現しました。具体的には、東京地方裁判所の画期的な違憲判決（東京地裁平成25年3月14日判決・判時2178号3頁）をきっかけに、この判決からわずか2カ月半後の2013年5月27日には、公職

選挙法旧11条１項１号の削除を含む「成年被後見人の選挙権の回復等のための公職選挙法等の一部を改正する法律案」が参議院本会議で全会一致によって可決されて、成年被後見人の選挙権が、明文上、回復されたわけです。

　公職選挙法の改正は本書旧版でも主張していたことであり、もちろん私はこうした一連の動向を基本的には評価しています。しかし、同時に、これによって欠格条項に対する立法府の安易な姿勢があらためて浮き彫りにされたようにも感じます。というのも、この法改正では、成年被後見人の被選挙権もあわせて回復させているのですが（そして、この結論自体には賛成なのですが）、このことの持つ意味を改正過程で熟議した形跡は見当たりませんし、まだ多数の欠格条項がほかにも放置されていることとの整合性を問う動きも、立法の次元ではほとんど見受けられないからです。

　(D)　**公務員就任に関する欠格事由**

　他の欠格条項との整合性という観点から、私が最も矛盾を感じるのは、公務員就任権に関する成年被後見人と被保佐人の欠格事由の存在です（この問題に関する憲法学からの貴重な分析として、竹中勲「成年被後見人・被保佐人の公務員就任権欠格条項をめぐる憲法問題」村田彰先生還暦『現代法と法システム』511頁（2014年）参照）。

　国家公務員法38条１号と地方公務員法16条１号は、それぞれ一定の例外措置（前者は人事院規則、後者は条例による例外措置）の可能性は残しながらも、成年被後見人と被保佐人を一律に欠格事由としています。特別職に関する自衛隊法38条１号、国会職員法２条１号、裁判所職員臨時措置法（国家公務員法38条の準用）等の規定も同様です。しかも、こうした公職に関する欠格事由は、新規採用の場面だけではなく、採用後にも適用されるので、成年後見や保佐の開始によって、該当者は当然に失職してしまうことになるのです（地方公務員法28条４項、自衛隊法38条２号参照）。しかし、現に公務員の技能労務職として勤務をしている知的・精神障がい者らの存在を考えるならば、その職務に対する資質や適性がまさに現在の勤務態度を通じて実証されてい

るにもかかわらず、成年後見や保佐の開始という形式的な理由のみで自動的に失職するというのは、明らかに不当な処遇というべきでしょう。また、こうした処遇は、障害者権利条約の批准を受けて改正された、現在の障害者基本法等の理念にも反しているといえます。特に、障がい者雇用促進の責任の担い手である行政が、民間企業に対しては知的・精神障がい者の雇用を強く要請する一方で、精神上の障がいを理由とする成年後見や保佐の開始をもって、障がい者から現職である公務員としての仕事を機械的に剝奪するというのも矛盾としかいいようがありません。さらに、先ほど触れた公職選挙法改正による被選挙権の回復によって、成年被後見人の立法府への参画可能性が保障された一方で、行政府への参画については技能労務職の領域まで含めて一律に排除するというも、やはり矛盾した政策姿勢と言わざるを得ないでしょう。成年被後見人の選挙権に関する欠格事由の問題点が立法的に解決された現在、成年被後見人と被保佐人の公務員就任権の回復は最大の政策課題だというべきなのです。

　㈎　事実上の転用問題

　これまでみてきた「法令上の転用問題」と同質の現象ではあるものの、明確な法的根拠を欠いたまま、当該領域の慣行等に基づいて生じている「事実上の転用問題」についても、簡単にみておきましょう。こちらも利用者側と後見人側の双方に生じています。

　まず、本人に対する事実上の制約の問題の中で、実務上最も深刻なのが、金融実務上の預金口座に関する取扱いです。たとえば、日本弁護士連合会のアンケート調査によると、「保佐人または補助人の選任を届け出た場合、被保佐人または被補助人の既存の口座を凍結して、保佐人の同意の有無に関わらずに、被保佐人等の入出金の取引を認めない取扱いをしている」と回答した金融機関が、204社のうち21社と１割近くを占めています（日本弁護士連合会「成年後見制度に関する取扱いについてのアンケート集計結果、分析と考察」（2009年10月８日））。しかも、この21社のうち12社は、仮に保佐人等の同意が

ある場合でも、本人による入出金を認めないと回答しています。しかし、保佐人の同意を得た被保佐人の入出金は、民法上、完全に有効な行為ですから、これを拒絶する法律上の根拠はありません。また、被補助人の事案では、対象である預金の管理に関する代理権が補助人に与えられている場合でも、これに関する同意権も同時に付与されていない限り、そもそも被補助人の預金管理に関する行為能力は制限されていないのです。さらにいえば、1999年改正時の立法担当者が、民法9条ただし書の「日常生活に関する行為」の典型例として、日用品の購入や電気・ガス・水道等の共給契約等から生じる支払いに必要な範囲での預貯金の引出しをあげていたことからすれば（『解説』82頁）、民法は成年被後見人に関してすら、預貯金の入出金に関する行為能力を必ずしも全面的に制限しているわけではないといえます。したがって、厳密にいえば、本来は、成年被後見人の場合も含めて、本人名義の口座を当然に凍結して、利用者本人による預貯金の利用を全面的に制限してしまうことは、民法が予定している能力制限を超えたものといえ、利用者の自己決定に関する不当な侵害であるというべきでしょう。

　仮に、こうした口座凍結の取扱いが約款に基づくものだったとしても、今度は民法90条や消費者契約法10条との関係で、こうした約款の有効性自体に疑念が生じます。①障害者権利条約12条5項が、財産管理面での平等取扱いを特に強く要求していることや、②同4条1項(b)が、法律に基づく障がい差別だけではなく、慣習や慣行に基づく障がい差別の修正や廃止に向けた措置を講じることを締約国の一般的義務として明示していることを考えあわせるならば、障害者権利条約が批准された今となっては、銀行実務の慣行の正当性は一層疑わしいものになったといえるでしょう。

　次に、成年後見人側に生じる権限や義務の事実上の拡張ですが、実は第7章で詳しく論じた医療同意権と死後の事務がこの一例だといえるのです。すでに説明したように、こうした場面において親族としての地位を援用できない第三者後見人の場合、実は法的な根拠が曖昧なまま、医療同意や死後の事

務に関する職務の遂行を、事実上、社会から強要されてしまっているという実情があるからです。

　　(F)　**転用問題が示唆する課題**

　以上に触れてきた転用問題という視点は、私たちに、現行の成年後見制度が抱えるいろいろな問題点を示唆してくれるように思います。たとえば、成年後見人等の権限拡張問題は、利用者の身上監護面に関する成年後見人等の代行的決定権限について、民法と、これを転用しているその他の法領域における法制度との間に、明らかな体系的不整合があるという事実を示してくれます。この結果、たとえ民法上の権限・義務が財産管理の範囲にとどまることをいくら強調したところで、実際には転用問題を通じて、成年後見人等の権限は利用者の身上監護面についてまで、自動的に広範にわたって拡張されてしまっているわけですから、わが国の法体系全体を俯瞰的に観察するならば、成年後見人等は利用者の身上監護面を含む幅広い権利擁護機関として機能している（あるいは、機能させられてしまっている）という事実を承認せざるを得ないように思われます。もちろん、転用問題は、厳密にいえば、民法側の問題ではなく、民法上の制度を無分別に転用している外部領域の側の問題です。しかし、成年後見人等の現実の社会的機能が転用問題の領域も踏まえたものとならざるを得ない以上、転用問題を、成年後見制度の基盤である民法本体のルール構築や解釈にも一定の影響を与えうるものとして検討していく必要があるのではないでしょうか。

　実務的な観点からいえば、転用問題に基づく民法とその他の法制度における成年後見人等の地位に関する体系的な不整合は、利用者と成年後見人等の双方にとって、非常に深刻な副作用をもたらすことになります。専門職後見人にとっては、選任上のミスマッチ問題があります。たとえば、遺産分割や高額不動産処分のために、法律家を第三者保佐人として選んだケースで、実際には、心神喪失者等医療観察法上の保護者としての触法精神障がい者の社会復帰支援のためのソーシャルワーク機能のほうがより重要であったことが、

事後的に判明するという状況があるでしょう。

　また、利用者にとっては、審判実務上、財産管理能力の低下・喪失が評価されたにすぎないはずなのに（少なくとも、最高裁判所による鑑定や診断書の「作成の手引」は、これを明示しています）、現実には、転用問題（ここでは、欠格事由問題）を通じて、本来、全く別の判断能力を要するはずの資格までもが自動的に奪われてしまうという、悲劇が待ち受けているわけです。もっとも、この点については、転用問題以前の話として、そもそも、現在の民法が規定する制限行為能力制度それ自体が、障害者権利条約12条の定める「法的能力（legal capacity）の享有の平等」との整合性を厳しく問われることになるでしょう。そこで、この能力制限の問題については、項を改めて、もう少し踏み込んで考えてみましょう。

(7) 能力制限の廃止・縮減の可能性

　既述のように（第8章3参照）、現行法の制限行為能力制度は、能力制限に基づく取消権を試行錯誤権として位置づけ直すことによって、少なくともある程度までは、利用者の自己決定権を尊重したしくみとして運用していくことができるように思います。しかし、この一方で、画一的かつ自動的な現行の能力制限が、利用者の自己決定に対する著しい制約になる危険性はもちろん否定できません。

　さらにいえば、近年の成年後見制度に関する世界的な傾向として、後見的支援に伴う利用者への介入を必要性最小限の範囲にとどめるという傾向（「小さな成年後見」の思想）にも留意する必要があるといえます（上山泰＝菅富美枝「成年後見制度の理念的再検討――イギリス・ドイツとの比較を踏まえて――」筑波ロー・ジャーナル8号1頁（2010年））。また、現行制度の合理性と正当性については、障害者権利条約12条が定める「法的能力（legal capacity）の享有の平等」との整合性の観点からも慎重な検証が求められています（私見の詳細については、上山泰「現行成年後見制度と障がいのある人の権利に関する条約12条の整合性」菅富美枝編著『成年後見制度の新たなグランド・デ

ザイン』39頁参照（法政大学出版局、2013年））。実際、本条約12条2項と女性差別撤廃条約15条2項との連続的な理解などを前提として、12条が定める法的能力には民法上の行為能力も含まれるとしたうえで、「現行民法のこうした類型的な行為能力の制限は差別的な類型として同条項が許容しないものというべきであろう」と指摘する見解も示されています（松井亮輔＝川島聡編『概説障害者権利条約』188頁以下〔池原毅和〕（法律文化社、2010年））。

　たしかに、具体的な「**行為の不当性**」に注目して契約関係の解消を認める、民法96条の詐欺や強迫に基づく取消権、消費者契約法上の取消権、特定商取引法上のクーリング・オフなどと違って、**属人的に帰属する**制限行為能力による取消権には、必然的にスティグマがつきまとうことも否定できません。判断能力不十分者に対する不当な搾取を防止するために、取消権や無効の主張といった法技術によって、被害の回復や救済を図る必要があることはもちろんなのですが、こうした手段を、属人的な行為能力の制限に求めるのではなく、たとえば、消費者保護法理の拡張（消費者契約法上の取消権の範囲拡張）のような、より一般的な手段に置き換えていく工夫が必要だというべきでしょう（他方で、親族からのお金の無心のような場面では、消費者保護法理による救済とは別の対応が必要になることにも留意が必要です）。少なくとも、今後の立法論としては、わが国の制限行為能力制度を廃止あるいは少なくとも縮減させていくことを検討すべきだと思います。

　そして、まずは、この準備作業として、判断能力不十分者に対する取消権型保護の実効性について、理論的・実証的な検証作業を進めていくことが必要でしょう。第8章で触れたように、司法書士の専門職後見人を対象とした近年の調査結果では、実際に取消権が行使されたのは、成年後見類型1.09％、保佐類型4.87％、補助類型13.9％にとどまっており、一般に想像されるよりも取消権が行使されることは少ないことが明らかになっています。もちろん、この調査結果だけから、わが国の取消権の実態をすべて読み取ることはできません。たとえば、法的紛争性の高い案件を多く取り扱っている弁護士の専

門職後見事案では、取消権行使の割合がもっと高い可能性はあるでしょう。逆に、親族後見事案でどれほど取消権が機能しているかも興味深い問題です。いずれにしても、取消権型保護の実効性を精確に図るためには、さらに対象を広げた調査の実施が期待されるところです。

　また、先の調査結果は理論的にも興味深い事実を明らかにしています。それは、現実の取消権行使のニーズは本人の能力低下の度合いに反比例しているということです。この事実は、後見実務に携わっている人にしてみれば、あまり不思議なこととは感じないでしょう。というのも、本来、取消権が機能するのは、本人による法律行為が少なくとも外形的には存在する場合ですから、たとえば、本人が遷延性意識障害の状況にあるなど、そもそも現実に法律行為ができる状況にないときは、取消権のニーズも発生しないからです。これはいささか極端な例だとしても、成年被後見人の判断能力は、本来はかなり低めに設定されていますので（時に能力を回復する可能性はあっても、基本的には意思能力を継続的に欠いている状態にある者）、取消権の対象外である日常生活に関する行為の範囲を超える取引を、利用者が自ら積極的に繰り返すという事態は考えにくいといえます。他方、現有能力が高い被補助人の場合は、自ら取引を行うモチベーションも高く、その分、不当な（あるいは、少なくとも経済的には本人にとってマイナスとなる）契約を結ぶリスクも大きいので、取消権のニーズは高まるわけです。先ほどの調査結果は、こうした実情をそのまま反映したものといえるでしょう。しかし、これに対して、むしろ民法は、取消権のニーズが利用者の能力低下の度合いに比例することを想定した制度設計となっているようにみえます。というのも、能力低下の最も大きい後見類型に対しては包括的な取消権を認める一方で、能力低下の少ない補助類型については、そもそも取消権を与えない場合も含めて、取消権の範囲を限定しているからです。こうした食い違いは、2つの理論的な課題を生み出します。1つは、特に障害者権利条約との整合性の観点から問題になることですが、現実のニーズが小さい成年被後見人にとっては、明らかな

過剰干渉のリスクが生じているということです。もう１つは、制限行為能力制度に基づく取消権の理論的な正当化根拠を単に本人の判断能力の不足だけに求めることには問題があるかもしれないということです。なぜなら、現実の取消権のニーズはむしろ能力低下の度合いに反比例しているからです（利用者の能力低下は取消権付与の必要条件ではあっても、十分条件とはいえない可能性があるということです）。

　また、取消権の中核的な機能である原状回復機能の実効性についても、理論的・実証的な精査が必要だと感じます。確かに不動産取引における登記回復請求のような場面では、取消権による原状回復が有効に機能する蓋然性が高いといえそうです。しかし、計画的な悪徳商法による被害事例などの場合では、加害者の捕捉自体が困難であったり、あるいは、加害者の取得した財産がすでに消尽もしくは隠匿されていたりするために、法的に取消権を行使したところで、現実の被害回復を十分に達成できないという事案も珍しくはないでしょう。逆に、契約相手方が良識的な人物や健全な企業であれば、法的な取消権行使を待つまでもなく、インフォーマルな交渉を通じて、十分な原状回復（合意による契約の解消と交付した財産の取戻し等）を図ることが可能であるように思います。さらにいえば、ノーマライゼーションや社会的包摂、自己決定の尊重といった現代的な理念を踏まえた自己決定支援という発想をこれからの後見的支援の理念型とするならば、濃密な社会的支援や環境整備による被害予防という観点こそが重視されるべきであって、取消権による原状回復はむしろ次善の支援手法というべきではないかと思われます（松井＝川島編・前掲『障害者権利条約』191頁以下〔池原〕も、本書とほぼ同様の指摘をしています）。

(8)　結びに代えて——障害者権利条約と「小さな成年後見」

　現在のわが国の法定後見制度は、政策論的にみて、非常に難しいジレンマに直面しています。というのも、わが国の国内的な事情としては、制度の質的・量的な拡充に対するニーズ（医療同意権等の対象範囲の質的な拡充と制度

のさらなる利用促進という量的な拡充に対するニーズ）がある一方で、障害者権利条約との整合性という国際的な観点からは、むしろ法定後見の全面廃止すら求める声も強く、もはや成年後見政策の力点を単純な利用拡大路線におくわけにもいかなくなっているからです。

　批准国による障害者権利条約の履行状況を監督している国連障害者権利委員会は、2014年末の時点で、すでに19カ国のモニタリングを終わらせていますが、実はこれら19の総括所見のすべてにおいて、対象国の法定後見制度が条約12条に違反している旨の勧告を出しています。しかも、これまでにこの種の勧告を受けたこれらの国々の中には、日本の現行制度よりも先進的で、一般的には条約との整合性が高いと考えられていた国も含まれているのです。たとえば、韓国は、条約との整合性も念頭に置いたうえで改正された新しい成年後見制度を導入するために、2013年7月に新民法を施行していました（たとえば、必要最小限の介入という考え方を具現化した特定後見類型（1回的または一時的な保護措置のみを認めるしくみ）はこの象徴です）。ところが、翌2014年10月3日付けの韓国政府報告書への総括所見では、他の国と同様に、代理・代行決定のしくみを廃止して意思決定支援のしくみへと転換するように勧告されてしまったわけです。さらに、2013年10月21日付けの総括所見におけるオーストラリアへの勧告はより深刻な意味合いがありました。というのも、オーストラリアは、適正なセーフガードを備えたラスト・リゾートとしての代理・代行決定の存続を条約が容認している旨の解釈宣言を付けたうえで、条約を批准していたのですが、この勧告ではこうした解釈宣言を撤回する方向で見直すべきことまでが要求されたからです。これによって、少なくとも現在の障害者権利委員会の見解としては、留保や解釈宣言を利用しても、わが国の法定代理権や取消権のような代理・代行決定のしくみを認めないということが示されたといえるでしょう。

　意思決定支援へのパラダイム転換の貫徹を強調して、「既存の代理・代行決定の仕組みを全廃して、意思決定支援制度への全面転換を実現しない限り、

条約12条に違反する」という、極めてラディカルな障害者権利委員会の解釈は、同条の公的な解釈指針として策定された「一般的意見1号（General comment No. 1)」(2014年4月11日採択）でも明言されています。加えて、一般的意見は、補充的に代理・代行決定のしくみを並置する形態も条約違反になるとしたうえで、12条は市民的・政治的権利に関する規定であるから、締約国は意思決定支援に基づく法体制への即時転換を図る必要があるとも指摘しています。こうした障害者権利委員会の姿勢が劇的に変わらない限り、わが国の法定後見制度についても、画一的な行為能力制限を伴う成年後見・保佐の両類型はもちろん、「必要性の原則」に立脚して設計されている補助類型も含めて、全廃を求められる公算が強いと言わざるを得ないでしょう。

　しかし、私は、現在の障害者権利委員会の強硬路線はいささか勇み足ではないかと考えています。なぜなら、先の一般的意見1号に示された理解は、障害者権利条約の策定時において各国が理解していた内容から大きく変容していると思われるからです。確かに、12条の規定ぶりは条約全体の中でも最大の争点の1つとなっていたこともあり、各国の意見は激しく対立していました。しかし、そうはいっても、そこには一定の最大公約数的な見解の合致もあったのです。簡単にいえば、「代理・代行決定という手法に対する意思決定支援という手法の原則的な優越性」を大原則として認めたうえで、しかし、本人保護のための「最後の手段（last resort)」としては、必要最小限の範囲に限って、例外的に代理・代行決定の余地も残すというのが、各国のほぼ共通した理解だったはずなのです（詳細については、上山泰「現行成年後見制度と障害のある人の権利に関する条約12条の整合性」菅富美枝編著『成年後見制度の新たなグランド・デザイン』39頁参照（法政大学出版局、2013年））。わが国の制度に引き直していえば、制限行為能力制度については全廃までを求められる可能性はあるとしても、少なくとも必要最小限の範囲での法定代理権制度の存置については12条違反とはいえないはずなのです。なぜなら、たとえば消費者保護法制の拡充のような立法的対応も視野に入れれば、現在の制

限行為能力制度の機能を、本人の制約がより少なく、差別性も薄い、他の保護手段によって代替させることはできるかもしれませんが、法定代理権制度の完全な代替策を見出すことはほとんど不可能だといえるからです。たとえば、交通事故で植物状態となった患者の場合、事前の任意後見契約がない限りは、最低でも、当該事案の具体的ニーズに即した必要最小限の法定代理権による支援（損害賠償に関する交渉や保険金の受け取り等）は必要になるのではないでしょうか。

　こうしてみると、わが国が今とるべき政策的な方向は、障害者権利委員会が強硬に推し進めている運動論的な色彩の濃い「意思決定支援制度への全面転換」に一足飛びに向かうのではなく、条約成立時に各国が想定していた本来の基本構想に立ち返ったうえで、これにあわせて、わが国の法定後見制度を現代化させていくことではないかと思われます。具体的にいえば、「判断能力不十分者に対する社会的な支援の原則的な手法を自己決定支援（意思決定支援）とすること」を当然の前提として共有したうえで、しかし、法的な支援の領域に限っては、本人の適正な保護を図るための最後の手段として、「小さな成年後見」の理念（必要最小限の範囲での介入原則）に基づいた「必要最小限の代理・代行決定のしくみ（必要最小限の法定代理権）」を補充的に併置することが必要だと考えます。もちろん、この必要最小限の法定代理権はあくまでも補充的なものですから、その行使は、これに優先する自己決定支援（意思決定支援）の試みが尽きた場合にのみ、認められるという制約を受けるべきことになります。

　こうした制度の構造的な改革には、当然、法改正も必要となるわけですが、しかし、まずはその前に、現在の後見実務の運用を意思決定支援や小さな成年後見の理念と少しでも整合していくように変革していくことが大切であることは、すでに触れたとおりです。したがって、将来の抜本的な法改正をソフト・ランディングに導くための実務的な環境作りは、現在の後見実務の中核を担っている専門職後見人の重大な役割だというべきでしょう。

事項索引

【英字】
DV 防止法　*167*
JR 東海事件　*186*
QOL　*9*、*41*
substituted decision-making　*93*
supported decision-making　*93*

【ア行】
アドヴォカシー　*62*、*105*、*117*
アルコール依存症　*94*
胃潰瘍手術　*128*
異議申立て　*105*、*112*、*117*
遺産管理人の選任　*210*
遺産分割審判　*210*
遺産分割審判前の保全処分　*210*
意思決定支援　*49*、*93*、*221*、*233*
意思自治の原則　*46*
遺失物法　*204*
意思無能力　*226*
遺体処理　*212*
一身専属的な事項　*105*
一般的見守り活動　*117*
一般的見守り義務　*80*
医的侵襲行為　*124*
医薬品の臨床試験の実施に関する基準に関する省令　*176*
医療　*104*
医療観察法　*182*
医療機関選択義務　*176*
医療同意権　*103*、*124*、*171*
医療に関する事項　*111*
医療保護入院　*140*、*180*
胃ろう　*128*
インクルージョン　*45*
インフォームド・コンセント　*130*
インフォームド・チョイス　*136*
請負契約　*112*
運営適正化委員会　*112*、*146*
運送契約　*112*
永代供養　*217*
エンパワメント　*52*、*224*
延命治療　*103*、*110*、*173*
応急処分義務　*200*

【カ行】
介護　*67*、*103*、*104*
　―の社会化　*12*、*236*
介護・生活維持に関する事項　*113*
介護保険　*12*
介護保険審査会　*113*
解除契約　*159*
解任　*81*
解約　*159*
顔の見える後見　*5*、*268*
過干渉のリスク　*33*
家庭裁判所の許可　*154*
関係当事者間の連絡調整作業　*118*
鑑定　*35*
鑑定省略　*36*
鑑定費用　*35*
監督義務者　*185*
管理計算義務　*207*
管理継続義務　*218*
管理終了報告書　*207*
管理の計算　*206*
期間伸張の申立て　*208*
（客観的な）保護　*49*、*91*
客観的保護型の後見活動　*287*
救急・集中治療における終末期に関するガイドライン　*173*
求償権　*194*
急迫の事情　*201*
教育　*67*、*103*、*104*
教育・リハビリに関する事項　*114*
共時的事務分掌　*245*
行政直轄型公的後見　*296*
協働型事務分掌　*244*、*245*
強迫　*231*

業務再委託　83
居住用不動産の処分　154
居所指定権　103、139
緊急事務管理　127
緊急避難　127
緊急連絡先　193
禁治産・準禁治産宣告制度　20
禁治産者　31
禁治産宣告　31、279
クオリティ・オブ・ライフ　10、41
愚行権　92、229
愚行の自由　229
苦情申立て　113
経管栄養　128
契約化　14
契約自由の原則　16
欠格事由　33、310、313
欠格条項　33、314
権限拡張問題　310
健康診断　67、103、134
現実の介護行為　105
現実の看護義務　105
原状回復義務　215
現有能力　11
現有能力（残存能力）の活用　37、46
合意解除　159
行為能力　1、46、225
行為能力剝奪・制限の宣告　226
後見監督人　54
後見監督人離脱型の縦型分掌　249
後見事務終了報告　211
後見終了の登記　211
後見制度支援信託　258
後見内容変更義務　87
後見爆発　59
後見費用　2、293、302
後見扶助　294
後見報酬　2、293、300
公後見人制度　295
公序良俗違反　231
公的後見制度　295

公的年金　213
公法上の行為　105、117
高齢社会対策基本法　18
高齢者虐待防止法　18、23、283
国民健康保険団体連合会　112、113
個人後見　61
個人情報保護法　151、311
戸籍　34
戸籍法　212
固有の身上監護権限・義務肯定説　68
固有の身上監護権限・義務否定説　68
固有の身上配慮義務説　69
雇用契約　115

【サ行】

財産管理　66、118
財産管理権　219
最善の利益　40
詐欺　231
錯誤　231
残存能力　11
残存能力の活用　37、46
事案の困難化リスク　272
支援費制度　18
資格制限　33
試行錯誤権　51、227
自己決定　14
自己決定（自律）の尊重　37、46
自己決定権　47
　　―の消極的側面　52
　　―の積極的側面　52
自己決定支援　176、221、322
自己決定支援型の後見活動　286
自己決定能力　47
死後事務委任契約　205
自己責任　51
死後の事務　194、196
死後の宗教的儀礼に関する事務　216
自己のためにするのと同一の注意義務　100
資産活用（消費）型管理　76

事項索引

資産保全型管理　76
事実行為　122
　　―としての介護（労働）義務　103、105、123
　　―としての看護（労働）義務　70、105
事実上の転用問題　310、316
施設入所契約　112
施設の入退所　112
市町村長申立て　28、281
私的自治の原則　46
司法書士　57
死亡届　212
市民後見人　3、57、264
事務管理　203、212
社会参加　116
社会的包摂　45
社会福祉基礎構造改革　12、14
社会福祉士　57
社会福祉法　18
社会保障法　21
借家契約　112
住居の確保　67、103、104、153
住居の確保に関する事項　111
終末期医療　173
終末期医療に関するガイドライン　173
終末期医療の決定プロセスに関するガイドライン　173
就労に関する事項　115
準禁治産者　31
準禁治産宣告　31、279
障害者基本法　18
障害者虐待防止法　283
障害者自立支援法　18
障害者権利条約　93、322
状況対応義務　80
消費者契約法　16、231
処遇の監視　112
職業後見人　3
職業世話人　241、308
事理弁識能力　1
新GCP　176

人格権　144、151
人格権侵害　142、147
人格的利益　144、151
身上監護　6、65
身上配慮義務　71、75、223
信書の秘密　147
心神耗弱　31
心神喪失　31
心神喪失者等医療観察法　182
申請主義　117、289
親族後見人　56、237
親族相盗例　101、167、237
身体拘束　145
身体拘束ゼロ作戦　145
「身体拘束ゼロへの手引き」　145
身体拘束等の自由剥奪的措置に関する代行決定権　146
身体的人格権　151
身体に対する強制　103
　　―を伴う事項　105、122
診療契約　108、130
推定的意思　100
推定的承諾の法理　127
生活維持　103、104、113
　　―に関する事項　113
生活の質　9、41
生活保護費　294
制限行為能力（者）　1、51
精神的人格権　151、311
精神保健福祉法　22、139、178
生前契約　205、217
生前の未払債務の支払い　213
成年後見　1、54
　　―のグランドデザイン　267
　　―の社会化　2、12、282
成年後見監督人　2、54
成年後見制度　1
　　―の転用問題　179
「成年後見制度に関する改善提言」　128、198
「成年後見制度の改正に関する要綱試案及

328

び補足説明」 70、104
成年後見制度利用支援事業 289
成年後見人 2、219
　―の職務（範囲） 66、111
成年後見人等の権限拡張問題 310、311
成年後見問題研究会 66、102
成年被後見人 11
　―の選挙権 313
税務処理 213
責任能力 185
責任無能力者 184
責任無能力者の監督義務者の責任 186
世話 86
世話官庁 308
世話社団 308
世話法 86
善管注意義務 69、73
善管注意義務具体化説 69
専業型専門職後見 6
選挙権 149、313
専門職監督人 248
専門職後見人 3、57、236
葬儀 216
葬儀契約 216
臓器移植 103、110、173
相続財産管理人 210
贈与契約 116
ソーシャル・インクルージョン 45
ソーシャルワーク 287
組織型後見 6、61
訴訟行為 118
措置から契約へ 13
損害賠償責任 73、81、165、186、223
尊厳死 110、176
尊厳死公正証書 176

【タ行】

代理・代行決定 93
代行決定権 38
第三者後見人 3、27、56、168、281
代諾者 177、311

縦型分掌形態 245
他法他制度優先の原則 295
単純引継型 245、256
タンデム世話 241
地域福祉権利擁護事業 114
地域包括支援センター 239
小さな成年後見 319、325
チーム後見 25
知的障害者福祉法 22
中間責任 186
治療 67、103
追認 159
通時的事務分掌 255
通信の秘密 147
低所得者 288
転医（実施）義務 176
電気通信事業法 147
転居 162
顛末報告義務 208
転用問題 179、310
同意権 22、31
同意権（の）留保 86、225
同意書 125
同意能力 171
独立型社会福祉士 5
土地工作物責任 165
取消権 22、31、225
取消権の謙抑的運用 227

【ナ行】

日常生活自立支援事業 114
日常生活に関する行為 95、113、317
日常生活のケアに関連する職務 113
日常生活費 113
日本社会福祉士会 9、170
日本弁護士連合会 8、128、169、198、215
入院 67、103
入院契約 130
任意後見監督人 54
任意後見契約 205

事項索引

任意後見契約法　1、54
任意後見制度　1、54
任意後見人　54
年忌法要　217
年金受給権者死亡届　213
能力制限の廃止・縮減　319
ノーマライゼーション　37、41

【ハ行】

ぱあとなあ　3
配偶者法定後見人制度　26、31
パターナリズム　49
必要性の原則　86、225
ヒトゲノム・遺伝子解析研究に関する倫理指針　177
被保佐人　11
被補助人　11
複数後見　241
複数成年後見人制度　24
復代理（人）　83、111
復任　83
不在者の財産管理人　210
付随的見守り義務　80、131
不妊手術　103、110、173
不法行為　185
プロボノ型専門職後見　5、267
ベスト・インタレスト　40
弁護士　57
報酬システム　26、300、306
報酬請求権　204
報酬付与審判の申立て　206
法人後見（人）制度　25、61
法制度としての意思決定支援　222
法定解除権　159
法定監督義務者　185
法定後見監督人　54
法定後見制度　1、54
法定後見人　54
法定代理権　22、31、38、54、220
法的能力の享有の平等　319
法は家庭に入らず　167

法律行為　122
法律行為に当然付随する事実行為　107、122
法令上の転用問題　310
補強型　245、262
保護　49
保護者　179
保佐　1、54
保佐監督人　2、54
保佐人　2、54
補助　1、54、279、285
補助監督人　2、54
補助人　2、54
保存的治療　137
本人意思尊重義務　71、90、221
本人の意向の確認行為　117
本人の保護　37

【マ行】

埋火葬許可　212
間違える権利　51
身柄の引取り　193
見守り義務　80、195
身元引受け　191
身元引受人　191
身元保証　191
身元保証人　191
民間事業者による信書の送達に関する法律　147
民法714条　185
民法858条　67、73
民法859条の3　154
無過失責任　186
無権代理　109、159
無効　159
無償型市民後見人　266
無償後見の原則　26
名誉職世話人　241
メディカル・パターナリズム　181

【ヤ行】

約定解除権　*159*
有償型市民後見人　*266*
郵便物の管理　*113*、*147*
郵便法　*148*
要介護認定　*113*
余暇活動等に関する事項　*115*
横型分掌形態　*251*
予防接種　*134*

【ラ行】

リーガルサポート　*3*、*8*、*170*
利益相反（行為）　*63*、*194*
履行補助者　*111*
履行代行者　*111*
離脱型　*245*、*260*

立証責任の転換　*186*
理念としての意思決定支援　*221*
リハビリテーション（リハビリ）　*67*、*103*、*104*
リビング・ウィル　*132*、*176*
利用者　*11*
療養看護義務　*69*
療養看護義務拡張説　*69*
リレー型事務分掌　*244*、*255*
臨床試験　*176*
類型変更　*37*
連帯保証　*192*
老人福祉法　*22*
労働契約　*115*
浪費者　*31*

執筆者紹介

〔略　歴〕
1965年　東京都出身
1995年　慶應義塾大学大学院法学研究科後期博士課程単位取得退学
現　在　新潟大学法学部教授

〔成年後見関連の主著〕
『成年後見と身上配慮』（筒井書房、2000年）、『ドイツ成年後見ハンドブック』（勁草書房、2000年［共訳、解題執筆］）、『アメリカ成年後見ハンドブック』（勁草書房、2002年［共訳］）、『成年後見と意思能力』（日本評論社、2002年［共著］）、『新版注釈民法(25)親族(5)［改訂版］』（有斐閣、2004年［共著］）、『成年後見と医療行為』（日本評論社、2007年［共著］）、『新家族法実務体系2　親族［II］──親子・後見──』（新日本法規、2008年［共著］）、『権利擁護と成年後見』（ミネルヴァ書房、2009年［共著］）、『Q&A　高齢者の生活介護・支援の手引』（新日本法規、2010年［共著］）、『成年後見法制の展望』（日本評論社、2011年［共著］）、『市民後見入門』（民事法研究会、2011年［共編著］）、『成年後見制度をめぐる諸問題』（新日本法規、2012年［共著］）、『市民後見人養成講座　第1巻』（民事法研究会、2013年［共著］）、『成年後見制度の新たなグランド・デザイン』（法政大学出版局、2013年［共著］）など。

専門職後見人と身上監護〔第3版〕

平成27年 5 月31日　第 1 刷発行
令和 6 年 6 月30日　第10刷発行

著　　者　上山　泰
発　　行　株式会社　民事法研究会
印　　刷　株式会社　太平印刷社

発行所　株式会社　民事法研究会
　　〒150-0013　東京都渋谷区恵比寿3-7-16
　　　〔営業〕TEL03(5798)7257　FAX03(5798)7258
　　　〔編集〕TEL03(5798)7277　FAX03(5798)7278
　　　　http://www.minjiho.com/　info@minjiho.com

落丁・乱丁はおとりかえします。　ISBN978-4-86556-022-0　C2032
カバーデザイン　袴田峯男

最新実務に必携の手引

実務に即対応できる好評実務書!

2023年9月刊 利用者の視点に立って任意後見を平易に解説した入門書!

Q&A任意後見入門〔第2版〕

第2版では、成年後見制度利用促進基本計画や意思決定支援の考え方、任意後見制度と併用される民事信託の基本事項、親族間の紛争を背景とする任意後見の有効性等に関する裁判例とともに、最新の審判申立書の書式・記載例を収録して改訂増補!

井上　元・那須良太・飛岡恵美子　著

（Ａ５判・234頁・定価　2,750円（本体　2,500円＋税10%））

2019年6月刊「成年後見制度利用促進基本計画」など最新の情報を織り込み全面改訂!

権利擁護と成年後見実践〔第3版〕
―社会福祉士のための成年後見入門―

成年後見制度利用促進法・基本計画、民法・家事事件手続法の改正等を踏まえた最新の運用・実務動向、法改正等を織り込み改訂!　権利擁護の視点から、成年後見人等として必要な理念・価値について解説し、後見実務のバックボーンを示す!

公益社団法人　日本社会福祉士会　編

（Ｂ５判・332頁・定価　4,180円（本体　3,800円＋税10%））

2019年7月刊「意思決定支援のためのツール」の意義と活用方法を示す!

意思決定支援実践ハンドブック
―「意思決定支援のためのツール」活用と「本人情報シート」作成―

「ソーシャルサポート・ネットワーク分析マップ」と「意思決定支援プロセス見える化シート」の二つのツールの使い方、記入方法等を準備段階から話し合い、さらに今後に向けた課題整理まで具体的に解説!

公益社団法人　日本社会福祉士会　編

（Ｂ５判・192頁・定価　2,420円（本体　2,200円＋税10%））

2019年3月刊 制度の概要や手続の流れを解説したうえで、申立書・審判書等の書式・記載例等を収録!

書式　成年後見の実務〔第三版〕
―申立てから終了までの書式と理論―

第三版では、平成28年4月6日に成立した民法および家事事件手続法の改正により新たに設けられた、本人に宛てた郵便物等の成年後見人への配達の嘱託（回送嘱託）と死後事務許可の審判申立事件を追録するとともに、全体を見直して最新の実務および書式に対応させて改訂!

坂野征四郎　著

（Ａ５判・404頁・定価　4,180円（本体　3,800円＋税10%））

発行　民事法研究会

〒150-0013　東京都渋谷区恵比寿 3-7-16
（営業）TEL. 03-5798-7257　　FAX. 03-5798-7258
http://www.minjiho.com/　　info@minjiho.com